家学术成长资料采集工程

工程院院士传记丛书

行者

玉梅传

高晞 钱奕冰
朱霓虹 武士龙◎著

1934年
出生于北京

1951年
考入上海医学院

1974年
开始肝炎研究

1982年
赴美国国家过敏症和传染病研究所进修

1986年
建立卫生部分子病毒实验室

1988年
提出乙肝治疗性疫苗的创新观点

1999年
当选中国工程院院士

老科学家学术成长资料采集工程丛书

中国工程院院士传记

步行者

闻玉梅传

高晞 钱奕冰
朱霓虹 武士龙 ◎著

中国科学技术出版社

湖南科学技术出版社

图书在版编目（CIP）数据

步行者 ：闻玉梅传 / 高晞等著 . — 北京 ：中国科学技术出版社，2021.10

（老科学家学术成长资料采集工程丛书. 中国工程院院士传记丛书）

ISBN 978-7-5046-9140-8

Ⅰ. ①步… Ⅱ. ①高… Ⅲ. ①闻玉梅－传记 Ⅳ. ① K826.1

中国版本图书馆 CIP 数据核字（2021）第 158355 号

责任编辑 韩 颖
责任校对 吕传新
责任印制 李晓霖
版式设计 中文天地

出 版 中国科学技术出版社 湖南科学技术出版社
发 行 中国科学技术出版社有限公司发行部
地 址 北京市海淀区中关村南大街 16 号
邮 编 100081
发行电话 010-62173865
传 真 010-62173081
网 址 http://www.cspbooks.com.cn

开 本 787mm × 1092mm 1/16
字 数 256 千字
印 张 17.5
彩 插 2
版 次 2021 年 10 月第 1 版
印 次 2021 年 10 月第 1 次印刷
印 刷 北京华联印刷有限公司
书 号 ISBN 978-7-5046-9140-8 / K · 304
定 价 98.00 元

老科学家学术成长资料采集工程
领导小组专家委员会

老科学家学术成长资料采集工程
丛书组织机构

老科学家学术成长资料采集工程简介

老科学家学术成长资料采集工程（以下简称“采集工程”）是根据国务院领导同志的指示精神，由国家科教领导小组于2010年正式启动，中国科协牵头，联合中组部、教育部、科技部、工信部、财政部、文化部、国资委、解放军总政治部、中国科学院、中国工程院、国家自然科学基金委员会等11部委共同实施的一项抢救性工程，旨在通过实物采集、口述访谈、录音录像等方法，把反映老科学家学术成长历程的关键事件、重要节点、师承关系等各方面的资料保存下来，为深入研究科技人才成长规律，宣传优秀科技人物提供第一手资料和原始素材。

采集工程是一项开创性工作。为确保采集工作规范科学，启动之初即成立了由中国科协主要领导任组长、12个部委分管领导任成员的领导小组，负责采集工程的宏观指导和重要政策措施制定，同时成立领导小组专家委员会负责采集原则确定、采集名单审定和学术咨询，委托科学史学者承担学术指导与组织工作，建立专门的馆藏基地确保采集资料的永久性收藏和提供使用，并研究制定了《采集工作流程》《采集工作规范》等一系列基础文件，作为采集人员的工作指南。截至2021年8月，采集工程已启动592位科学家的学术成长资料采集项目，获得实物原件资料132922件、数字化资料318092件、视频资料443783分钟、音频资料527093分钟，具有重要的史料价值。

采集工程的成果目前主要有三种体现形式，一是建设“中国科学家博物馆网络版”，提供学术研究和弘扬科学精神、宣传科学家之用；二是编辑制作科学家专题资料片系列，以视频形式播出；三是研究撰写客观反映老科学家学术成长经历的研究报告，以学术传记的形式，与中国科学院、中国工程院联合出版。随着采集工程的不断拓展和深入，将有更多形式的采集成果问世，为社会公众了解老科学家的感人事迹，探索科技人才成长规律，研究中国科技事业的发展历程提供客观翔实的史料支撑。

总序一

中国科学技术协会主席　韩启德

老科学家是共和国建设的重要参与者，也是新中国科技发展历史的亲历者和见证者，他们的学术成长历程生动反映了近现代中国科技事业与科技教育的进展，本身就是新中国科技发展历史的重要组成部分。针对近年来老科学家相继辞世、学术成长资料大量散失的突出问题，中国科协于2009年向国务院提出抢救老科学家学术成长资料的建议，受到国务院领导同志的高度重视和充分肯定，并明确责成中国科协牵头，联合相关部门共同组织实施。根据国务院批复的《老科学家学术成长资料采集工程实施方案》，中国科协联合中组部、教育部、科技部、工业和信息化部、财政部、文化部、国资委、解放军总政治部、中国科学院、中国工程院、国家自然科学基金委员会等11部委共同组成领导小组，从2010年开始组织实施老科学家学术成长资料采集工程。

老科学家学术成长资料采集是一项系统工程，通过文献与口述资料的搜集和整理、录音录像、实物采集等形式，把反映老科学家求学历程、师承关系、科研活动、学术成就等学术成长中关键节点和重要事件的口述资料、实物资料和音像资料完整系统地保存下来，对于充实新中国科技发展的历史文献，理清我国科技界学术传承脉络，探索我国科技发展规律和科技人才成长规律，弘扬我国科技工作者求真务实、无私奉献的精神，在全社会营造爱科学、学科学、用科学的良好氛围，是一件很有意义的事情。采集工程把重点放在年龄在 80 岁以上、学术成长经历丰富的两院院士，以及虽然不是两院院士、但在我国科技事业发展中作出突出贡献的老科技工作者，充分体现了党和国家对老科学家的关心和爱护。

自 2010 年启动实施以来，采集工程以对历史负责、对国家负责、对科技事业负责的精神，开展了一系列工作，获得大量反映老科学家学术成长历程的文字资料、实物资料和音视频资料，其中有一些资料具有很高的史料价值和学术价值，弥足珍贵。

以传记丛书的形式把采集工程的成果展现给社会公众，是采集工程的目标之一，也是社会各界的共同期待。在我看来，这些传记丛书大都是在充分挖掘档案和书信等各种文献资料、与口述访谈相互印证校核、严密考证的基础之上形成的，内中还有许多很有价值的照片、手稿影印件等珍贵图片，基本做到了图文并茂，语言生动，既体现了历史的鲜活，又立体化地刻画了人物，较好地实现了真实性、专业性、可读性的有机统一。通过这套传记丛书，学者能够获得更加丰富扎实的文献依据，公众能够更加系统深入地了解老一辈科学家的成就、贡献、经历和品格，青少年可以更真实地了解科学家、了解科技活动，进而充分激发对科学家职业的浓厚兴趣。

借此机会，向所有接受采集的老科学家及其亲属朋友，向参与采集工程的工作人员和单位，表示衷心感谢。真诚希望这套丛书能够得到学术界的认可和读者的喜爱，希望采集工程能够得到更广泛的关注和支持。我期待并相信，随着时间的流逝，采集工程的成果将以更加丰富多样的形式呈现给社会公众，采集工程的意义也将越来越彰显于天下。

是为序。

总序二

中国科学院院长　白春礼

由国家科教领导小组直接启动，中国科学技术协会和中国科学院等12个部门和单位共同组织实施的老科学家学术成长资料采集工程，是国务院交办的一项重要任务，也是中国科技界的一件大事。值此采集工程传记丛书出版之际，我向采集工程的顺利实施表示热烈祝贺，向参与采集工程的老科学家和工作人员表示衷心感谢！

按照国务院批准实施的《老科学家学术成长资料采集工程实施方案》，开展这一工作的主要目的就是要通过录音录像、实物采集等多种方式，把反映老科学家学术成长历史的重要资料保存下来，丰富新中国科技发展的历史资料，推动形成新中国的学术传统，激发科技工作者的创新热情和创造活力，在全社会营造爱科学、学科学、用科学的良好氛围。通过实施采集工程，系统搜集、整理反映这些老科学家学术成长历程的关键事件、重要节点、学术传承关系等的各类文献、实物和音视频资料，并结合不同时期的社会发展和国际相关学科领域的发展背景加以梳理和研究，不仅有利于深入了解新中国科学发展的进程特别是老科学家所在学科的发展脉络，而且有利于发现老科学家成长成才中的关键人物、关键事件、关键因素，探索和把握高层次人才培养规律和创新人才成长规律，更有利于理清我国科技界学术传承脉络，深入了解我国科学传统的形成过程，在全社会范围内宣传弘扬老科学家的科学思想、卓越贡献和高尚品质，推动社会主义科学文化和创新文化建设。从这个意义上说，采集工程不仅是一项文化工程，更是一项严肃认真的学术建设工作。

中国科学院是科技事业的国家队，也是凝聚和团结广大院士的大家庭。早在1955年，中国科学院选举产生了第一批学部委员，1993年国务院决定中国科学院学部委员改称中国科学院院士。半个多世纪以来，从学部委员到院士，经历了一个艰难的制度化进程，在我国科学事业发展史上书写了浓墨重彩的一笔。在目前已接受采集的老科学家中，有很大一部分即是上个世纪80、90年代当选的中国科学院学部委员、院士，其中既有学科领域的奠基人和开拓者，也有作出过重大科学成就的著名科学家，更有毕生在专门学科领域默默耕耘的一流学者。作为声誉卓著的学术带头人，他们以发展科技、服务国家、造福人民为已任，求真务实、开拓创新，为我国经济建设、社会发展、科技进步和国家安全作出了重要贡献；作为杰出的科学教育家，他们着力培养、大力提携青年人才，在弘扬科学精神、倡树科学理念方面书写了可歌可泣的光辉篇章。他们的学术成就和成长经历既是新中国科技发展的一个缩影，也是国家和社会的宝贵财富。通过采集工程为老科学家树碑立传，不仅对老科学家们的成就和贡献是一份肯定和安慰，也使我们多年的夙愿得偿！

鲁迅说过，“跨过那站着的前人”。过去的辉煌历史是老一辈科学家铸就的，新的历史篇章需要我们来谱写。衷心希望广大科技工作者能够通过“采集工程”的这套老科学家传记丛书和院士丛书等类似著作，深入具体地了解和学习老一辈科学家学术成长历程中的感人事迹和优秀品质；继承和弘扬老一辈科学家求真务实、勇于创新的科学精神，不畏艰险、勇攀高峰的探索精神，团结协作、淡泊名利的团队精神，报效祖国、服务社会的奉献精神，在推动科技发展和创新型国家建设的广阔道路上取得更辉煌的成绩。

总序三

中国工程院院长　周　济

由中国科协联合相关部门共同组织实施的老科学家学术成长资料采集工程，是一项经国务院批准开展的弘扬老一辈科技专家崇高精神、加强科学道德建设的重要工作，也是我国科技界的共同责任。中国工程院作为采集工程领导小组的成员单位，能够直接参与此项工作，深感责任重大、意义非凡。

在新的历史时期，科学技术作为第一生产力，已经日益成为经济社会发展的主要驱动力。科技工作者作为先进生产力的开拓者和先进文化的传播者，在推动科学技术进步和科技事业发展方面发挥着关键的决定的作用。

新中国成立以来，特别是改革开放30多年来，我们国家的工程科技取得了伟大的历史性成就，为祖国的现代化事业作出了巨大的历史性贡献。两弹一星、三峡工程、高速铁路、载人航天、杂交水稻、载人深潜、超级计算机……一项项重大工程为社会主义事业的蓬勃发展和祖国富强书写了浓墨重彩的篇章。

这些伟大的重大工程成就，凝聚和倾注了以钱学森、朱光亚、周光召、侯祥麟、袁隆平等为代表的一代又一代科技专家们的心血和智慧。他们克服重重困难，攻克无数技术难关，潜心开展科技研究，致力推动创新发展，为实现我国工程科技水平大幅提升和国家综合实力显著增强作出了杰出贡献。他们热爱祖国，忠于人民，自觉把个人事业融入到国家建设大局之中，为实现国家富强而不断奋斗；他们求真务实，勇于创新，用科技为中华民族的伟大复兴铸就了辉煌；他们治学严谨，鞠躬尽瘁，具有崇高的科学精神和科学道德，是我们后代学习的楷模。科学家们的一生是一本珍贵的教科书，他们坚定的理想信念和淡泊名利的崇高品格是中华民族自强不息精神的宝贵财富，永远值得后人铭记和敬仰。

通过实施采集工程，把反映老科学家学术成长经历的重要文字资料、实物资料和音像资料保存下来，把他们卓越的技术成就和可贵的精神品质记录下来，并编辑出版他们的学术传记，对于进一步宣传他们为我国科技发展和民族进步作出的不朽功勋，引导青年科技工作者学习继承他们的可贵精神和优秀品质，不断攀登世界科技高峰，推动在全社会弘扬科学精神，营造爱科学、讲科学、学科学、用科学的良好氛围，无疑有着十分重要的意义。

中国工程院是我国工程科技界的最高荣誉性、咨询性学术机构，集中了一大批成就卓著、德高望重的老科技专家。以各种形式把他们的学术成长经历留存下来，为后人提供启迪，为社会提供借鉴，为共和国的科技发展留下一份珍贵资料。这是我们的愿望和责任，也是科技界和全社会的共同期待。

周济

闻玉梅

2017 年 1 月 9 日，闻玉梅与采集小组成员合影
（左起：武士龙、庞境怡、朱雪颐、闻玉梅、高晞）

2017 年 9 月 29 日，闻玉梅学术秘书李平洋与采集小组合影
（左起：武士龙、李平洋、钱奕冰）

序

由“老科学家学术成长资料采集工程”支持、高晞教授等编著的《步行者：闻玉梅传》今日已完成定稿。几年来，他们从历史学者的角度，全面、严谨、求实地从我的今天追溯到过去，实属不易。对他们付出的心血，深表感谢。

其实，一个人在历史长流中的成长，只是沧海一粟，微不足道。作为一个步行者，每个人都有自己独特的经历，都有抹不去的回忆。路途中的和风日丽、阳光明媚的经历会不时勾起美好回忆，但是狂风暴雨、雷电袭击的恐惧与挫折也会不时在梦寐中重现。跌倒了能否重新站起来，是对步行者的真实考验，这也是人在短暂的一生中必须面对的抉择。

本来，我无意配合完成这项工程，因为我是否算得上科学家，要待后人来考核、评论与认可。但是，经过反复思索，我，作为一名女性，亲身经历过抗日战争、解放战争、新中国成立后的历次运动，是党的改革开放政策给我带来了新生，得以再次进入我最热爱的教育与科研事业。直到我今天重披战袍与新冠病毒疫情战斗的时刻，我进一步认识到，作为沧海一粟步行者的点点滴滴，也许会为后来者提供少许珍惜今天的一切来之不易的素材。

在此，感谢中国共产党为我这个步行者指明了一路走来的正确方向，感谢所有支持、帮助、鼓励我的领导、老师们、同事们和学生们。特别感谢我的丈夫宁寿葆，他是我最亲密的伴路人，没有他，我很可能走不到今天。

闻玉梅

2020 年 3 月 8 日

目录

图片目录

导言

闻玉梅（1934—），分子病毒学家，复旦大学上海医学院教授，中国工程院医药卫生部资深院士，第7届中国微生物学会理事长，第8届中国微生物学会荣誉理事长。长期从事医学微生物学的教学与科研工作，在研究乙肝病毒的分子生物学与免疫学领域做出了系统性、创新性贡献，发现我国乙肝病毒的多种变异株，提出乙肝病毒表面抗原耐受性的观点，研究消除免疫耐受性的治疗策略，推动研制乙肝表面抗原－抗体复合物型治疗性疫苗，所研究的乙肝治疗性疫苗已进入Ⅲ期临床研究，被认为是治疗性乙肝疫苗的开拓者之一。

闻玉梅出生于科学世家，父母均为清华大学留美博士，是中国第一代科学家。父亲闻亦传从清华大学毕业后，1922年留学美国芝加哥大学，于1924年和1927年分别获得哲学学士学位和哲学博士学位，后入美国约翰斯·霍普金斯大学体质人类学教研室深造。1930年回国，加盟北平协和医学校，任教解剖学系。母亲桂质良于1921年以第一名的成绩考取清华大学的出国留学基金（庚子赔款），1922年进入美国卫斯理学院，后考入约翰斯·霍普金斯大学学习精神病学，1929年获医学博士学位，同年回国。1952年受聘上海第二军医大学三级精神病学教授，是我国首位女性精神病学专家。

闻亦传回国不久便罹患肺结核，居住在北京香山疗养院，长期与两个年幼的女儿分开。1939 年，41 岁的闻亦传英年早逝，那时闻玉梅才 6 岁，因而对父亲的记忆不深，但科学家夫妇的血脉和强大的科学基因无疑影响了闻玉梅的一生。1951 年，闻玉梅考入国立上海医学院，1956 年本科毕业后，她选择基础医学研究继续深造，先后投师中国第一位细菌学博士、上海第二医学院一级教授余濱，上海第一医学院二级教授、细菌学家林飞卿，以及中国微生物学和免疫学开拓者之一、北京协和医学院教授谢少文，这三位中国微生物和免疫学领域的领导者是闻玉梅的科学道路的引路人。

自 1963 年与林飞卿教授共同发表第一篇文章，闻玉梅在微生物学的研究征途就没有再停下过脚步。1986 年，闻玉梅在上海医科大学创建了卫生部第一批重点实验室——医学分子病毒学实验室。1987 年，她提出一个创新设想——研发治疗性疫苗，调动人体自身免疫机能克制乙肝病毒，以突破患者终生服药的局限。1995 年，在世界著名医学杂志《柳叶刀》上发表论文 Hepatitis B Vaccine and Anti-HBs Complex as Approach for Vaccine Therapy，第一次在国际上正式提出了治疗性疫苗的概念。这是一篇开创性的论文，获得了该领域研究人员的高频率引用。1997 年，治疗性疫苗被列为国家“863”计划生物领域的重大项目之一，受到国内外关注。同年，闻玉梅被欧共体聘为欧共体 - 发展中国家项目申请评估专家，获国家自然科学三等奖。2009 年，治疗性乙肝疫苗跨过 Ⅰ 期、Ⅱ 期临床试验的门槛，进入了Ⅲ期临床。

2003 年 SARS 暴发期间，钟南山请闻玉梅南下支援，69 岁高龄的闻玉梅带着自己的高徒瞿涤直接奔赴香港、广州疫区第一线，亲自进入病毒实验室与同人一起奋战。同年，她与钟南山在《科学新闻》上共同发表论文《用灭活病毒疫苗保护 SARS 病毒接触者》。2003 年 5 月 15 日，闻玉梅与钟南山、管轶、郑伯键取得发明专利“一种免疫预防滴鼻剂及其制备方法”。2003 年 6 月，闻玉梅被中央组织部授予“全国防治非典型肺炎工作优秀共产党”。2020 年新冠病毒暴发后，闻玉梅再次回到实验室，带领团队分离出上海首株新型冠状病毒肺炎病例毒株。

2012 年，闻玉梅与德国马尔堡病毒研究所迪亚特·科伦克（Hans-Dieter Klenk）教授共同担任主编的微生物英文期刊《新发病原体与感染》（*Emerging Microbes and Infections*，EMI）正式上线，该杂志覆盖病原微生物及感染的病原学、免疫学、流行病学、疫苗学、临床与实验医学及抗微生物制剂及耐药性等内容，由国内外知名专家组成编委会。这份全英文杂志是中国内地第一本完全由民间创办的国际医学期刊，创办至今，SCI 影响因子达到 7.16，投稿作者来自亚洲、北美、欧洲、南美等 50 多个国家。闻玉梅创办这份期刊的初衷，是因为她认识到发展中国家是很多新发传染病的起源地，“如果这些地区的科研发现能够早一点公之于众，引起国际学术界重视，为疾病防控提供依据，将对世界公共卫生和健康事业带来益处”。更重要的是，她认为“科学家不仅是科研工作者，还应该是学术上的外交家。科学家的国际交流能力也是一种软实力，中国科学家应该讲好中国科技故事，让更多人了解中国科学发展的真实实力，了解真实的中国科技”。[①]

进入耄耋之年后，闻玉梅对社会的关怀和思考并未停止，她主动担当科学家应有之社会责任，频繁参与社会活动。2010 年，她开始关注老年医学，并首次提出“医老”的概念。2013 年，她承担中国工程院重点咨询项目，为国家解决人口老龄化问题建言献策，为医药卫生事业人才建设和培养谋划布局。2017 年，她编辑的《健康老龄化发展战略研究》出版，对实施健康老龄化提出可行性的战略目标，在发展战略中重点提及应将“医老”与“养老”共同列为解决我国老龄化的重要策略，建立并发展具有我国特色的新型老年医学综合管理服务体系与老年医学学术体系。

近年来，医患矛盾激化，伤医事件频繁发生，社会民众对医生工作的不理解使得医生对自己的职业开始表现某种犹豫和不自信，这使闻玉梅开始思考“我们的医学生究竟怎样看待自己的职业”，她意识到这是医学教育中人文精神缺失所导致的严重后果。对此，她提出医学教育要提倡人文关怀，医学生有必要了解科学史和医学史，对生命伦理学有充分的认识。

① 姜澎：提高国际交流软实力　讲好中国科学故事——访中国工程院院士、著名分子病毒学家闻玉梅。《文汇报》，2018 年 10 月 23 日。

2014年，闻玉梅想到开设一门医德课程，它不是普通的说教，而是师生坐在一起讨论，以强调对未来医生的德育教育。为此，80岁的她联络了复旦大学哲学院的俞吾金教授、复旦大学克卿书院（医学院）的院长彭裕文教授，与这两位复旦大学的资深教授联合为一年级本科生开设了《人文医学导论》。闻玉梅说："家人都反对开这门课，说我是80岁学吹打，但这学期我就只做这一件事，希望能为学生点燃心中理想的火种。"① 2015年起，这一课程通过网络课堂与见面会结合的形式向全国各大院校开放。至今，全国累计511所学校23万名学员选修此课，选修学生不只局限在医学院校，其他一些非医学类院校的学生也积极通过网上收看课程。2017年，闻玉梅主编的《医学与人文交响曲》出版；同年，《人文医学导论》被评为国家级精品课程。

85岁高龄的闻玉梅至今仍活跃在科研与教学的第一线，几乎每个月都有学术演讲或学术座谈会。2016年，她应邀远赴重洋去洛克菲勒大学作学术演讲，介绍中国科学家在乙肝治疗性疫苗领域的方法与成就。2016—2017年，她在海内外杂志以中英文发表多篇学术论文，在《光明日报》和《科技导报》发文阐述她对当前医学教育、社会老龄化以及建设健康中国的建议与看法。2017年10月，中央电视台"家国栋梁"节目以《为了人民的期望》为题，对闻玉梅进行了专题报道。2018年9月，实验室搬进新大楼，她每周都去实验室指导学生并与学生交流，同年6月还在*Cytokine*上发表学术论文。

在半个世纪的学术生涯，闻玉梅共发表中英文论文300余篇，主编中英文著作13部，获得国家发明专利12项、美国专利2项、欧洲专利1项。先后获得国家自然科学奖、国家教委科技进步奖、何梁何利科技进步奖、卫生部科技进步奖、教育部自然科学一等奖、"十一五"国家科技计划执行突出贡献奖、中国高校科学技术一等奖等奖项。她主编的《现代医学微生物学》获第十届全国优秀科技图书一等奖。此外，还荣获国家"863"高科技先进工作者、全国先进工作者、抗击非典全国优秀共产

---

① 我校闻玉梅院士获"2016年上海市教书育人楷模"称号。复旦新闻网，2016-09-10。

党员、上海市教育功臣、教育部杰出教学奖荣誉称号，并数次被复旦大学学生推选为“我心目中的好导师”。

尽管一生获奖无数，又始终站在科学研究的最前沿，但闻玉梅始终以自己是一个平凡人、普通人自居。2016 年，采集小组第一次联系她时，她并不认同自己有什么事迹值得大书特书，一再强调自己不是著名科学家，也不认为自己有什么重大成就和贡献，一辈子都是做肝炎的研究，只是一种小病，并不是什么大病。经采集小组多次沟通与解释，经过一段时间的考虑，闻玉梅同意支持采集小组的访谈与资料采集工作，第二次见面便列出了采访名单和她对采集工作的意见。闻玉梅与采集小组约法三章，要求“报告符合事实，不要虚夸或是拔高”，① 访谈只囿于科研教学等学术历程，不涉及家庭与个人私事。

自 1987 年，国内媒体公开发表关于闻玉梅的传记将近 40 篇，其中有刊登在《光明日报》上闻玉梅自撰的《我的科学之路》，② 全文分为四部分，第一部分“哺育与启蒙”记述其父母事迹和家庭成长，讲述其拼搏精神由来；第二部分“成长与成熟”通过师从三位老师、出国进修与国际合作，讲述了其在学术上的成长成熟；第三部分“选定目标，勇往直前”介绍其乙肝研究的缘由过程；第四部分“托起明天的太阳”阐述了其对科学的认识体会及教学思想。2006 年，上海市委宣传部在《走近他们——大型人物访谈》③ 中对闻玉梅进行了采访，该文以“听闻玉声识梅香”为名，穿插了学生赵超、瞿涤、赵超、徐静、袁正宏，以及爱人宁寿葆讲述的闻玉梅事迹与他们的感受。2007 年，中国工程院编的《工程科技的实践者：院士的人生与情怀》中收入了闻玉梅撰写的《科学与我——闻玉梅自述》。④ 2016 年，闻玉梅向采集小组提供自己的简历和主要成就等信息，

① 闻玉梅：闻玉梅对老科学家学术成长资料采集工程项目任务书的意见。2016 年 5 月 12 日，未刊稿。资料存于采集工程数据库。

② 闻玉梅：我的科学之路。《光明日报》，2006 年 3 月 2 日。

③ 上海市委宣传部：《走近他们——大型人物访谈第一辑》。上海：上海文艺出版社，2006 年，第 293-305 页。

④ 闻玉梅：科学与我——闻玉梅自述。见：中国工程院科学道德建设委员会编，《工程科技的实践者：院士的人生与情怀》。北京：中国科学技术出版社，2007 年，第 482-487 页。

包括生平简历及社会兼职、主要科研成就及学术成果，如对乙肝毒株的基因组机构和功能研究、对乙肝患者的免疫功能研究、对表皮葡萄球菌结构与功能基因组学的研究，以及所获专利和国家级、部级、上海市奖项，主要学术论文和关于她的报道。[①] 这成为采集小组收集到的第一份有价值与分量的资料，为采集小组工作的顺利展开奠定了基础。目前，国内尚无闻玉梅传记专著出版。

2016 年 4 月—2018 年 10 月，闻玉梅院士采集小组成员对闻玉梅进行 7 次面对面的访谈，总时间超过 450 分钟，整理口述访谈稿 20 万字。同时，采取跟踪式拍摄方式记录下了闻玉梅在公开与未公开场合所进行的各种演讲、座谈会和授课过程，捕捉闻玉梅在科研、教学与社会活动的各个侧面，总时长 812 分钟。此外，采集小组成员在上海档案馆、复旦大学档案馆、复旦大学医学院档案馆、上海院士馆、北京协和医科大学档案馆以地毯式的搜索，竭泽而渔地收集闻玉梅、闻亦传和桂质良的原始资料和照片，并在全国范围内收集购买闻玉梅历年来发表的文章和专著的原件及音像制品。闻玉梅本人还提供了大量历史性照片、手稿、课件（包括 PPT 和特制动画片）和关键性历史文件。在采集工作即将完成之际，闻玉梅亲手递交给采集小组一张由其学生精心编制的照片光盘，“这里面有我们夫妇俩人从恋爱、结婚到现在的经典照片，应该对你们的采集工程有点用吧”。[②]

通过系统搜集、整理反映闻玉梅学术成长历程中的关键人物、关键事件、关键因素和学术传承关系等各类文献、实物和音视频资料，采集小组编制出资料汇编 53 万余字、年表 4 万余字和百余万字的目录清单。在此基础上撰写传记初稿 20 万字，按闻玉梅的建议定名为《步行者闻玉梅》，全文共计十章，分为五个部分：叙述闻氏父母——中国第一代科学家的家庭背景与学术道路，以及闻玉梅早年求学与学戏的经历；师从三位老师、出国进修与国际合作，记述闻玉梅学术的成长与成熟过程；“乙克诞生记：一个步行者的足迹和信念”，详细介绍闻玉梅乙肝研究、创建国家重点实验室的艰辛历程；描述闻玉梅的教学理念、家国情怀和学生心目中严师慈母

① 闻玉梅：闻玉梅简历与主要成就。2016 年 6 月 27 日，未刊稿。资料存于采集工程数据库。
② 闻玉梅访谈，2018 年 10 月 22 日，上海。资料存于采集工程数据库。

的形象；记述女科学家闻玉梅的婚姻、家庭与个人的艺术爱好。本传记完稿之际正值新冠病毒在全球流行，八旬高龄的闻玉梅院士再次冲到抗疫的最前沿，为此增加了尾声一章，以此记录中国科学家身上展现出的尊重科学、热爱国家、关怀社会的科学精神和人文主义精神。

2018 年 10 月 22 日，采集小组在对闻玉梅做最后一次访谈时，她主动说到 8 月刚当选“上海市教育功臣”一事。“上海市教育功臣”是上海市政府为促进教育事业发展，表彰在教育教学、教育科研和教育管理工作中做出突出贡献的优秀教育工作者，于 2002 年设立的荣誉称号制度。每 5 年评选一次，每届评选 10 名，由上海市政府发文表彰。2003 年、2008 年、2013 年已评选表彰三届共 29 名“上海市教育功臣”，2018 年 8 月第四届评选出 8 位功臣。闻玉梅一生获奖无数，其中有许多是国际级和国家级的奖项，但她却最看重此奖，“这个奖要收录到你们的报告哦，你们知道吗？前三届复旦的功臣是谈家桢（2003）、谷超豪（2008）和汤钊猷（2013），他们都是著名的、有杰出贡献的科学家”。[①] 闻玉梅为自己因教育成就获奖而感到无比自豪。

1991 年，闻玉梅的导师谢少文 88 岁时，中国协和医科大学赠予他一对玉石奔马，谢少文将此礼物转赠给闻玉梅，告诉她：“我送给你，是对你勤奋刻苦的赞赏；送给你，是要你继承中国微生物学事业。”闻玉梅的另一位恩师林飞卿将国际友人赠给她的一把镀金钥匙郑重地送给了闻玉梅，叮嘱她继续打开微生物、免疫学的知识宝库。闻玉梅说：“这两件礼物对我来讲是无价之宝，如有真正合适的接班人，我会将这‘不用扬鞭自奋蹄’的玉石奔马和‘开启人类知识宝库’的金钥匙传下去。”

“我选择了教师这一职业，我感到既光荣又自豪！”——闻玉梅。

① 闻玉梅访谈，2018 年 10 月 22 日，上海。资料存于采集工程数据库。

第一章
书香门第　教育世家

1934 年 1 月 16 日，闻玉梅出生于北平的一个书香世家，父母皆为清华学校官费留学美国的博士、杰出的医学教育家、爱国民主人士。

父亲闻亦传（1898—1939），湖北省浠水县巴河镇人。幼年就读于改良家塾，1918 年考入清华学校。1922 年毕业后赴美，1924 年获芝加哥大学医学院解剖学部哲学学士学位，1927 年获哲学博士学位。同年，获得洛克菲勒基金资助，进入约翰斯·霍普金斯大学体质人类学教研室深造，研究灵长类鼻孔软骨。1930 年发表研究成果，为欧美医学界关注。1930 年回国，任教于私立北平协和医学院解剖学系。

母亲桂质良（1900—1956），湖北武昌人。1921 年以第一名的成绩考取清华学校的官费留美名额，1922 年进入美国韦尔斯利学院本科学习，1925 年以优异成绩毕业。随即考入约翰斯·霍普金斯大学医学院学习精神病学，1929 年获医学博士学位。同年回国，在武昌同仁医院工作，后去北京道济医院（今北京市第六医院）参加医疗工作，是我国首位女性精神病学专家。

1930 年，闻亦传与桂质良结婚，1931 年大女儿闻玉平出生，3 年后小女儿闻玉梅出生。这个高级知识分子小家庭的组建，传承了累世书香的闻、桂两大家族几代人的家学积累。人才辈出的闻、桂两家各自培养出了闻一多、闻亦传、闻亦齐，以及桂质廷、桂质良、王元化、桂锡恩等爱国英才。闻亦传与桂质良及其背后两个大家族的精神遗产融汇在闻玉梅的血脉里，为她此后的人生道路做了铺垫。

浠水闻氏：宗支延绵　累世书香的名门望族

今天的湖北省黄冈市浠水县巴河镇，长江北岸、望天湖畔，有一个村庄名为闻家铺。[①] 这里是闻玉梅的父辈、祖辈几代人成长、生活过的地方。闻氏家族是当地宗支延绵、累世书香的名门望族。据初修于清乾隆四十六年（1781 年）的《闻氏宗谱》记载：“吾姓本姓文氏，世居江西吉安之庐陵。宋景炎二年（公元 1277 年），信国公军溃于空阬，始祖良辅公被执，在道潜逃于蕲之兰清邑，改‘文’为‘闻’，因家焉。”这里所说的信国公就是文天祥，良辅公则是浠水闻氏的一世祖。文天祥抗元失败，祸及家族，文良辅被捕，途中得以逃脱，至蕲水安家，为遮耳目改“文”姓为“闻”。[②] 这其中并未明确信国公与良辅公之间的关系，然而后人却据此以为浠水闻家就是文天祥的嫡系后裔。清光绪二十一年（1895 年）闻家三修《宗谱》、民国五年（1916 年）四修《宗谱》以及 1992 年五修《宗谱》均采信本族是文天祥后裔之说。[③] 文天祥的爱国精神与民族气节受到浠水闻氏的世代崇敬与敬仰，并在这个家族中传承下来。

元朝初年，浠水闻氏一世祖良辅公由江西吉安府庐陵县迁至蕲水之兰清邑永福乡二十七都十三图（乾隆年间蕲水兰溪镇广福村化儿湾）。良辅

① 闻家铺原名陈家岭，抗日战争中易名闻家铺。

② 闻黎明：《闻一多传》。北京：人民出版社，1992 年，第 2 页。

③ 浠水闻一多纪念馆研究人员通过比对分析《文氏宗谱·江右统宗世系》和《闻氏宗谱·浠水闻氏世系》，尤其是其中有关文良辅和闻良辅的记载，加之其他材料辅证，澄清了如下几点事实：闻良辅和文良辅为同一人，改“文”为“闻”是真实可信的；良辅公跟文天祥完全有可能同时存世，也有可能同军为伍；良辅公与文天祥同根共祖，都是文家十世祖仲良的后裔。由此可知，浠水闻氏家族并非文天祥的嫡系后裔，而是与文天祥家族各自属于文氏家族中的一脉。

公生四子，唯第三子谷瑞公一脉有后，闻玉梅是闻氏二世祖第四子——真四公一脉的后裔。[①] 族中科举功名起于第六世大玉公，此后贡生、太学生屡出不衰。到了第十世祖显高公，举家迁至巴河镇箭楼口，浠水闻氏自此定有“佳启昌盛世，贤良佐邦家，立心期中正，厚德焕光华”20 字之世派排辈。[②] 十三世祖澄昌公时，迁居巴河镇缺塘角闻家老屋（今巴河镇闻家铺村）。十五世祖（大）猷公在造化策缺塘的左角置地兴业。至十六世祖贤筠公时，闻家进入鼎盛，有族孙高中举人、进士，地名始称“闻家铺”，并建起宗祠，从此世代兴旺、繁衍不息。

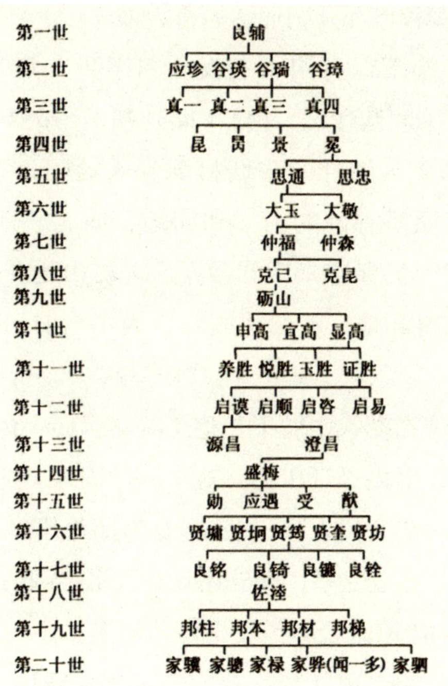

图 1–1 《闻氏宗谱·浠水闻氏世系图》[③]

闻玉梅的曾祖父、十八世祖佐溱公（1833—1911），清太学生，中书科中书衔，例授文林郎（因长子闻廷炬中恩贡而获赐）。官名于淦，字禧

① 闻黎明:《闻一多年谱》。北京：群言出版社，2014 年，第 2 页。

② 易福才，陈芳国:《黎智纪念集》。武汉：武汉出版社，2004 年，第 5 页。

③ 闻黎明，侯菊坤:《闻一多年谱长编》。武汉：湖北人民出版社，1994 年，第 6–7 页。

凝，号香泉，亦号丽生，娶冈邑太学生刘庆藜之女。佐滏公少时羸弱，未冠而母丧，父亲未续娶，家中全靠独子支撑。他好读纪事，嗜词章典雅，却不喜制艺，因此科考屡次失利。某年赴黄州应试，科场作《孙权钓台赋》，得正在视学的张之洞赏识，暗编堂号。但由于文场不佳，名落孙山。家谱记载他为太学生，却未言是如何取得的。佐滏公科场失意时，嫡堂兄弟们却接连高中：大哥佐渭中举人，授县教谕；二哥佐浏考取誊录宫国史馆汉誊录，为修职郎；四弟佐溥亦登榜元，中进士，三任乡试同考官。这对佐滏公都是无形刺激。于是，他家中稍裕，便建起"诱善学舍"，延师督子，让儿孙专读"各专门学诸书"，各"以其性之所近者习焉"。① 可见其对教育的重视程度和开明通达的育人理念。

佐滏公夫妻膝下育有四子三女。四子为"邦"字辈，分别名邦柱（闻廷炬）、邦本（闻廷政）、邦材（闻廷基）、邦梯（闻廷治）。1890 年，佐滏公在巴河镇望天湖畔的张塘村陈家大岭附近筑起一幢四进三重的宽大院落。这里原是郑姓的山场和园地，旧名"郑家山"（闻家新屋建成后，屋后竹园中仍保存郑氏祖坟）。这家郑姓香火既断，佐滏公便从郑姓族人手中购得此地。新屋建成后，为了与旧居区别，当地人称之为"闻家新屋"。②

新屋的屋基建在郑家山坡下，整个院落青砖一色、气派非凡，纵深三重，横排十一间，对内循环串通，对外一门出入。房屋落成后，闻佐滏已是四世同堂。他一心"树人"，在院中专为孙辈开辟了学屋"绵葛轩"，室内藏有经史子集达万卷之多，此外还收有大量字画拓片。③ 闻玉梅的堂叔闻一多先生在 1917 年作于清华的小传《闻多》中写道："先世业儒，大父尤嗜书，尝广鸠群籍，费不赀。筑室曰'绵葛轩'，延名师傅诸孙十余辈于内。"④ 闻玉梅父亲这一辈之所以广出人才，与其家族重视对子孙的培养教育密不可分。

---

① 易福才，陈芳国：《黎智纪念集》。武汉：武汉出版社，2000 年，第 5 页。

② 同①。

③ 同①。

④ 范稳：两个地标中的闻一多。《北京晚报》，2013 年 11 月 2 日。

闻玉梅的祖父闻廷炬（1861—1943）是闻家新屋的大房。族名邦柱，字石臣，号侍宸，以古场取录词赋入学，复取考史、论史、骈体、法律等学，补廪膳生。宣统元年（1909）考取恩贡，选授直隶州州判，敕封仕郎。闻廷炬育有六子三女，他们和其他各房堂兄弟姊妹同属“家”字辈。

闻玉梅的父亲闻亦传（家玺）是闻廷炬次子。闻廷炬的另外五子分别是：长子闻亦式（家璧），字玉田，由县首入泮痒。三子闻亦有（家莹），字理天，省立外国语专门学校、国主武昌商业专门学校毕业。曾任国民政府主计处会计局局长，新中国成立后在上海任会计师。四子闻亦荣（家鎏），字钧天，南京美专、东南大学毕业。历任南京、西南、无锡、武昌美专和国立社会教育学院教授，武汉画院名誉院长，武汉市文史研究馆馆长。五子闻亦齐（家璺），字舒天，医师、诗人。清华学校毕业，在清华时与闻一多、闻亦传并称“闻氏三兄弟”。他热爱自然科学，对文学、哲学、诗词学、英语语言学都有较深的造诣。学生时代曾任《清华周刊》编辑、《年报》总编辑。首译爱因斯坦的《相对论》，还协助著名地质学家丁文江教授校订《徐霞客游记》，先后由商务印书馆出版。1930 年获芝加哥大学医学博士学位，并被授予金质奖章，是我国留学生在该校获此项荣誉的第一人，同时被推荐为美国医学会会员。毕业后被美国麦克瑞斯医院聘任为医师，1931 年出任南京中央医院内科主任。1950 年后，历任武汉市第二医院顾问、内科主任，江岸区中西联合医院顾问。① 六子闻亦博（家壂），字溥涵，早年入河南大学攻读医学、杭州之江大学学习新闻学，后留学日本东京帝国大学，专攻经济学。著有《中国粮政史》《力行哲学论证》《民族英雄夏存右（夏完淳）》《论张江陵》等。②

自幼在“绵葛轩”接受启蒙的“家”字辈一代，不仅英才济济，也把深厚的家学传统和优秀的家族精神传给了下一代。闻玉梅属于闻家“立”字辈的一代（与其他各房不同，大房中的六家，女儿们是以“梅”/“湄”

---

①《武汉文史资料》编辑部:《武汉文史资料 1988 年增刊：武汉人物选录》。武汉：武汉市政协文史资料研究委员会，1988 年，第 476-477 页。

② 湖北省地方志编纂委员会:《湖北省志人物志稿（第一至四卷）》。北京：光明日报出版社，1989 年。

为字辈的），出了众多学者、教授、各行各业的精英骨干。对闻家后人来说，无论身在何方、身处什么岗位，祖辈的教导难忘，家风、家训的传承已深入骨髓。正如闻一多的小儿子、中央美术学院教授、闻玉梅的堂兄闻立鹏所说："我的父亲对我影响非常深远，他用自己的言行教导我如何做人、如何做一个正直的人。我认为这是最本质的地方。"①

走进闻玉梅的办公室，映入眼帘的是闻立鹏赠送给闻玉梅的一幅油画。画面上是一株傲雪怒放的红梅，"梅花香自苦寒来"，这正是闻玉梅一生为师、为人的真实写照。正直、爱国、奉献、探索精神、国际视野、不怕困难的决心和毅力……这些品质早已化作浠水闻氏家族的家族基因，在闻玉梅的身上得到继承和发扬。

桂氏家族：中西合璧的新兴知识分子

与典型的乡绅望族闻氏家族不同，闻玉梅的母亲桂质良出生在一个当时极为少见的基督教华人牧师的家族。

闻玉梅的外祖父桂美鹏（1857—1911），祖籍湖北武昌青山（今武汉市青山区），在殷实的桂氏家族里长大。② 光绪年间，皈依美国圣公会，成为该会最早的华人教友之一，是武昌当地较早接触和传播西方知识文化的年轻人。与武昌书香门第江家小女儿江菊霞结婚，育有一子五女，桂质良是他们的第四个女儿。③

1880 年，桂美鹏从上海圣约翰书院毕业后，到湖北江陵县沙市镇（今沙市市）传教，被圣公会委任为鄂西片区的牧师和第一任华人圣公会会长，负责长江一带的传教会务。自此，桂美鹏全家在沙市定居下来，他筹

① 费力，文俊：浠水闻家：笔耕世业是家风。《湖北日报》，2016 年 2 月 15 日。

② 罗元旭：《东成西就七个华人基督教家族与中西交流百年》。北京：生活 · 读书 · 新知三联书店，2014 年，第 416 页。

③ 陈礼荣：一个内地传教士家族的百年传奇。见：《民间影像》编委会编，《民间影像（第 4 辑）》。上海：同济大学出版社，2014 年，第 164-165 页。

资建造圣公堂，出任堂牧，从事慈善工作。[①] 诸如在教堂新辟出书报室，陈列报纸、书刊，供人免费阅览；在“洋码头”的堤坡下添置空屋，备上茶水、坐椅，供在码头上卖苦力的搬运夫歇脚。桂质良一生积极投身于慈善和社会服务活动，也源于其家族的慈善传统。

闻玉梅的舅舅、桂美鹏的独子桂质廷是我国近现代杰出的物理学家与教育家，中国地磁与电离层研究领域的奠基人之一。1912 年，桂质廷以第一名的成绩考入清华学校高等科，1914 年赴美国耶鲁大学留学，1917 年获学士学位，后到芝加哥大学读研究生。第一次世界大战期间，桂质廷放弃学业，赴法国前线从事各种福利工作。战争结束后，桂质廷于 1919 年 6 月回到美国，进入康奈尔大学研修当时尚属新兴学科的无线电专业。1923 年在洛克菲勒基金会奖学金的资助下，桂质廷到普林斯顿大学继续深造，跟随著名物理学家康普顿（Karl Compton）研究气体放电和紫外光谱，1925 年取得博士学位。回国后，陆续任东北大学、沪江大学、武汉大学等大学的教授。桂质廷在大学执教 40 年，为国家培育了一代又一代专门人才。由他主持组建的武汉大学游离层实验室至今仍在国际同行中颇有影响，并取得多项国际先进水平的突出成果。武汉大学还设立了“桂质廷奖学金”，以纪念这位全国知名、有一定国际影响的物理学界的泰山北斗。[②]

桂质廷的儿子、武汉大学医学部传染病学教授桂希恩从事感染病的研究和防治工作，算是闻玉梅的同行。他是中国发现和关注“艾滋病村”的第一人，是中国艾滋病防治专家指导组成员。2003 年，因其在艾滋病教育、预防、关怀等方面的卓越成就，成为当年度贝利 · 马丁奖唯一得主。2004 年，他被中央电视台评为十大“感动人物”。

桂美鹏的大女儿桂月华的小儿子、闻玉梅的表哥王元化，是我国近现代著名学者、思想家、原中共上海市委宣传部部长。

闻、桂两大书香门第都培养出了诸多从事医学、科研、教育事业的人

① 陈礼荣：一个内地传教士家族的百年传奇。见:《民间影像》编委会编,《民间影像（第 4 辑）》。上海：同济大学出版社，2014 年，第 164–165 页。

徐佩莉:《幸福康乃馨》。上海：上海大学出版社，2012 年，第 210 页。

② 陈礼荣：一个内地传教士家族的百年传奇。见:《民间影像》编委会编,《民间影像（第 4 辑）》。上海：同济大学出版社，2014 年，第 164–165 页。

才。更重要的是，他们的子孙儿女都具有强烈的爱国情怀。两种截然不同却殊途同归的家学渊源，成为闻玉梅成长路上极丰厚的文化和精神土壤。

父母双亲：中国早期留美科学家

闻亦传：第一代华人解剖学家

1898年（清光绪二十四年）10月16日，闻亦传生于武昌[①]，族名家玺，字葆天，号宝贤，湖北省浠水县巴河镇人。闻亦传在家族同辈中大排行第八，自幼聪颖好学，为诸兄弟之表率。自小接受新式教育，和同族诸兄弟一起就读于祖父佐逵公创办的"绵葛轩"小学，由毕业于两湖总师范学堂的王梅甫先生任教，除四书五经例课之外，还学国文、历史、博物、修身等新编课本。

1918年，闻亦传考入清华学校高等科（1922级），与早一年升入高等科的堂弟闻一多同校。随后，闻亦齐也考入清华，在家乡引起轰动，三人在清华获"闻氏三兄弟"之称。[②] 清华1922级的同学中还有潘光旦、时昭瀛、梅贻宝、高崇熙、雷海宗等人。

在清华的四年里，闻亦传充分发挥他在诗文、书画方面的特长，热心公益活动和社会活动，参加过赈灾募捐、模拟法庭等活动，展现出了一个

① 卷宗号3381，编号1083-1154，闻亦传档案。存于北京协和医学院档案室。

然而，光绪己亥（1899年）是光绪二十五年，又按照去世时42岁推算，应是1897年出生，在时间上多有矛盾。见：寿振黄：闻亦传博士传。《科学》，1939年第23卷第516期，第317-320页。

据朱兴中所作《闻氏家族世系表》记载，闻亦传生卒年月（公元）为1896-1939年，然其时间来源不可考，见：浠水县纪念闻一多诞辰百周年委员会：《浠水文史第13辑纪念闻一多先生诞辰100周年专辑》。1999年，第238页。故本文采用协和医学院闻亦传个人档案中的信息。然而清华学校规定"入学年龄，高等科在十六以上二十以下"，不排除闻亦传在报考时改年龄的可能性，见：清华大学校史研究室：《清华大学史料选编第1卷清华学校时期1911—1928》。北京：清华大学出版社，1991年，第152页。

② 闻黎明，侯菊坤：《闻一多年谱长编（6卷）修订版》。上海：上海交通大学出版社，2014年，第15-16、41页。

爱国学子的责任感和使命感。1920 年 3 月中旬，由闻一多发起，闻亦传、潘光旦、吴泽霖四人共同成立了一个读书社团——“⊥社”，与清华其他社团相比，它成员不多，刘聪强、孔繁祁加入后成员也不过六人，至 1920 年 9 月又增加了梅贻宝、方重两位社员。①

关于“⊥社”一名的来历，据社员吴泽霖回忆：

> ⊥社最初并不想搞什么组织形式，这些人本来都是知己朋友，天天在一起，用不着什么组织形式。之所以要有一名称而且取名⊥社，主要是（闻）一多和（潘）光旦的主张，旨在玩弄别人，使人看到‘⊥’，就不会读也不知道什么意思。

⊥社活动频繁，基本形式是读书报告会。起初，社团讨论的问题多属于学术知识方面，而后渐渐感到难以满足精神上的饥荒，于是把注意力转移到了伦理主义、基督教等方面，讨论个人宗教信仰问题。

> 我们几个知己朋友态度几乎是一致的，我们都读过《圣经》，对上帝如何创造宇宙、创造人的故事都不信，认为是迷信。但对宇宙万物能构成一个有条不紊的巨大体系都感到万分惊异，带有不可知论的态度。至于基督教的善恶、道德观、与人为善、服务社会、平等待人等思想，我们都认为人人都应信奉而且加以扩散。②

出于对当时校园及社会风气堕落的不满，1920 年 10 月 23 日，⊥社开始对校内放映的海淫海盗内容的影片进行研究。所有成员都参加了对电影的批判，并把研究结果和改良意见登在《清华周刊》上，提议学校实行改良，闻亦传的《世界各国电影底情形》便是其中的一篇。这番批判在清

---

① 闻黎明，侯菊坤:《闻一多年谱长编（6 卷）修订版》。上海：上海交通大学出版社，2014 年，第 15–16、41 页。

② 吴泽霖给作者的信，1986 年 7 月 13 日。转引自闻黎明:《闻一多》。北京：群言出版社，2012 年，第 32–33 页。

华园中掀起了一股抵制放映电影的浪潮，也引起了各种反响和争论。最终这场轩然大波以⊥社的胜利告息，学校决定采取“一减少、二替代、三改良”的方针——减少放映次数、改换较良的片子、引用别种“俱乐”方式。对于⊥社来说，改良校园风气是他们的一种使命，因为“学校是社会里的一种组织，我们改良社会就应从最切近的地方——我们的学校做起点”。①

1921 年春节过后，闻一多所在的辛酉级进入毕业前的最后一个学期，闻一多选择到芝加哥美术学院学习美术专业。然而正当准备出国之际，北京爆发“六三”惨案，闻一多参加罢课以示抗议，遭到学校处分并被迫留级一年。闻亦传为声援堂弟的义举，与潘光旦等人公开声明拒不接受外交部部令，亦遭学校处分。②

1922 年，闻亦传由清华学校毕业后赴美。9 月 17 日，闻亦传由旧金山抵达芝加哥，闻一多到车站迎接，并于次日送他赴马萨诸塞克拉克大学就读。③ 一年后，闻亦传转入芝加哥大学生理部，于 1923 年 8 月下旬到达芝加哥，入学前暂与堂弟闻一多同居一处。④

20 年代，芝加哥大学会聚了众多清华留美学子。这些留学生曾在清华长期共同学习与生活，同学之间建立了深厚的友情，因而到美国后仍然保持密切联系。1923 年春天，他们自发形成了几个通信团体。通信团体大致以清华各年级为范围，互相以书信形式报告各自的情况。如 1921 级的罗隆基、吴泽霖、何浩若、闻一多、浦薛风、沈有乾、钱宗堡等，1922 级的潘光旦、时昭瀛、闻亦传、刘聪强、陈石孚、刘昭禹等，都是通信团体的成员。这些团体起初并没有明确的政治动机，只是为促进清华学校的改良而交换意见，力图体现清华学生的合作精神，并在干枯孤寂的留学生活中添加一些新的兴趣与新的精神。⑤

---

①《清华周刊》，1920 年第 185 期。转引自闻黎明:《闻一多》。北京：群言出版社，2012 年，第 34 页。

② 同①，第 37-39 页。

③ 闻黎明，侯菊坤:《闻一多年谱长编（上卷）修订版》。上海：上海交通大学出版社，2014 年，第 104 页。

④ 同③，第 217 页。

⑤ 闻一多:《闻一多全集》。北京：人民文学出版社，1986 年，第 132、146 页。

在书信来往中，成员逐步认识到要保持留美青年之间的联系和对祖国的感情，就必须建立一个正式组织。1923 年 6 月中旬，吴泽霖、罗隆基自威斯康星赶到芝加哥，与闻一多、钱宗堡等人交换看法，开始酝酿成立一个学会。9 月初，美国中部的中国留学生在麦迪逊城举行夏令会，与会的清华同学成立“新清华同学会”。通信团体成员之间，一方面讨论留学生所关心的问题，特别是关于祖国的命运和前途问题，同时也交换各自的消息和对西方社会特别是美国社会的看法；另一方面也为母校清华的刊物筹组稿件，传达留美的感受和对母校的感情。①

闻亦传作为 1922 级通信团体的一员和“留芝清华同学会”的成员，曾在留美期间为《清华周刊》供稿。1924 年，他向母校的同学报告自己的留学经验和体会，以供他们选择学校和专业时作参考，并就留学期间学业上可能遇到的困难，为将要留美的清华学子提供建议。他坦言，自己在芝加哥大学的留学生活“平时的功课忙，假时消遣也忙”。在他看来，芝加哥大学向来为人所称道的物理、数学、医学、天文学、地质学、教育学等学科底蕴固然深厚，而他所在的生理部也令人称道，设备及教授法皆很完备。他为当下来此学习解剖学的中国留学生太少而感到遗憾，鼓励大家来芝留学时考虑选择此专业。② 可见闻亦传对其所学专业的热爱。

1924 年，闻亦传获得芝加哥大学解剖学部哲学学士学位，继而留校研究人体胚胎的形成，师从赫尔解剖学实验室的胚胎学名家巴泽枚兹（G. W. Bartelmez）教授。1926 年秋，任该校解剖学部神经学实验室助教，1927 年获哲学博士学位。③ 其博士论文《十七体节至二十三体节人胎之解剖》（The Anatomy of Human Embryos with Seventeen to Twenty-three Pairs of Somites）于 1928 年发表于《比较神经学杂志》（*The Journal of Comparative Neurology*）上，获得美国学界的推重。

早在获得博士学位以前，闻亦传就成为西格玛赛（Sigma Xi）这一

① 闻一多:《闻一多全集》。北京：人民文学出版社，1986 年，第 132、146 页。

② 闻亦传：芝加哥通讯。《清华周刊》，1924 年第 317 期，第 30–33 页。

③ 湖北省志地方志编纂委员会:《湖北省志人物志稿》。北京：光明日报出版社，1989 年，第 1514–1515 页。

科学家荣誉学会的成员。[①] Sigma Xi又名科学研究会（The Scientific Research Society），于1886年在康奈尔大学成立，旨在奖励卓越的科学研究，并鼓励各领域科学家之间的友谊与合作。它以研究成果或研究潜力为标准选拔会员，至今已有超过200名西格玛赛的成员获得了诺贝尔奖。

1926年10月22日，北京协和医学院在瑞典王子阿道夫四世的欢迎会上正式宣布了周口店发现2颗人类牙齿的消息。这一天，时任北京协和医学院解剖系主任的加拿大解剖学家步达生教授（Davidson Black，1884—1934）正式接触周口店遗址，从此与“北京人”结下不解之缘。[②] 1926年11月，洛克菲勒基金会驻华代表、时任北京协和医学院董事会秘书的顾临（Roger S. Greene，1881—1947）收到了几封有关芝加哥大学研究生闻亦传的推荐信。顾临于11月16日给北京协和医学院美国办公室的信中提到，闻亦传与步达生教授已有多次通信往来，步达生真诚想聘闻亦传回国作教，但协和当局担心闻亦传的身体衰弱，恐其难胜重任，多方阻挠，“惟步氏独奇君之才，崇君之学，毅然排斥众议，聘其来校”。[③] 闻亦传与步达生两人相知之深，备受同事羡慕。当时协和的另一位教授Dr. Merrick也认为闻亦传是“我们应该把握住的人才”。[④]

1927年，闻亦传获得洛克菲勒基金资助，继续留在美国深造，自此也成了北京协和医院的预备员工。[⑤] 1927—1929年，他在约翰斯·霍普金斯大学解剖学系体质人类学实验室跟随舒尔兹（Adolph H. Schultz）教授研究灵长类动物鼻孔软骨的由来及其演化。其研究结果《灵长类动物鼻软骨的发育和系统发育》（Ontogeny and Phylogeny of the Nasal Cartilages in Primates）于1930年登载在《胚胎学论文集》（*Contributions to Embryology*）中，再次受到美国学界的关注。

---

① 湖北省志地方志编纂委员会：《湖北省志人物志稿》。北京：光明日报出版社，1989年，第1514-1515页。

② 杨立文：《加拿大研究三》。北京：民族出版社，2008年，第7页。

③ 寿振黄：闻亦传博士传。《科学》，1939年第23卷第516期，第317页。

④ 卷宗号3381，编号1083-1154，有关闻亦传先生的工作信件（1926年11月16日）。存于北京协和医学院档案室。

⑤ 卷宗号3381，编号1083-1154，闻亦传档案。存地同④。

1929 年 10 月，闻亦传被北京协和医学院解剖学系正式录用。1930 年夏天回国到职，讲授《胚胎学》和《神经学》两门课程。[①]

桂质良：第一代华人女性精神病学家

桂质良，1900 年（清光绪二十六年）4 月 29 日出生于一个基督教家庭。桂质良自小接受新式教育，被送往上海教会学校圣玛利亚女校就读。[②]毕业后参加了清华学校选拔留美学生的考试，以第一名的成绩考取了清华赴美名额，被美国韦尔斯利学院录取[③]。

桂质良中学时期对文学产生了极大兴趣，曾在校刊上发表诗文，并原本打算在大学修读教育学。然而母亲期望家中 6 个孩子中能有一个学医的，由于两位姐姐已婚，另两位姐姐已学成教授英文，唯一的兄长则攻读物理，各自都已安身立命。于是，桂质良在大学时期转而攻读医学，算是尊崇了母亲的意愿。

在韦尔斯利学院，桂质良结识了包括谢婉莹（冰心）、王国秀、谢文秋、陆慎仪等在内的一众好友。1925 年，桂质良以优异成绩从韦尔斯利学院毕业，获得该校授予的一枚金钥匙（Phi Beta Keppa Key），即寓意着“已开启智慧大门”。这钥匙是“美国大学优等生荣誉学会”会员的象征，作为一个外国人，桂质良被纳为该著名学会的会员，实属不易。

---

① 湖北省志地方志编纂委员会：《湖北省志人物志稿》。北京：光明日报出版社，1989 年，第 1514–1515 页。

② 徐永初，陈瑾瑜：《追寻圣玛利亚校友足迹》。上海：同济大学出版社，2014 年，第 19–20 页。

③ 清华赴美留学生实际分为“第一格”和“第二格”两种：第一格选中的学生为备取，录取后先在清华学校学习若干年，合格后再送往美国留学；第二格考试选中的学生则是用庚款选送的直接赴美留学的学生。桂质良属于后者。1911—1929 年，由清华选派的留美学生共 1279 人，其中只有少量女生。1914 年起，学校规定每隔一年要招收 10 名女生。自 1916 年起，学校每隔一年还招收一次专科生。女生和专科生都直接资送留美。1921 年，清华学校考选专科的女生有王国秀、林同曜、桂质良、倪徵琮、张继英、陆慎仪、黄孝真、黄倩仪、倪逢吉、颜雅清。

彭鸿斌：《西进：中国人留学档案》。北京：经济日报出版社，2000 年，第 109 页。

清华大学校史研究室：《清华大学史料选编 · 第 4 卷解放战争时期的清华大学 1946—1948》。北京：清华大学出版社，1994 年，第 642 页。

随后，桂质良考入美国约翰斯·霍普金斯大学，学习和研究精神病学。20世纪20年代初的中国经历了激烈的思想动荡，人们对精神疾病的认识不足，此类疾病的防治在当时更是几为空白。桂质良洞见国内这一医学领域的缺失，决定潜心向这一领域进行开拓。[①] 1929年获得医学博士学位。在学业取得成就的同时，桂质良交友广泛、积极参加爱国社会活动。20世纪20年代，桂质良曾在美国报纸上发表檄文《中国内战，不要外国插手》，文章中写道："中国人的事情，就应该由中国人自己解决，自己站起来。不要拐杖！"[②] 后来闻玉梅在进修时在学校图书馆找到了母亲当年撰写的这篇文章，其中所表现出的中国留学生的爱国情怀，想要为祖国争取舆论力量、为国事尽一份力的使命感和责任感，对闻玉梅的一生影响很大。

1929年，桂质良从约翰斯·霍普金斯大学毕业，闻亦传向其求婚，并精心制作了一件信物——《破书图》给桂质良，这是由古籍碎片拼接而成的一幅画作，闻亦传在画上题作"莫笑世人守残阙，秦灰而后无完书"。当时，闻亦传在美国留学时已身患肺结核，所以自谓"世人上无完人"，但依然希望与桂质良结为连理。

1929年6月，桂质良回国就职于武昌同仁医院。1930年夏，闻亦传回国。同年9月，桂质良北上与闻亦传会合，并在北平疯人院实习。1931年，桂质良申请去格拉斯哥大学进修精神病学研究，因大女儿9月出生，取消了出国留学计划。

1932年，桂质良的专著《现代精神病学》在上海新月书店出版，这也是我国最早的精神病学专著。全书基于当时的社会需要，向人们介绍现代精神病学知识，目的是"供青年对于精神病有所了解""促国内医界对于精神病有所注意"。当年潘光旦在《年华》上撰文对此书做了介绍，指出这本书"给我们不懂精神病为何物的人一个小小的门径""给我们中间精神生活不安定、不康健的人一个自谋位育的起点""更可以教从事青年问题的人得到一个观察与评估的新角度"。全书篇幅虽不逾3万字，但"精

① 徐永初，陈瑾瑜:《追寻圣玛利亚校友足迹》。上海：同济大学出版社，2014年，第18页。
② 同①，第19页。

神病学的内容可以说是无所不包”。[①]

同年，桂质良再次决定去英国留学，可当她3月11日抵达香港时收到了丈夫闻亦传肺病复发的消息，不得已再次中断出国打算。返回北京，在北京道济医院（今北京第六医院）工作。[②]

专注于精神病学的研究与教育、向国人介绍其相关知识，固然对社会的进步发展大有益处。然而，此时国家的危亡牵动着桂质良的心。科学家的责任感和使命感促使她不断投身到医疗慈善事业和妇女救亡运动，为国家和社会倾尽自己的力量。

1933年1月1号，日军进犯山海关，中国将士力战殉国，长城抗战却因当局的对日妥协政策而以失败告终。此战激起了全国各地、各阶层人士的强烈反响，一致发出了抗日救国的呼声。张学良夫人于凤至在北平发起的“妇女救护慰劳联合会”就是在这个背景下成立的。[③] 在妇女救护慰劳联合会中，“张于凤至夫人为委员长……干事若干人，均为义务职。总干事以下设干事37人。各股主任干事分别为：……救护股：桂质良大夫……”。[④] 该联合会的主要活动包括募捐、慰劳、救护三大部分，桂质良作为救护工作的负责人，在联合会中发挥了重要作用。

这一年，桂质良在《华年》杂志上发表《科学家与国难：路易巴斯脱的经验》一文。文中通过对法国爱国化学家、微生物学开创者路易巴斯脱（Louis Pasteur，1822—1895）日记的解读，剖析其在普法战争中的心理和思想，表达了桂质良作为一个科学家在国难当头之际的爱国、救国信念以及对日本的侵略抗战到底的决心，并以路易巴斯脱的精神和态度来批判北平那些对国事、对爱国学生麻木不仁的“智识阶级”。[⑤]

桂质良指出，彼时中国正面临日本侵略的不断扩张，处境与普法战争中的法国类似，“两国都是被强邻压服，都是土地被人吞了，而且都有抱不

---

① 潘光旦：现代精神病学：桂质良著。《华年》，1932年第1卷第22期，第15-16页。

② 范庭卫：精神病学家桂质良的格拉斯哥之行。《中华医史杂志》，2021年第1期，第45-48页。

③ 魏月：北平妇女救护慰劳联合会。见：刘宁元、马晨彤、陈静主编，《北京的社团（第二辑）》。北京：知识出版社，1994年，第260页。

④ 关于桂质良出国留学经历，参见②，第261-262页。

⑤ 桂质良：科学家与国难：路易巴斯脱的经验。《华年》，1933年第2卷第3期，第45-48页。

抵抗主义的军事长官”。在国家危亡之际，路易巴斯脱认为“法国唯一的出路只有拼命抵抗、拼死命长期的抵抗”。①

> 他一想人们都在为国效命，我的唯一报国之道还是赓续作我的科学研究罢。实验室的拼命亦正如在疆场一样，要坚忍、要毅力、要奋斗，更要一鼓作气地攻破阻碍才得成功。②

这不仅是路易巴斯脱所想，也是桂质良的心声。

> 目前唯一的出路，只有一条，那就是拼死命抵抗，我唯愿我们打，打到最后一城、最末一人。更愿战事延长下去，到了深冬的时候，使那些暴敌都冻成骨灰……我们一定要保持我们的希望，到最末一分钟，也决不可彼此自暴自弃，互相扫兴，我热烈地希望有一个长期的挣扎。对于未来要存一个乐观态度，不可气馁。③

这些都充分体现了桂质良对祖国的爱之深、责之切。在抗日战争的动荡时期，她用切身行动践行了自己在文中的主张，在自己能力范围内尽可能多地参与公益慈善活动、妇女运动，领导和组建救护团队，为抗日战争添一份力量。

1936年11月21日，桂质良参加了北平妇女界援绥发起人会议，共有33人出席。④“援绥”便是指支援绥远守军抗击日军的进犯。会议通过了“成立妇女救护训练班”等多项议案。1936年11月24日，北平红十字会、燕京大学妇女会等12个团体联合成立“北平各界妇女绥战救护慰劳会”，并在灯市口燕京大学校友会召开成立大会。会议决定由王敏仪担任大会主席，吴懔哲担任该会总干事，桂质良为副总干事。会议制定的工作范围包

---

① 桂质良：科学家与国难：路易巴斯脱的经验。《华年》，1933年第2卷第3期，第45-48页。

② 同①。

③ 同①。

④ 范庭卫给闻玉梅的信，2013年2月12日。资料存于采集工程数据库。

括：由吴憬哲、桂质良负责在北平城东、西、南、北及郊外成立5个募捐大队，捐款集中购买纱布、药棉，制作卫生包；组织救护训练班，地点分别设在东城方巾巷16号桂质良大夫宅、西城石驸马大街女红十字会。12月13日，桂质良在锡拉胡同女青年会主持召开慰劳会第三次全体大会，会议决定护训班招收男青年以应前方战地救护的实际需要。①

桂质良为救护训练班倾注了大量心血。1936年12月5日，护训班行开办礼，7日晚东城开班，学员64人，由桂质良亲自教授。② 护训班开办后，北大、朝阳、女子文理学院等几所大学的女生团体纷纷向慰劳会请求在各校分别开办护训班。12月28日，女子文理学院护训班开课，由桂质良、焦宝球担任教师。桂质良向学员们提出了三点希望：有决心、有耐心、有牺牲精神。1937年1月24日，第一期东、西城护训班举行毕业典礼，桂质良主持典礼并讲述了护训班开办的经过及训练情况，对毕业生提出了希望。

1937年3月8日，北平妇女绥战救护慰劳会开办的救护训练班毕业生在青年会举行"三八"节纪念大会。会上，桂质良作为护训班创始人致辞。③ 3月12日，第二期护训班在青年会开课，桂质良勉励学员："本一贯之精神努力到底，希望在全训练期20个钟点内，每一个钟点都不要轻易放过。"此后，护训班又开了三期、四期，6月9日慰劳会宣布护训班结束，桂质良当选常务干事。

1937年，桂质良在胡适、潘光旦与闻亦传的协助下完成了其第二部著作《女人之一生》，④ 由南京正中书局出版。在书中，桂质良将平时门诊中的问题用通俗的语言写成了医学科普读物，论述了生产、孕、不孕、婴儿的卫生、婚姻与事业等问题。⑤ 她希望"凡有益于妇女日常生活的，由婴

① 韩贺南，王向梅，李慧波:《抗日战争与中华民族复兴丛书·中国妇女与抗日战争》。北京：团结出版社，2015年，第52页。

② 池子华，傅亮编:《〈大公报〉上的红十字》。合肥：合肥工业大学出版社，2012年，第436页。

③ 北京市地方志编纂委员会:《北京志·人民团体卷·妇女组织志》。北京：北京出版社，2006年，第294页。

④ 该书在2014年由中国电影出版社再版发行，改书名为《只对女人说》。

⑤ 桂质良:《女人之一生》。上海：正中书局，1937年。

儿呱呱落地起，直至壮年而老年的种种重要问题，用简单而非反唇相讥的文字依次叙出，以求大多数无医学知识的人们能明了”。

晚近医学的进展已使人们渐渐觉悟得，做医生的，除看病开药方之外，不少的时候还要代法官、律师、巡警、教员、牧师，甚至于父母，施行职务。病人有不顾或不能向这类的人们所说的话，往往可以坦白地对医生讲……若是能够避免些自相催害、自暴自弃及其他种种厌恶生命的表现，而同时能增加认识生命的机会，那算是我写此本书的一点小意思，达到了目的。①

桂质良强调“生物—心理—社会”医学观，她认为医生对患者应当以其整个个体为主要目标：

人之为物，并不是一个很简单的个体；他的遗传的品性、心理的构造、体质的组织、过去的经验、环境的影响都是造成这个个体——人——的重要分子，不可以彼此分离、单独而论的。②

闻玉梅在 80 岁以后大力呼吁医学人文精神的回归。她对医学中的人文要素如此重视，除了是对当今社会医患问题进行反思的结果，也许也源自她对母亲桂质良早年医学观的领悟。

---

① 桂质良:《女人之一生》。上海：正中书局，1937 年。

② 同①。

第二章
闻家小女初长成

北平出生　父亲早逝

1934 年 1 月 16 日，闻玉梅出生在北平，这给她的小家庭和父母双方的两大家族都带来了欢喜。父亲闻亦传和母亲桂质良二人自美归国已有 3 年多，各自在北京协和医学院、北京道济医院的医学科研工作都步入了新的阶段。3 月 5 日，时任北京协和医学院代理校长的顾临向闻亦传发出通知：协和医学院教授委员会已在当天的会议上推荐他升任助理教授，7 月 1 日起生效，聘期 4 年，工资涨到了每年 4800 北平元。闻亦传于 3 月 7 日回复顾临，接受在解剖学系的升职并表达感谢。① 1935 年 6 月 25 日，顾临再次给闻亦传带来好消息：经解剖学系系主任建议，闻亦传的工资从 7 月 1 日起涨到每年 5200 北平元。② 加上桂质良在美国基督教长老会所办道济医院的工资，这个四口之家在北京可以过上非常体面的生活。

① 卷宗号 3381，编号 1083-1154，闻亦传档案。存于北京协和医学院档案室。

② 同①。

1935年8月，桂质良在潘光旦任编辑的《华年》杂志上发表文章，介绍新书《性心理学》。作者霭理士（Harelock Ellis，1859—1939）是英国作家、医师，当代性心理学大师之一，1900—1910年著有六卷本《性心理学》（Studies in the Psychology of Sex），是20世纪性心理学的代表作。桂质良介绍的是新刊行的单行本。

> 爱氏是书虽近"老生常谈"，而于两性教育问题性的卫生问题大有贡献。从前作师长者自身对于诸问题根本就不大清白，即知一二，深藏闷葫芦中，秘不示人，是大错处。而今日之青年男女，为好奇心驱使对于两性问题，太不尊重，是又失之太过。身为今日之师长者宜如何将性的问题看作普通科学一般的现象，以告子女，庶几对于婚姻问题有健全之组织。爱氏此书可以作吾辈指南针。①

这样的教育理念，恐怕在今天也鲜有父母能够具备。

闻玉梅和姐姐闻玉平本可以在这样一个教育理念超前、思想开放的殷实家庭中无忧无虑地慢慢长大，然而事与愿违。父亲闻亦传在求学期间求知若渴、发愤忘食，常常不眠不休地阅读或通宵达旦溺于实验室做实验，以至于体力日渐不支，感染肺病。回国之前曾在位于纽约沙拉纳克湖最著名的特鲁多疗养院休养一年。到北京协和医学院解剖学系工作后，他鉴于国人学术不振，以一腔爱国、救国热情全身心地投入医学教育与研究，终于导致1935年旧病复发。②

图2-1　20世纪30年代中后期，闻玉梅姐妹与母亲桂质良合影（左起：闻玉平、桂质良、闻玉梅）

根据北京协和医学院档案馆所藏闻亦传相关档案记载，闻亦传1929年被协和正

① 桂质良：书报介绍：性心理学。《华年》，1935年第34卷第4期，第16-17页。

② 寿振黄：科学思潮：闻亦传博士传。《科学》，1939年第23卷第516期，第317页。

式录用时已患有肺结核，起初病情并不严重，1934 年也通过了春季体检。[①] 是年升任助理教授后，愈加不知疲惫地工作，旧病终于暴发。闻亦传的肺结核病反复发作，几经治疗休养都未能根除。北京协和医学院在其病中尽力提供帮助。1938 年 1 月 3 日，闻亦传致信当时的代理院长胡恒德，表达他对医学院的感谢，并相信自己仍可能重返科学领域。可见其对自己所从事研究的热爱之深，以及对自己未来能够建树事业的期待。然而，闻亦传对科学研究有着太深的热爱，他惜时光荏苒，不肯将时间浪费在无法创造科学价值的地方，每当病情好转，又用功如初，终至不愈，不幸于 1939 年 4 月 17 日早上 8 时在北平协和医院去世。4 月 20 日上午 10 时，闻亦传追悼会在协和礼堂举行。之后葬于西便门外安立甘教会公墓。

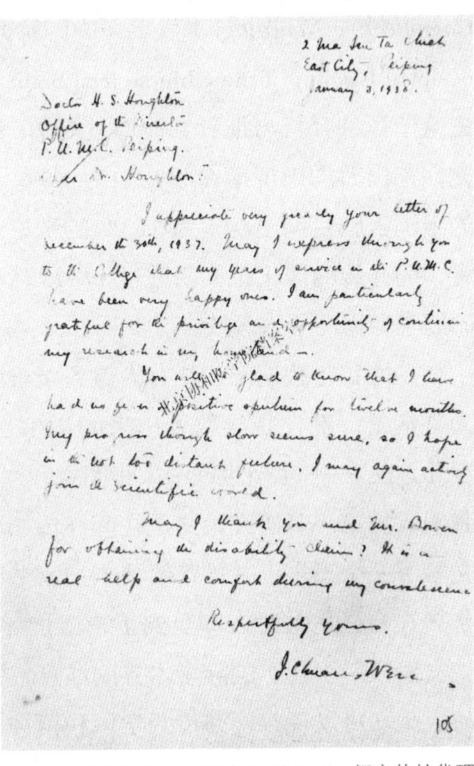

2 Ma Sen Ta Chieh
East City, Peiping
January 3, 1938.

Doctor H. S. Houghton
Office of the Director
P. U. M. C. Peiping.

Dear Dr. Houghton:

I appreciate very greatly your letter of December the 30th, 1937. May I express through you to the College that my years of service in the P. U. M. C. have been very happy ones. I am particularly grateful for the privilege and opportunity of continuing my research in my homeland.

You will be glad to know that I have had no positive sputum for twelve months. My progress though slow seems sure, so I hope in the not too distant future, I may again actively join the scientific world.

May I thank you and Mr. Bowen for obtaining the disability claim? It is a real help and comfort during my convalescence.

Respectfully yours,

J. Chuan Wen.

105

图 2-2　1938 年 1 月 3 日，闻亦传给代理院长胡恒德手写的感谢信[②]

闻亦传治学严谨、学问深厚，虽然他的学术人生短暂，但在 1928—1936 年 8 年时间内发表研究论文 14 篇，在解剖学和组胚学领域做出了杰出贡献。1926 年，香港大学 J. L. Shellshear 在英国解剖学杂志上撰文说中国人脑的枕月沟常处于原始状态，比埃及人脑更接近于类人猿，1934 年他又在第二届国际人类学会上宣读论文《中国人脑与澳洲人脑的比较》，声称中国人脑与猿脑相近，不如白人。当时出席会议的中国学者对此做出有力驳斥。对此，1933 年，闻亦传在《比较神经学杂志》（*Journal of*

① 卷宗号 3381，编号 1083–1154，闻亦传档案。存于北京协和医学院档案室。

② 同①。

Comparative Neurology）发表《中国胎儿大脑枕部的研究》（A study of the occipital Region of the Chinese fetal brain）一文，对 J. L. Shellshear 的错误结论给予详细分析与批驳。他通过对 70 个胎儿脑、50 个成人脑进行比较研究，指出月沟出现率在胎儿中为 48.9%、成人为 42%，批驳了西方人统计的中国人脑月沟出现率为 71.1% 的结论。作为中国近代胎胚学的早期研究者，闻亦传的博士论文研究过 17~23 体节的 3 个人胎，是最早在协和开设胎胚学课程的华人教授。

在协和任教期间，凡有人遇到疑难问题向他请教，闻亦传无不详细地为其解答。在他指导培养出来的学生当中，有一位后者日后成为“试管婴儿之父”——生殖生理学家张明觉，① 晚年在病榻上仍不忘恩师闻亦传。张明觉的第一篇研究论文是在闻亦传指导下完成的，闻亦传看后亲自用英文写了一个报告，并推荐给美国一家杂志发表。而当张明觉将闻亦传的名字署在自己之前时，却受到了严肃批评，闻亦传坚持把自己的名字去掉。论文发表后引起了国际学术界的注意，张明觉因此被英国剑桥大学录取为研究生。可以说，闻亦传的学风和精神使张明觉铭记了一辈子，也影响了他的一生。②

闻玉梅出生后不到两年，闻亦传的肺结核旧病开始复发，多次长期被隔离进行治疗。其间，桂质良带着闻玉梅姐妹与母亲江菊霞和三姐桂德华同住。“母亲怕父亲的病传染给我们姐妹，所以很少让我们见到父亲……所以他发病之后，我就没有再见过父亲。”③ 闻亦传去世那年，闻玉梅年仅 5 岁。

我五岁时，父亲就生病去世了。可是听亲戚和母亲讲，有件事我

---

① 1978 年，英国妇产科专家帕斯特普托培育试管婴儿成功。但实际上却是张明觉首先发现了“精子获能”的生理现象，为哺乳类卵子体外受精成功奠定了理论基础，也是“试管婴儿”实验最终能取得成功的原因，因此最早被誉为“试管婴儿之父”。参见：中国人民政治协商会议全国委员会文史资料研究委员会《文史资料选辑》编辑部:《文史资料选辑第 123 辑》。北京：中国文史出版社，1986 年。

② 姚诗煌：永远铭记张明觉教授——最早被誉为“试管婴儿之父”的华裔科学家。《文汇报》，2010 年 10 月 13 日。

③ 闻玉梅访谈，2018 年 10 月 22 日，上海。资料存于采集工程数据库。

一直记在心上，就是父亲在讲解剖和体胚画图时，他两只手可以同时画画，而且画出来是对称的。他是很专业的。①

闻亦传对科研的热爱和他身上科学家的品质成为闻玉梅心中的一颗种子，随着她的成长而萌发。

母女情深　相依为命

1939 年 9 月，闻玉梅入读北京明之小学。那时的她还不懂得失去亲人的含义、不知大人的愁苦，父亲的离世没有给年幼的闻玉梅带来太大的心灵伤痛，这也算是不幸中的幸事。在家人的陪伴下，她的童年生活是快乐而丰富的。慈祥的外婆江太夫人喜欢听戏，大人们都嫌京剧闹不肯陪同，就让外婆的“小拐棍”闻玉梅跟着去，没想到自此结下了闻玉梅一生的京剧情缘。② 虽然京剧跟闻玉梅之后所从事的科学研究内容无关，但每当她遇到难题、烦恼之时，京剧永远是最能使她放松和调整自己心情的良药。

父亲的不幸离世使得生活的重担全落在了母亲桂质良一人身上，加之抗日战争对人们生活的冲击，家庭生活落得艰苦，甚至难以为继。闻、桂两家兄弟姊妹众多，其中多有成就斐然、经济宽裕者，桂质良本可以接受来自亲人的帮助。然而这位独立、自强的女性决不愿靠别人的接济过活，尚处在悲痛中的她必须凭自己的力量撑起这个不再完整的家。③ 闻玉梅回忆当年母亲状况时说道：

自从父亲去世后，母亲生活得不是很好，就离开了在协和医院的居所，为生活而奔波。我很小的时候就懂得了母亲这样的人才为生活

---

① 2005 年 10 月 18 日闻玉梅同志先进事迹报告会（口述整理稿）。资料存于采集工程数据库。

② 闻玉梅访谈，2018 年 10 月 22 日，上海。存地同①。

③ 同②。

所迫，不得不身兼数职，甚至跑到中学教英文来维持生活。①

1941 年，闻玉梅跟随母亲来到上海，9 月入读上海市中西第二小学，并开始学习钢琴。初到上海，桂质良在著名妇产科专家王逸慧创立的医院里开业，同时在上海工部局任兼职医师。为了使两个孩子的生活得到保障，让她们得到良好的教育，桂质良到处兼职、兼课，奔波在几所学校和诊所之间。

1942 年，桂质良出版英文专著《我们的孩子及其问题》(Our Child and His Problems)，这是我国最早的一本有关儿童心理卫生知识的书籍。她所提出的教育理念直到今天对人们仍有指导借鉴意义。

> 我们可以劝阻望子成龙的父母和教师不加重学生的负担，那些竞争负担是孩子们不论做出多少努力，都使其自然天资无法承受。我们可以为他找到一个适合于其能力的位置，顺着这个特定路线，他也许会感到有效、愉快和满足。②

1943 年 9 月，闻玉梅进入上海圣玛利亚女校（现上海市第三女子中学）读预科一年级，1951 年 7 月毕业。闻玉梅的家族中，有两代 8 个人都在圣玛利亚女校就读过，除了她之外，妈妈桂质良（1920 届）、姐姐闻玉平（1949 届）、大姨妈桂月华（1904 届）、二姨妈桂质玉（1911 届）、三姨妈桂德华（1916 届）、表姐傅

图 2–3　20 世纪 40 年代后期，闻玉梅姐妹与母亲桂质良合影（左起：闻玉平、桂质良、闻玉梅）

① 2005 年 10 月 18 日闻玉梅同志先进事迹报告会（口述整理稿）。存于采集工程数据库。

② 闻玉平，闻玉梅：学者 · 医师 · 母亲——纪念桂质良教授逝世 55 周年。2011 年。未正式出版。

美利（1947 届）和表妹刘莺（1952 届）均为圣玛利亚女校校友。妈妈桂质良和三姨妈桂德华还曾任教于圣玛利亚女校。①

圣玛利亚女校和圣约翰书院同为美国圣公会所办，建校之初分设三斋：西学斋、中学斋、琴学斋。编制分为“备级”和“正级”各 4 年，计 8 年。② 最初校舍设在梵皇渡路（今万航渡路 1575 号）圣约翰书院北首（现华东政法大学 23 号楼）。③ 1937 年上海沦陷后，圣玛利亚女校被日军占领，与圣约翰大学（圣约翰书院在 1905 年更名为圣约翰大学）一起搬到了当时公共租界南京路上的大陆商场（现东海大楼 353 广场）。1939 年秋，圣玛利亚女校迁至圣约翰大学校园内新建的斐蔚堂（Grace Hall，现慈淑大楼），与圣约翰、之江、东吴等几所教会大学合租教室上课，条件简陋。闻玉梅的两年预科就是在这样的环境下度过的，直到 1946 年才搬回白利南路校园，这一年闻玉梅升入初一年级。④

20 世纪 40 年代，桂质良仍身兼数职，受聘于上海沪江大学（现上海理工大学）驻校医院医师，又在伯特利医院（现上海交通大学附属第九人民医院）任儿童心理医师，兼东南医学院（今安徽医科大学）教师，同时还在圣玛利亚女校任生物课老师和 1947 届班主任。⑤

母亲对闻玉梅的影响极深，是第一个让她崇拜的对象。⑥ 桂质良为人正直、诚恳、富有爱心，身处乱世仍时时挂念国家及人民的前途。良好的家庭熏陶使闻玉梅从小就明白要靠自己的努力来减轻母亲的负担。在圣玛利亚女中读预二（相当于今小学 6 年级）的她很懂事，晚上开始给初二、初三的学生补习英语，分担母亲的困难。她至今还清楚地记得第一次“赚铜钿”的一幕：“一学期后，一位学生家长给了我 6 块钱和一块缎料作为报

---

① 徐永初，陈瑾瑜:《追寻圣玛利亚校友足迹》。上海：同济大学出版社，2014 年，第 17–19、130–132 页。

② 朱亚新，石剑锋，陈学恂:《中国近代教育史教学参考资料（下册）》。北京：人民教育出版社，1998 年，第 221–224 页。

③ 同①，第 220 页。

④ 同①，第 36–41 页。

⑤ 同①，第 17–19、131 页。

⑥ 钱奕冰，闻玉梅：中国治疗性乙肝疫苗开拓者。《中国科学报》，2017 年 12 月 11 日。

图 2-4 圣玛利亚女校 1947 届学生合影（后排右八为桂质良）

酬，我开心得不得了，把 6 元钱交给母亲，用缎料给母亲做了件衣服。”①闻玉梅在圣玛利亚女校读书期间成绩优异，连年获得综合成绩第一名而使学校为她免去学费。

闻玉梅非常懂得体贴母亲。1949 年东南医学院迁往安徽蚌埠，桂质良需要在上海与安徽怀远县两地往返。为了使她免受两地奔波的辛苦，闻玉梅从上海圣玛利亚女校转学至安徽怀远县中继续高二下半学期的学习，以便陪伴一人在外辛苦的母亲。

图 2-5 20 世纪 50 年代前期，闻玉梅与母亲桂质良合影

闻玉梅在怀远县中读了半年，鉴于当地的教学质量和学生成绩，桂质良认为再这样下去，闻玉梅无法考上大学。1950 年 9 月，闻玉梅再度回到上海，破格进入圣

① 孙国根：一个“步行者”的足迹与辉煌——记新增选的中国工程院院士、微生物学家闻玉梅教授。《行政与人事》，2000 年第 4 期，第 25-28 页。

玛利亚高三插班。[①]

图 2-6 怀远县中 1950 年春季第二次月考荣获模范的同学合照（二排左五为闻玉梅）

我们这一群：青春激荡的女学生

> 我的中学圣玛利亚女校虽然是个教会学校，而且给人的感觉好像就是有钱人念书的地方。可是，你要是成绩非常好，第一名考上可以拿到奖学金，我就是这样进到这个学校的。[②]

中学阶段的闻玉梅已经显露出学习上的天赋、不畏艰难的品质和对科学的浓厚兴趣，这很大程度上得益于坚强乐观的桂质良对女儿的悉心培养，也得益于闻玉梅在圣玛利亚女校受到的良好教育。学校启迪式的教学方式、开放的学习氛围使闻玉梅能够自发地阅读和思考，从而自主探索未知领域，找到自己真正感兴趣的学科。那时，《居里夫人传》和《白求恩大夫的故事》是闻玉梅最喜欢读的科学家传记，她感动于居里夫人用“钋”（po）

---

① 徐永初，陈瑾瑜:《追寻圣玛利亚校友足迹》。上海：同济大学出版社，2014 年，第 17-19、130-132 页。

② 闻玉梅访谈，2020 年 6 月 4 日，上海。资料存于复旦大学上海医学院闻玉梅办公室。

命名新发现的元素，以此来怀念其祖国波兰，这激发了闻玉梅科学报国的热情。

> 记得我读中学时，没有太多学习上的负担。教师那里没有“标准答案”，鼓励学生自由探索、自由发挥、自由阅读、自由思考与讨论。在这种“启动式”的教育理念下，每个人都根据自己的兴趣爱好选择将来要走的路。中学毕业时，有的同学报考了音乐学院，有的去了财经学院，有的去了幼儿师范，有的选择新闻为终身职业，而我也被“点燃”了以居里夫人、白求恩大夫为终身偶像的“火把”。①

圣玛利亚女校历届都有许多名列前茅、品学兼优的高中毕业生把治病救人的医学作为升学的首选专业。②

> 我们班在毕业时有十几个人，好几个人都选择学医。王爱霞跟我一起考进上医，后来分配到协和医院，一直是非常有名的传染科医生、教授。也有同学考上了同济大学的建筑，也有同学考上了清华的石油，她喜欢搞石油，要跟男的拼一下（能力）。和平到了兰州，她一直在兰州工作学习。另外，我们一个同学喜欢古生物学，就考了南大。还有一个同学因为思想比较进步，就被团中央选去了，一直在团中央工作到退休。当然，我们也有弹钢琴的音乐大师。这个学校让我觉得它让女性能够自由地、充分地发挥自己的才能。③

学校在中英文语言培养方面的重视为闻玉梅的长远发展打下了扎实的基础。

---

① 中共中央组织部人才工作局：《百名专家谈人才》。北京：党建读物出版社，2012年，第27–28页。

② 朱亚新，石剑锋，陈学恂：《中国近代教育史教学参考资料（下册）》。北京：人民教育出版社，1998年，第38页。

③ 同①。

这个学校的特点是它的英文特别棒，很多课程都用英文教学，对我的帮助很大。与此同时，学校对文学也是很注意的，很多课文都是英文原文，很早就让学生学英文原著，让学生可以直接地了解很多英文的文学名著，如我们高一时就已经学习了莎士比亚的《威尼斯商人》（The Merchant of Venice）。因为我的英文特别好，所以对我国际交流、出国进修都有很好的帮助。我记得很多人都问我英文怎么那么棒，其实我的英文就是在这个学校得到了很好的培养。①

图 2-7　1951 年，闻玉梅与圣玛利亚女校同学毕业合影（左二为闻玉梅）

毕业之际，闻玉梅在校刊发表文章《我们这一群》，以此纪念自己在圣玛利亚女校的学习生活。

在一九四四年的暮夏，十几个天真顽皮的小女孩安静地坐在一个教室里，你看看我，我看看你，大家都觉得局促不安，这就是全校最低一班的学生。她们对于这个新学校的每一方面都感到新奇，可是谁都怕自己做错点事，所以大家都闷闷地坐在课室中。不多日后，她们逐渐地混熟了，彼此的名字也叫得挺顺嘴的，于是跳绳、拍皮球、踢

① 闻玉梅访谈，2020 年 6 月 4 日，上海。资料存于复旦大学上海医学院闻玉梅办公室。

毽子都开始了。因为她们是最小的一群，所以经常是不受人注意的，只有偶然在先生们的闲谈中会提起“预科一”是很“乖”的一班。

孩子们都长大了，在这个成长的过程中，有的同学离开了我们，也有新的同学加入队伍中来。那时是抗战胜利后的几年，美帝对中国的各方面侵略达到了最高峰，美国货像排山倒海的潮水一样涌入了每个城市，美籍人在中国也受了特别高贵的招待，当时爱国的中国青年就喊出了“反对侵略”，可是我们却始终兜在小圈子里，不问外边的事。

但是我们受到了美帝文化侵略的影响，而且是相当的严重。在上课时不太有专心听讲的学生了，在角落里老是有人轻轻地说话，在听书时嚼橡皮糖是最普通的事，同时英文小说也代替了国文或史地课本。我们也学会了和老实的中国先生吵嘴，甚至闹得先生拉学生出教室，学生却拉住钉在地板上的桌子死不放手。那时差不多每个先生都有绰号。至于外国先生呢？我们都比较怕她们，在她们上课时不会也不敢胡闹。我们课外的最主要消遣是看美国电影，有的同学会一天赶三场而毫不在意。跟着，电影杂志在课室中也风行一时，自然而然地

图 2-8 1951 年 5 月，闻玉梅在圣玛利亚女校与同学合影一（前排左三为闻玉梅）

每个人有了自己心爱的明星。我记得很清楚，有一次几个同学为了争执谁心爱的明星最好看而吵打起来。我们的级风在这种环境下也日趋下落，每次测验总有人作弊。先还是以作弊为耻，后来则以作弊为荣，谁要是不作弊才是大傻瓜呢！

在今天的学校中，和往年一样的有开得红透了的玫瑰花、有绿油油的草地，学生也还是原来的一群。可是教室里没有了嘈杂声，坐在高三教室中的十九个学生又静悄悄地在听讲了。新中国成立后二年的教育似乎行了一个奇迹，我们都改变了不少。我们现在在校中是起带头作用的，是居于领导地位的。譬如在上学期的抗美援朝运动中，我们开了辩论会和座谈会，掀起了一个爱国热潮。这学期我们又带头订了爱国公约，并且正在努力地执行。最光荣的还是我们中间的邓修竹、张竞芳参干的动人事实。邓修竹曾经迷恋过美国电影和爵士音乐，张竞芳是一个不大开口、脱离群众的同学，但是现在她们都走上了建设祖国国防的道路。她们过去都是和我们一样的，但她们却是这样地贡献了她们的一切给祖国，给了我们全级光荣、自傲和向她们学习的决心。

图 2-9　1951 年 5 月，闻玉梅在圣玛利亚女校与同学合影二（前排右三为闻玉梅）

我们就是这样成长的。以前我们犯过错误，现在我们还有着一些缺点，可是我们是会改掉的。我们十九人兴奋地准备着跨出校门，更进一步地来充实自己，因为自己多学一点，就能为祖国的建设多尽一份力。这就是我们共同的愿望和理想，我们完全有决心能把它变成现实。①

1951 年，洋溢着青春朝气的闻玉梅从圣玛利亚女校毕业，怀着对未来的无限向往，兴奋地进入了她的大学时代。

① 闻玉梅：我们这一群。《中国科学报》，2017 年 12 月 11 日。

第三章
走上医学之路

考取上医　开启医学之路

1951年，闻玉梅以优异的成绩从圣玛利亚女校毕业，准备考大学。“对于每一个年轻人而言，选择终身职业是非常关键和重要的。”时至今日，在回忆往事时，闻玉梅依然非常佩服母亲的教育理念，母亲桂质良对她的小女儿是最自由的，“你随便喜欢做什么都可以”。“那我说我去唱戏”，“可以啊”。少年闻玉梅的第一个梦想是考华东戏曲学院。尽管被吓了一跳，身为儿童心理学专家的母亲还是尊重女儿的选择。桂质良虽是我国精神科发展史上第一位女性精神病学、儿童精神病学和心理卫生专家，但她本人其实非常喜欢文学。那时候，家里除了医学专著，最多的就是桂质良喜爱读的英文原版小说《雾都孤儿》《大卫·科波菲尔》《莎士比亚全集》，还在读中学的闻玉梅课余也捧着天天看。母亲告诉闻玉梅，自己之所以选择心理学就是因为心理学相对与哲学接近，自己喜欢一个事情并不代表自己擅长从事这个职业。

闻玉梅对当年的“演员梦”，评价是“糟糕透顶”，“我去考戏曲学院，人家说‘你练过功吗？’我说没有，‘你想唱戏你没有功不行’”。最终，闻玉梅和姐姐都决定追随父母学医，在医学中实现治病救人的理想。

> 我很感激母亲当初没有左右我的想法。对于现在的父母，我想给的建议是可以影响、诱导孩子，但不要强迫。自己选择的路不会后悔。①

在报考大学时，闻玉梅填了三个志愿：“第一志愿上海医学院，第二志愿复旦大学新闻系，第三志愿复旦大学外文系。”②

第一志愿选择读医，这与闻玉梅的家庭教育不无关系，在这样的家庭环境下，“我就有一颗很想为科学奋斗的心”。中学时的闻玉梅很喜欢读《居里夫人传》，那是小女儿艾芙·居里（Eve Curie）为母亲写的传记。

> 有些事情我到现在还记忆犹新。艾芙·居里在书中说，居里夫人小时候念书时正值沙皇统治下的波兰。学校的学监要考校史，要求背沙皇历史。老师知道居里夫人的记忆非常好，可以把沙皇的历史背得很熟。每次学监来了，就叫居里夫人背诵。等学监一走，居里夫人就抱着老师痛哭。居里夫人到法国学习，非常刻苦，当时描述她没钱生活的程度是“甚至将椅子盖在被窝上，以加重来保持自己的体温”。她最后得了两次诺贝尔奖。她发现的第一个放射性元素被她命名为“钋”（po），以怀念她的祖国波兰。在她发现了可以治疗肿瘤的放射性元素镭后，她说：“我不要专利，应该服务于人民。”

那时，还有一部著作对闻玉梅产生了重要影响，就是《白求恩大夫的故事》，从中她认识到科学是进步的，科学应该为人民服务、应该解除人

---

① 沈琦华，闻玉梅：“我的选择和我的路”。《新民晚报》，2020 年 1 月 12 日。

② 上海市委宣传部编：《走近他们——大型人物访谈第一辑》。上海：上海文艺出版社，2006 年，第 294 页。

民的疾苦，医学工作可以随时随地解除人的疾病。“这书对我的影响很深，我想将来要从事这一行业，作一名专业的人员。所以，我就考了当时的上海医学院。”①

国立上海医学院前身是国立中央大学（1949 年改为南京大学）医学院，成立于 1927 年，创始人颜福庆。颜福庆的伯父颜永京是圣约翰书院的创始人之一，1880 年闻玉梅的外祖父桂美鹏在圣约翰书院求学时，颜永京正任书院院长。1904 年颜福庆毕业于圣约翰医学堂。1921 年桂质良乘坐“中国号”从上海外虹桥公和祥码头启程去美国留学，同船的有颜福庆的长女颜雅清，她们都是 1921 年官派留美学生。1927 年颜福庆被聘为协和医学院第一任华人副院长，此时正值闻亦传在协和医学院任教授。1932 年，在颜福庆的努力下，国立中央大学医学院独立为国立上海医学院。1952 年，全国院系调整，国立上海医学院更名为上海第一医学院。

每当有记者问闻玉梅为什么选择国立上海医学院而没有选其他的教会医学院时，闻玉梅总是笑着回答：“因为它是国立的，我喜欢上国立大学。”2006 年，闻玉梅在回忆自己当年的选择时是这样说的，“觉得这个学校历史悠久，有很多一级教授，② 所以就在第一志愿上填写了当时的国立上海医学院”。事实上，国家评定一级教授是在 1956 年，因此，闻玉梅报考大学时还不可能知道上海医学院会有那么多的一级教授。但可以肯定的是，新中国成立初期的国立上海医学院在颜福庆的管理下，已是上海最好乃至是国内最好的国立医学院。也或许是，闻桂两家三代都与国立上海医学院的创始人颜福庆一家在冥冥之中有着某种联系，将闻玉梅引进了医学院。闻玉梅凭借优异的成绩顺利考入国立上海医学院（现复旦大学上海医学院）时，颜福庆正担任医学院副院长。自此，闻玉梅的一生就与上海医学院结下不解之缘。70 年过去了，闻玉梅还依然在为上海医学院的事业奔走。

---

① 2005 年 10 月 18 日闻玉梅同志先进事迹报告会（口述整理稿）。存于采集工程数据库。

② 上海市委宣传部：《走近他们——大型人物访谈第一辑》。上海：上海文艺出版社，2006 年，第 294 页。

上医精神　潜移默化

1951 年，闻玉梅进入上海医学院医疗系本科学习。1956 年在全国教授级别评比中，上海医学院有 16 位一级教授，仅次于北京大学。可以说，闻玉梅在上海医学院求学期间，正值上海医学院师资力量的辉煌时期，一级教授们都处在年富力强、事业发展的最佳时期。老师们的一言一行潜移默化地使她树立起医学的信念和原则。回想起在上医的时光，闻玉梅印象最深刻的有两点："一是那个时候上医还是比较尊重学生们的选择的"，另一点就是"学校非常重视培养我们这个班"。①

进了上医以后……学校要求学生学习俄语，不论你英文考到 70 分还是 30 分。学生当然不满意，应该让学生自己选择嘛，结果学校当时就答应了。请俄语老师上一课，再请英语老师上一课，让学生自由选择学俄语还是学英语。我认为这是很尊重学生的一种做法。②

闻玉梅就读的这个班当时有一百三四十个人，给学生上课的老师都是知名教授，"被评为一级教授的老师都给我们上课，他们一般都是上序言或者上总论的一部分"。这些名教授非常重视学生的培养。

我还记得教解剖的王永豪教授可以两个手对称地画画，把解剖的两边对称就直接画给我们看。后来，王永豪教授去四川支援建设重庆医学院了。病理课是由著名的一级教授谷镜汧先生给我们上。他说话时方言很重，我们都很尊重他。著名的药理学家张昌绍教授讲授药理课。

① 闻玉梅访谈，2020 年 6 月 4 日，上海。资料存于复旦大学上海医学院闻玉梅办公室。

② 同①。

闻玉梅至今还清楚地记得当时的一位副教授——杨藻辰送给他们的一张地图，“那是一张世界地图，贴在教室门的后面，让我们要放眼世界。所以，我认为老师对我们的重视和培养是在潜移默化之中”。①

上海医学院常常有精彩的演讲。当时，上海医学院院长兼党委书记陈同生，原是新四军挺进纵队政治部副主任、南京市军事管制委员会秘书长、中共中央华东局统战部副部长，1955 年进入上医工作。

陈同生院长给同学们讲自己的革命故事，我们坐在大礼堂，听四个小时动都不动，听得津津有味。后来还知道有一本书《不倒的红旗》，其实写的就是陈院长与陈毅市长关系相熟，曾请陈毅来上医作

图 3-1　上海第一医学院 1956 级内科毕业同学留影
（一排左六至十一：内科教授钱悳、五官科教授胡懋廉、公共卫生教授兼副院长颜福庆、院长兼党委书记陈同生、外科教授黄家驷、内科教授林兆耆，二排左六为闻玉梅，三排右六为宁寿葆）

① 闻玉梅访谈，2020 年 6 月 4 日，上海。资料存于复旦大学上海医学院闻玉梅办公室。

演讲，我就听他讲过上海当时的经济形势。还有我们的老师如果外出时有了收获，回来也给我们进行教育。我记得最清楚的是黄家驷教授，当年他带领第一个手术医疗队抗美援朝，我们后来看到过一张照片，他从朝鲜战场回来后坐在毛主席的旁边，可是他讲得最多的是他在抗美援朝中怎么救死扶伤。所以，我认为学校对我的教育是终生难忘，对我个人的成长非常重要。教育无小事，事事关系国家和人民。①

本科三年级的时候，闻玉梅选择了内科专业。同年，桂质良进入国家教师编制，成为第二军医大学的三级教授，专职教授精神病学及儿童青少年心理卫生。

1955 年，21 岁的闻玉梅进入大学五年级，开始在华山医院进行临床实习。1956 年，闻玉梅以优异成绩从上海医学院毕业。

学习成绩表

编号	課程名称	成绩	备攷	编号	課程名称	成绩	备攷
1	社会發展史	72.5		21	理学診断学	90.4	
2	政治講座	72.7		22	实驗診断学	89	
3	俄文	99.5 98.5	二学年	23	外科学	87 85	二学期
4	英文			24	公共衛生学	90	
5	生物学	87		25	內科学	85 83 93	三学期
6	數学	82		26	兒科学	88	
7	普通及分析化学	90		27	眼科学	89	
8	医学概論	80		28	傳染病学	88	
9	有机化学	94		29	公衛及流行病学	88.2	
10	物理学	86.5		30	神經精神病学	91 98	二学期
11	組織学	90.4		31	泌尿学	94	
12	人体解剖学	93 92	二学期	32	整形外科学	95	
13	新民主主义論	75		33	妇產科学	91 94	二学期
14	胚胎学	92		34	皮花科学	84	
15	生物化学	90		35	耳鼻喉科学	88	
16	寄生虫学	86		36	放射学	90	
17	細菌学	90		37	法医学	93	
18	生理学	95		38	胸腔外科学	89	
19	病理学	86 84.2	二学期	39	实驗外科学	79	
20	葯理学	95		40			

系主任：林兆耆印

图 3-2 1956 年闻玉梅的成绩单（存于复旦大学上海医学院档案馆）

① 闻玉梅访谈，2020 年 6 月 4 日，上海。资料存于复旦大学上海医学院闻玉梅办公室。

毕业文凭

学生聞玉梅於一九五一年九月日入本院医疗系本科学习内科专业，現已学完全部課程，成績及格，准予毕业。

上海第一医学院

院長 陳同生

一九五六年八月

文凭登記第0117号

图 3–3　1956 年闻玉梅的毕业证书（存于复旦大学上海医学院档案馆）

上医不仅给了闻玉梅严谨系统的医学专业教育，也让她学到了作为科研工作者的健康生活方式——在高度专注、紧张的科研工作之余，参加文体活动来调节自己，以保持好的研究状态。在学校丰富的文体活动中都能看到闻玉梅的活跃身影，也正是在这些活动中，闻玉梅与此后相伴一生的丈夫宁寿葆相知相恋，并且收获了同学间的深厚情谊。

入党考研　慈母去世

闻玉梅在中学期间加入共青团，在上海医学院求学期间接触到党的领导，深受教育，但她最初并没有想要入党。

我想要是做党外人士，也许会自由很多。反正我是爱国的，也为人民服务，为什么还要参加共产党呢？我当时思想上最大的障碍就是认为“参加一个体制是不自由的”。后来看到党组织的力量，我发现组织是很重要的，因为它可以把我们很多人的力量凝聚在一起，可以激励我继续前进。要做先锋队，要冲在前面，如果没有组织对你的帮助、教育、关怀，没有党员同志之间的互相鼓励和互相批评，是很难一辈子坚持的。最后，我认识到一个人的力量是有限的，我必须加入中国共产党，在党组织的领导下按照正确的方向发展。①

此时，闻玉梅还面临另一个问题，桂家是虔诚的基督教家庭，她要入党，必须放弃信仰。1955 年，桂质良给国务院写信，询问为什么教徒不能加入共产党。

国务院回信说：“桂质良先生，您女儿要加入中国共产党是很好的事情，可是共产党员是无神论者，教徒不可能再兼作共产党员的，必须放弃宗教信仰才能加入共产党，希望您能够理解。”由此也可以看出，国家还是很重视知识分子的。②

1956 年 7 月，闻玉梅加入中国共产党，成为预备党员。同年，本科毕业的她进入了人生的下一个阶段——研究生。做一名临床医生还是做一名基础医学的研究者，闻玉梅再次面临新选择，而她最终选择了后者。为求索治病救人更好的方法，她参加全国首次副博士研究生考试，报考医学微生物专业，以学习传染病的控制作为自己的目标。“一直到现在，我的所有研究都是要直接用到患者身上，而非为了发表几篇文章。”

此决定源自于闻玉梅实习期间的一段经历，至今，她都无法忘记在华山医院实习的 8 个月中所接触的那些患者。其中有一名心脏病患者，当时正怀着第二胎，后来因心力衰竭而去世，母子都没保住。临终之际，患者的母亲就在一旁，悲痛万分。对此，闻玉梅感到非常内疚，作为一名治病

① 2005 年 10 月 18 日闻玉梅同志先进事迹报告会（口述整理稿）。资料存于采集工程数据库。
② 闻玉梅访谈，2018 年 10 月 22 日，上海。存地同①。

救人的医生竟眼睁睁地看着患者死去，自己却无能为力，那种自责和无奈一直萦绕在她的脑海，痛苦不堪，挥之不去。闻玉梅回家后哭了几天。母亲很担心，对她说：“这样感情用事，缺乏冷静与理性，怎么能做个好医生呢？”此后的很长一段时间里，这样的怀疑成了闻玉梅心中的隐痛，她总是忍不住自问：“我为什么不能救活患者呢？”

图 3-4　1956 年，闻玉梅姐妹与母亲桂质良合影

（左起：闻玉梅、桂质良、闻玉平）

在医学院读书之余，闻玉梅依然没有放弃自己对京剧的喜爱，而且尤其钟爱老生。桂质良见她如此迷恋京剧，就千方百计地托朋友找到著名的京剧票友程君谋①老先生为闻玉梅教戏。闻玉梅拜师后满心欢喜，即使在华山医院做实习医生时每周只有半天休息，仍坚持学戏，哪怕值完夜班不休息也要去程君谋家学戏。②闻玉梅曾说：“我的师傅是程君谋，他是博士生导师水平，我是幼儿园小囡水平。”程君谋对闻玉梅教授得也是格外认真，字字句句从头教起。

1956 年 6 月 1 日，桂质良突发急性胆囊炎、胆石症，住进华东医院抢救，结果因脂肪栓塞，抢救无效去世，享年 56 岁。桂质良当时是第二军医大学的三级教授，“所以她的病房外都有解放军站岗”。那时闻玉梅大学还未毕业、姐姐大学刚毕业一年，“就记得二军大派一个四颗星的解放军，来处理母亲的丧事”。虽然桂质良在军医大当教授，但她是一名虔诚的教徒，她对第二军医大学领导提出葬礼在国际礼拜堂举行。“我妈妈的葬礼

---

① 程君谋是湖南宁乡人，早年师从陈彦衡学戏，习谭（鑫培）派老生，被称为“票友中的谭鑫培”和“活孔明”。程君谋唱腔在谭派基础上兼收余（叔岩）派特色，质朴而俏丽，清脆而甜润。胜利、长城唱片公司为其录制有《四郎探母》《失街亭》《连营寨》《梅龙镇》等唱片 10 余张，被视为谭派演唱艺术的典范之作。著有《程君谋演出台本》。弟子有孟小冬、陈大濩、梅葆玥、李永德、孙岳等。

② 陆晓光：《清园先生王元化》。上海：华东师范大学出版社，2009 年，第 519 页。

最后如愿在国际礼拜堂完成，第二军医大学的政委都来了，我感到共产党对知识分子是真的好。”闻玉梅至今还感念第二军医大学领导对其姐妹的照顾。①

桂质良去世时，正值闻玉梅积极备考研究生，突遭生活和感情巨变的闻玉梅悲痛欲绝，想放弃考试，“那时我完全不能集中精力读书”。在姐姐闻玉平的鼓励下，她强忍悲痛参加考试，并以优异成绩考取了上海第一医学院微生物学的研究生，欲师从上海第一医学院二级教授、著名微生物学家林飞卿。但此时生活又给了闻玉梅一个不小的挫折，20 世纪 50 年代正值全民学苏联，林飞卿当时只想招收学俄文的学生。闻玉梅本科的俄文成绩几乎是满分（两个学期分别是 99.5 分和 98.5 分），但她研究生期间学的是英文，而此时上医研究生的名额已满，唯剩下中山医院放射科和神经精神科，放射科的荣独山教授准备收闻玉梅为徒。

荣独山是中山医院一级教授，是林飞卿教授的先生，夫妇两人都是协和医学院的毕业生。20 世纪 30 年代，荣独山在协和医学院工作期间，曾与闻亦传合作发表过论文。于是，闻玉梅前往中山医院放射科工作。② 但是，林飞卿也舍不得如此优秀的学生，希望将她留在微生物学领域深造，为此，林飞卿拨通了上海第二医学院微生物学一级教授余濱的电话：“你的研究生发榜了吗？我给你一张试卷，你看后再作决定。”③ 余濱看了闻玉梅出色的试卷后，当即表态：“这个学生我收了。”于是，闻玉梅从上海第一医学院本科毕业后转入了上海第二医学院，跟随余濱进入微生物学领域。

① 闻玉梅访谈，2018 年 10 月 22 日，上海。资料存于采集工程数据库。

② 同①。

③ 晓炎，孙国根：一个“步行者”的足迹与辉煌——记新增选的中国工程院院士、微生物学家闻玉梅教授。《行政与人事》，2000 年第 4 期，第 25-28 页。

第四章
名师引领　初涉微生物研究领域

余濱：免疫学启蒙老师

余濱（1903—1988）是我国著名的微生物学家，我国现代免疫学与微生物学的先驱和奠基人之一。1923 年，余濱毕业于我国最早的医学院校——北京医学专门学校，之后在协和医学院任助教，受到细菌学教授田百录的严格培养。1927 年，余濱到美国哈佛医学院进修，师从著名的细菌学家、哈佛医学院秦思尔教授（Hans Zinsser），秦思尔教授的工作作风对余濱的医学生涯产生了极为深刻的影响。余濱是哈佛大学第一位华人细菌学博士，他早年将西方先进的研究理论及实验技术带回国内，积极推动我国免疫学及微生物学的发展，奠定了我国免疫学研究的早期基础。

1952 年，全国大专院校调整。余濱担任上海第二医学院（今上海交大医学院）细菌学教研组（后改为微生物学教研组）主任。建院初期，细菌学教研组包括余濱在内仅 4 人，余濱几乎一人承担了全部教学任务。在教学中，余濱根据微生物学的特点，从“三性”（生物性、致病性、免疫性）中找主要矛盾，从而找到“三法”（诊断法、预防法、治疗法）。不论细菌种类如何繁多，不论致病的性质如何复杂，掌握了“三性”“三法”，就能使学生从根本上把握微生物学的规律。余濱以自己渊博的学识、清晰的思路将科学知识以生动活泼的形式和通俗易懂的语言进行传授，深受学生欢迎。

余濱是闻玉梅科研道路上的启蒙老师。1956 年闻玉梅本科毕业后，由林飞卿推荐，跟从余濱读副博士学位[①]。闻玉梅至今记得，当时余濱给初涉微生物学的自己出了 1 道怪题：重复一个 1911 年的经典实验——用马的血清致敏豚鼠。至于需要哪些器材、要经历哪些步骤都没有说明，全部放手。闻玉梅一头扎进图书馆查阅资料，跑到生理学教研室向老师讨教如何取出未受孕豚鼠的子宫，并让它在体外存活。为了实验中需要的药品制剂，闻玉梅千方百计联系到上海生物制品研究所。“摸索的过程虽磕磕绊绊，我却感受到了科研探索的乐趣和成就感。”当许多人理所当然地探究最前沿领域时，这位老师却鼓励学生通过重复几十年前的实验学会独立思考、寻找资料、配置实验用品。成长就在这点滴间。

闻玉梅对余濱的评价是：“他引我入门，入了免疫学之门，因为第一年他不给我题目。”[②]

1957 年，副博士政策被取消，上海第二医学院让研究生回到自己本校。结果，所有学基础的学生都退回本校，只有闻玉梅“就是不退。我不回去，我好不容易考来的”。见此，余濱像当初林飞卿一样，将闻玉梅推荐给中国协和医学院的病理学教授张乃初，可惜这次推荐并没有成功——因教育部批审不同意，只能返回母校。但是，闻玉梅非常感激余濱为她写

① 1955 年，中国科学院制定《中国科学院研究生暂行条例》，确定仿效苏联制度的研究生培养方案，设立副博士学位。1956 年，国家号召“向科学进军”，全国各重点高等院校招收了一批四年制的研究生，称“副博士研究生”。1956 年 7 月 11 日，国家高等教育部发布《1956 年高等学校招收副博士研究生暂行办法》，北京大学、清华大学等重点高校成为第一批招收副博士研究生的学校。据报道，当年招收的副博士研究生为 1015 人。1956 年 4 月 24 日，高等教育部颁发《关于 1956 年进行副博士学位论文答辩的暂行规定》。根据此规定，同济大学等高校的应届研究生毕业生进行了论文答辩，通过答辩者可获得副博士学位。然而，由于发布规定时距离毕业不到 3 个月，大多数学生没有通过答辩，只有极少数的学生拿到了副博士学位。

② 闻玉梅访谈，2018 年 10 月 22 日，上海。资料存于采集工程数据库。

图 4-1　1990 年左右，闻玉梅在“文化大革命”后的首次中日细菌会议上与日本同行合影（前排左一为西田教授、左三为余濆，后排左二为陆德源、左三为闻玉梅、左四为司马慕兰）

的推荐信。

怎么推荐我的呢？最后一句话，我是记得的，“如能接受，感同身受”。我觉得余老师已经尽力了。①

闻玉梅在上海第二医学院读书的时间并不长，离开之后，与余濆也有诸多科研的互动联系。1983 年，在余濆主编的大型医学微生物学参考书中，闻玉梅编写了其中肝炎病毒的专章，包括甲型乙型肝炎病毒的生物学性状、致病性与免疫性、微生物学诊断、防治以及对非甲肝乙肝肝炎的介绍。1990 年左右，闻玉梅参加了以余濆为中方会长的中国微生物代表团，赴日本参加“文化大革命”后首次举办的“中日细菌会议”。

① 闻玉梅访谈，2018 年 10 月 22 日，上海。资料存于采集工程数据库。

小助教的青涩岁月：入党 下乡 结婚

1957 年，闻玉梅回到母校上海第一医学院做助教。做助教要带学生做实验，闻玉梅当时要带 3 个班的实验，每天都排得满满的。带实验之前，她要提前去听所带班级的课程，把主讲的 3 个讲师的课都听一遍，同样的内容也去听，听完后把优点写下来。带学生做实验的时候，3 个班每个班带下来必然有自己的心得笔记：这次带实验，学生有些什么错误没有纠正？哪些没讲清楚，学生会经常来问？或者学生有什么好的问题？这样的思考与处理方式使她带教的实验班，到第 3 班时的效果就一定比第 1 班好。闻玉梅不大记得清人的面孔，但带实验需要很快地认识同学，为此，她采取的方法是让学生坐到位置后留下名单，以后不许换位置。①

在做助教的同时，闻玉梅响应国家号召"向科学进军"，与大学生一起去上海郊区农村金山参加劳动。"1957 年到浦东去开河，我是挑过河泥的。从'文化大革命'到'五七'干校，我一直挑担子，挑粪桶之类的我都没问题，锻炼出来了。"②

1957 年 7 月，闻玉梅由中共预备党员转为中共正式党员。1958 年 12 月，闻玉梅又迎来了人生的另一件大事——与同班同学宁寿葆结婚。

20 世纪 50 年代，上海市青浦县血吸虫病流行严重。据统计，该地"39 万居民约 39% 感染血吸虫，其中晚期占 4%，8.4% 的耕牛感染血吸虫。"③为响应国家消灭血吸虫病的号召，1958 年，上海第一医学院派出以苏德隆为首的血防试验田小分队，参加该地的群众性消灭血吸虫病工作。闻玉梅是其中一员。她所在的小分队经过应用锑剂反复查治，建立病情一本账。

① 闻玉梅访谈，2016 年 11 月 2 日，上海。资料存于采集工程数据库。

② 同①。

③ 俞顺章：消灭血吸虫病：早年参加上海市青浦县消灭血吸虫病的体会。《中华流行病学杂志》，2016 年第 37 卷第 7 期，第 1044-1046 页。

青浦县查出有螺面积 7000 多万平方米，灭螺后，建立了钉螺分布一张图。经过 1958—1974 年第一阶段防治，1975 年调查显示，92% 的患者和全部耕牛治愈，在 98% 的地区消灭了钉螺。①

图 4-2　1961 年，闻玉梅夫妇与女儿合影（左起：宁寿葆、宁忆、闻玉梅）

1959 年，血防工作进行了一段时间后，闻玉梅从上海青浦返回上海第一医学院继续担任助教工作。同年 9 月，闻玉梅与宁寿葆的女儿宁忆出生。

1960 年，上海第一医学院基础部将闻玉梅列为重点培养对象，并正式拜林飞卿为师，得到林飞卿的悉心培养，林飞卿亲自为其制订了“师徒计划”。

林飞卿：30 年科研引路人

林飞卿（1904—1998）是浙江镇海人，1932 年毕业于北京协和医学院，获医学博士学位。1946—1948 年在美国纽约州立血液研究院及美国国立卫生研究院从事细菌菌苗制备与鉴定工作。1949 年 9 月起任上海第一医学院微生物学教研室教授兼主任。1983 年上海第一医学院成立免疫学教研室，任免疫学教研室教授。

林飞卿非常严谨，她带着闻玉梅读外文书，一章一章地往下读，从头到尾读通，而且每个礼拜如果闻玉梅不提出问题，林飞卿就提问闻玉

① 俞顺章：消灭血吸虫病：早年参加上海市青浦县消灭血吸虫病的体会。《中华流行病学杂志》，2016 年第 37 卷第 7 期，第 1044-1046 页。

梅，以此来培养她。同时，为了培养闻玉梅的耐心，林飞卿还带着闻玉梅一起练起了太极拳。每天傍晚，师徒同打太极，成为当时校园的一道独特风景。

在科研选题方面，林飞卿将收集文献、制作文献卡片、如实记录结果、准确分析讨论、撰写论文等每一个细节的知识和经验都不厌其烦地传授给闻玉梅。谈起林飞卿教授，闻玉梅不无感慨地说道：

> 她真是一位严师啊！我一生都感激她！她手把手地教我怎样搞研究，极为严格地训练我。比如，做血清稀释时，必须规范，每管只能混匀三次，不能两次，也不能四次，要与机器一样准确无误；挑取菌落时，双肘必须贴桌，对准一个菌落，不许沾边，以免杂菌混入……直到观察结果等全套的基本技术，这些都为我在科研实验中奠定了规范的基础。①

林飞卿不仅教闻玉梅如何科研，还教她如何做好一名教师。闻玉梅副博士学习中断后，回到上海第一医学院任教职，当时要进行试讲。她试讲的第一课是脊髓灰质炎病毒，需要就这个病毒讲两节课，她费了很大的力气也讲不到两节课。林飞卿就对闻玉梅说：

> 你现在讲的都是书上的东西，无非就是把讲义给背出来，这是不行的。首先，你要讲一分，得先要有十分的内容。其次，你要讲给学生的东西必须是有用的，没有用的不要讲。虽然教科书或讲义上对病毒有较全面的介绍，可是你不能都给它讲出来，你必须要选对学生今后诊断、治疗、预防有用的内容。②

对于闻玉梅的讲稿，林飞卿一字一句地修改，要求她注意启发思维，要进行有目的的讲解，不讲废话。此外，还要求闻玉梅在讲解时主动而又

① 闻玉梅访谈，2016 年 11 月 2 日，上海。资料存于采集工程数据库。

② 同①。

自然地进行爱国主义教育。闻玉梅牢牢记住林飞卿的教诲，在她之后从教的几十年里，一直努力把知识传授得更明白、更有条理。①

最让闻玉梅感动的是，林飞卿不把学生局限于本人的学术范围内，而是提倡“易师而教”，这对闻玉梅产生了深远影响。跟随林飞卿学习一年之后，林飞卿认为闻玉梅已经从自己这里学到了她所能教授的所有东西，语重心长地对闻玉梅说，“你跟我学得差不多了，应该换导师了”。

谢少文：教会创新性思维

1961 年，林飞卿将爱徒闻玉梅送到北京，推荐给中国协和医科大学一级教授谢少文② 作“徒弟”，让其得以学习更新的免疫学知识。

谢少文善于启发学生的思维，他要求学生不要死板地去记老师和书上的知识，在聆听学术报告时必须提出问题，而且不允许重复别人提过的问题，这就迫使学生必须时刻思考。这些方法对闻玉梅影响极深，无论是参加学术活动还是在教学中，闻玉梅都强调提问，不仅要求自己每次参加会议必须第一个提问，而且要求上课时学生必须提问，并设奖励鼓励学生提问。

同时，为了训练闻玉梅的独立思考能力与敏锐的观察能力，谢少文亲自带她打乒乓球，打到一个地方就问：“你看见了什么新的东西？”闻玉梅说：“没看见”。“不行，你一定要看有没有新的东西。”③ 谢少文带闻玉梅到东北参加学术会议，途中经过长春和哈尔滨，谢少文让闻玉梅比较两个

---

① 闻玉梅访谈，2016 年 11 月 2 日，上海。资料存于采集工程数据库。

② 谢少文（1903—1995）是我国著名微生物学家、免疫学家。原籍浙江绍兴，生于上海。1921 年毕业于苏州东吴大学。1926 年获长沙湘雅医学院医学博士学位。曾任中国医学科学院基础医学研究所教授。1980 年当选为中国科学院学部委员（院士）。于 20 世纪 30—40 年代主要研究传染病，在国际上首次用鸡胚培养斑疹伤寒立克次氏体成功（1934 年）；50 年代开始探讨神经系统与免疫系统的联系；70 年代致力于免疫学新方法、新技术的研究、推广和标准化，以促进免疫学在中国的发展。

③ 2016 年 11 月 15 日复旦大学上海医学院基础医学院青年教师联谊会录音。存地同①。

城市的区别。闻玉梅感到困惑，不知怎么区分，谢少文就对她说："新中国成立前，长春受俄罗斯的影响比较大，而哈尔滨受日本的影响很大，所以两座城市在建筑和城市面貌上有着不同的风格和氛围。"① 这给闻玉梅留下了很深的印象，从此，闻玉梅更注重对自己观察敏锐性的培养。

谢少文鼓励闻玉梅参加学术会议，在去哈尔滨参加全国性会议时，特意将上台的机会留给了她。面对这一机会，从未上台做过报告的闻玉梅起初有点胆怯、忐忑不安，担心做不好。谢少文鼓励她，"不要紧，你作报告，我坐在你旁边。有提问，你先回答，你答不了我再替你回答。"②

更难能可贵的是，谢少文总是嘱咐闻玉梅"不要把目光停留在上海等发达城市，更要为边远地区培养人才"。这为闻玉梅后来专门赴贵州、云南、新疆等地送医下乡和培养学生埋下了最初的种子。

然而，好景不长。1963 年"四清运动"开始，谢少文在政治运动中受到批判，被内定为"右派"。闻玉梅也受到牵连，被迫中断了在北京的进修，返回到上海第一医学院。但她的职业生涯还是受到了影响——不予晋升，小助教一做就是 17 年，直到 1976 年才被评为讲师。③

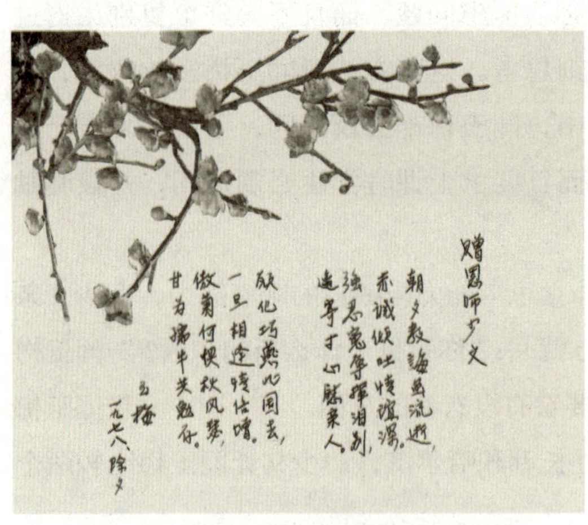

图 4-3 1978 年 2 月 6 日，闻玉梅写给谢少文的诗《赠恩师少文》

闻玉梅追随谢少文的时间不足两年，但谢少文教给闻玉梅的创新思想却让她受益一生。1978 年除夕，闻玉梅写信给谢少文，感谢老师对她的培养、关心。

1983 年夏，闻玉梅应新疆军区和新疆微生物学会邀

---

① 中国工程院科学道德建设委员会:《工程科技的实践者：院士的人生与情怀》。北京：中国科学技术出版社，2007 年，第 483-484 页。

② 2005 年 10 月 18 日闻玉梅同志先进事迹报告会（口述整理稿）。资料存于采集工程数据库。

③ 2016 年 11 月 15 日复旦大学上海医学院基础医学院青年教师联谊会录音。存地同②。

请，与谢少文等人赴乌鲁木齐及石河子讲学。9 月，谢少文应中华医学会甘肃分会微生物免疫学会及甘肃微生物学会邀请在兰州医学院讲学，闻玉梅同行并主讲《乙型肝炎的病毒学及免疫学》，阐述乙型肝炎研究的重要性。同年，闻玉梅与谢少文在《国外医学（微生物学分册）》发表共同署名文章。[①] 1986 年，闻玉梅与林飞卿、谢少文共同主编了《传染与免疫》一书。[②]

图 4-4　20 世纪 70 年代，闻玉梅赴北京看望谢少文并合影（左一为闻玉梅，左三为谢少文）

发表第一篇论文

1963 年 9 月，闻玉梅结束在中国协和医科大学的进修，回到上海第一医学院，并被安排在上海青浦、金山参与“四清运动”，其间没有多少时

① 闻玉梅，谢少文：抗病毒感染中的细胞杀伤作用。《国外医学（微生物学分册）》，1983 年第 6 期，第 241-245 页。

② 林飞卿，谢少文，闻玉梅：《传染与免疫》。上海：上海科学技术出版社，1986 年。

间在学校作科研。直到“文化大革命”爆发，她才回到上海第一医学院。

时代导致闻玉梅的求学路颇为曲折，但她始终保持着对科学研究的热情，一刻不愿松懈，在3位导师的悉心培养下，她科研的步伐并没有因此而停息。

在农村期间，闻玉梅与谢少文继续保持联系。她利用午休空隙翻译谢少文的论著，把俄文翻译成英文，“这样俄文没忘记，英文也提高了”。论文译好后，再寄给谢少文请其指正。就这样，闻玉梅依靠这样的方式度过了不能开展科研活动的那段艰难岁月。“我不信将来知识没有用，作为知识分子，知识是非常有用的。”①

早在20世纪70年代，林飞卿认识到免疫学在国外的飞速发展，研究内容已突破抗感染免疫范围而扩大到机体识别异种抗原的免疫应答领域。为了拓宽教学内容、加深对微生物感染机理的认识，她以近古稀之躯推动周围的年轻人学习掌握多种免疫学新技术，并应用这些技术进行临床病例或实验动物检查，多有新的发现。1963年，由林飞卿、蒋慧惠、闻玉梅3人共同署名的《艾氏腹水癌抗原的初步研究》在《实验生物学报》上发表，文中选用小白鼠艾氏腹水癌作为研究对象，研究肿瘤细胞之有无特异性抗原的问题。这一问题对于恶性肿瘤的诊断、治疗和预防意义重大。② 这是闻玉梅学术生涯中的第一篇论文，之后，闻玉梅的科研成果便如喷泉一

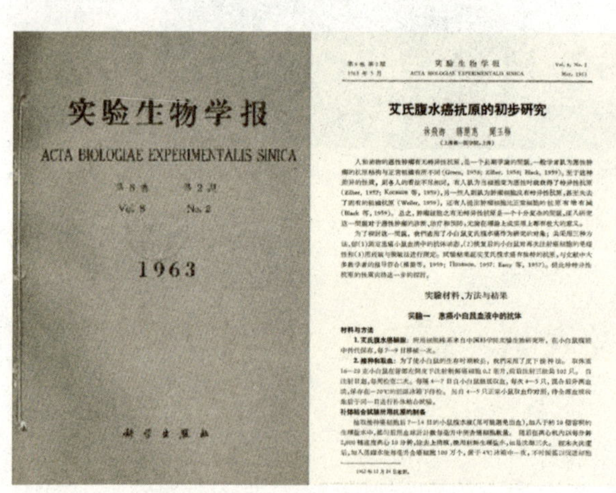
实验生物学报
ACTA BIOLOGIAE EXPERIMENTALIS SINICA
第8卷 第2期
Vol. 8 No. 2
1963

实验生物学报
ACTA BIOLOGIAE EXPERIMENTALIS SINICA

艾氏腹水癌抗原的初步研究

实验材料、方法与结果

实验一 患癌小白鼠血液中的抗体

材料与方法

图4-5 1963年，闻玉梅与林飞卿合作发表的第一篇论文封面与正文的照片

① 2005年10月18日闻玉梅同志先进事迹报告会（口述整理稿）。资料存于采集工程数据库。

② 林飞卿，蒋慧惠，闻玉梅：艾氏腹水癌抗原的初步研究。《实验生物学报》，1963年第2期，第245-251页。

般持续不断涌出。

60 年代的中国细菌学研究领域不具备与国际学术界欧美、苏联等国相应的实验条件和研究环境。闻玉梅利用上海第一医学院的有利条件，紧盯国外最新研究成果，密切关注实际情况，对一些重要的科研问题做了学术综述，一方面有利于自己的学术研究，另一方面为不方便获取信息的同行提供资源。1962—1963 年，南汇县发生了埃尔托霍乱（副霍乱）疫情，1964 年 5 月，闻玉梅即在《中华医学杂志》独立发表《有关霍乱、副霍乱的细菌学和免疫学的若干问题》① 一文，在细菌学和免疫学比较研究的基础上对副霍乱菌和霍乱菌作了综述。

在谢少文处进修时，闻玉梅还关注痢疾杆菌。在 1964 年 8 月召开的全国第一届免疫学学术会议上，闻玉梅以第一作者身份与谢少文合作撰写了《痢疾杆菌内毒素对某些机体反应性的作用》②，并以第二作者身份与关崇荣、谢少文合作《小白鼠经口感染痢疾杆菌产生抗体的研究》，投送会议。虽然当年因为政治运动的缘故，她并未获准参加会议，论文由他人代读，但两篇文章被收入北京市微生物学会编写的《免疫学论文汇编》。1965 年 9 月，闻玉梅参与编写由陈仁主编的《免疫学》，负责第 8 章《正常体液的免疫因素》与第 36 章《小

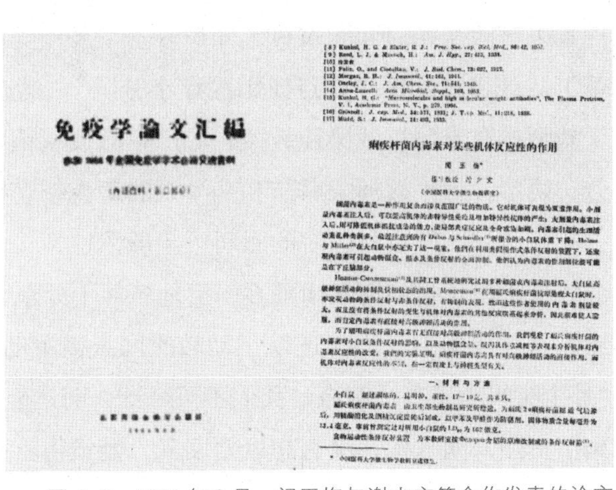
免疫学論文汇編

痢疾杆菌内毒素对某些机体反应性的作用

一、材料与方法

图 4–6　1964 年 8 月，闻玉梅与谢少文等合作发表的论文《痢疾杆菌内毒素对某些机体反应性的作用》封面与正文照片

① 闻玉梅：有关霍乱、副霍乱的细菌学和免疫学的若干问题。《中华医学杂志》，1964 年第 50 期，第 329–331 页。

② 闻玉梅，谢少文：痢疾杆菌内毒素对某些机体反应性的作用。见：北京市微生物学会编，《免疫学论文汇编》。北京：北京市微生物学会，1964 年，第 20–24 页。

鼠食物运动性条件反射》撰写。

1979 年，闻玉梅摘林飞卿校的介绍抗原抗体方法比较的文章发表在《国外医学（生物制品分册）》。同年 12 月，由闻玉梅翻译的脊髓灰质炎活疫苗的最新科研论文《脊髓灰质炎病毒的免疫反应病毒絮状沉淀与絮状沉淀阻滞抗体的产生》，[①] 被收录进上海市医院科学技术情报研究站、上海市科学医药专业委员会传染病专题小组编辑出版的《肠道病毒专辑 1963》。

贵州送医药　工农兵教学

1967 年夏，毛泽东发表把“医疗卫生工作的重点放到农村去”的指示，为了响应号召，上海第一医学院的十几名青年医务人员组织了“指点江山医疗队”奔赴贵州山区。1969 年 6 月，上海第一医学院专门派出了为探索医学教育如何面向农村、知识分子下乡接受思想改造的教改（教育改革）队赴贵州支援“指点江山医疗小分队”。教改队成员都是医学院的骨干教师，有麻醉权威吴珏教授，妇产科教授袁耀萼，生理教师萧俊、何连芳、姚泰，生化教师宋后燕和药学系的藏克敏老师，中山医院外科“一把刀”孟承伟，五官科医院的眼科医生殷汝桂，华山医院中医科韩堃元。小分队位于贵州省剑河县南哨乡，当地条件十分艰苦，人口中 92% 是少数民族，以苗族为主。当时还是小助教的闻玉梅主动请缨随教改队前往贵州，“那个时候为了表示革命，我们不买卧铺，而是坐 3 天 3 夜火车过去的”。[②] 到了贵州，闻玉梅并没有想过要回来，她觉得就是要到缺医少药的地方去培养当地医生。

南哨乡的卫生院没有房子，更别说床位了。烧饭用的是鼎锅，就是

① W. Smith，闻玉梅译，高骥千校，沈鼎鸿审：脊髓灰质炎病毒的免疫反应病毒絮状沉淀与絮状沉淀阻滞抗体的产生。见：上海市医院科学技术情报研究站、上海市科学医药专业委员会传染病专题小组编，《肠道病毒专辑 1963》。上海：上海科学技术出版社，1963 年，第 43-48 页。

② 闻玉梅访谈，2018 年 10 月 22 日，上海。资料存于采集工程数据库。

图 4-7　1970 年，闻玉梅（前排中）与小分队成员在贵州合影

把锅放在柴火上烧，柴火需要每天到很远的地方去砍。贫乏的医疗条件逼得闻玉梅所在的教改队屡屡创新。贵州有很多人患“内翻倒睫”，即沙眼后睫毛刺激眼球，在睫毛长期的摩擦下，结膜充血、角膜上皮点状或者弥漫性损伤或者角膜上皮部分脱落，导致视力下降，严重的会因此失明，需要开刀把睫毛翻出来。长期待在实验室从事基础医学研究和教学的闻玉梅及医学院的老师们都没有学过开刀，在殷汝桂医生的指导下，她们通过麻醉野狗、给狗的眼睛做手术练习，然后给贵州山区的群众治疗。有一次，闻玉梅和学妇产科的学生一起去帮苗族孕妇接生，按当地的习俗，生孩子是一件最脏的事情，孕妇要到箍桶里去生，但这样是非常危险的，容易得破伤风。给孕妇接生时没有消毒，也没有脐带剪子，闻玉梅急中生智，拿碘酒擦拭钥匙圈上的小剪刀以便用于剪脐带；没有扎脐带的线，就将产妇被子里的棉线放进旁边煮鸡蛋的鼎锅里（按当地习俗，产妇要吃鸡蛋）煮，算是消毒。事后，闻玉梅很担心产妇得破伤风，过了两天又去探望，母子安好，这才放心。贵州农村的医疗经历使闻玉梅第一次看到农村的贫困：

少数民族地区缺医少药。我决心要为偏远地区的人民服务。回到上海后，我收过佳木斯的进修生、延边地区的进修生、青海的进修生，还有昆明、大理的进修生，因为我知道偏远地区很需要。①

图 4-8 1970 年，闻玉梅与医疗队同事在贵州黔东南山区合影（右一为闻玉梅）

在贵州期间，闻玉梅坚持学俄语、法语，照样看书学习，她深有感触地表示“在任何条件下都要提高自己，为人民服务”。②

1970 年 3 月，为获得教改更多的实践，闻玉梅所在的教改队转战更偏远的贵州省天柱县开门办学。7 月，教改队接到驻上海第一医学院工宣队通知，教改队返沪参加工农兵学员班筹备工作，闻玉梅也随之返回上海。③

在医学研究与实践中，闻玉梅乐意把自己当作实验的小白鼠。1971 年，红眼病在全国第一次大规模流行。由于致病原因一度不明，全国患者大量使用抗生素滴眼治疗。但医疗界对于病原体到底是细菌还是病毒存有争议。有专家提出，如果红眼病由病毒引起，那么使用抗生素就是浪费。为了在最短时间内查明致病原因，闻玉梅与上海第二医学院教师王悦时

---

① 2005 年 10 月 18 日闻玉梅同志先进事迹报告会（口述整理稿）。资料存于采集工程数据库。

② 晓炎，孙国根：一个“步行者”的足迹与辉煌——记新增选的中国工程院院士、微生物学家闻玉梅教授。《中国卫生人才》，2000 年第 4 期，第 18–20 页。

③ 闻玉梅访谈，2017 年 1 月 9 日，上海。存地同①。

图 4-9　1970 年 4 月 9 日，贵州天柱县开门办学合影（前排左四为闻玉梅）

一起，将患者的眼泪经过除菌过滤后滴到自己的眼睛里做试验。试验开始前，闻玉梅与眼科医生约定“一旦发病，马上隔离，不要传染给其他人”。两天后，闻玉梅果然染上了红眼病，证明引起红眼病的并非细菌、而是病毒，患者不必再白白浪费抗生素，只需要用生理盐水进行洗眼就能治疗。①

2006 年，在接受上海电视台《走近他们——大型人物访谈》：

主持人：“我觉得那还是挺可怕的事情。如果你真把一个病毒放在自己的身上做试验，那万一病毒发生变异了呢？”

闻玉梅：“没有想过。后来才知道这个红眼病毒叫肠道病毒，它可以引起神经系统症状，还可以引起瘫痪。我们那个时候没有想过。”

主持人：“那家里人没有反对吗？”

闻玉梅：“没有，还挺支持的。我先生也不知道会有这么严重，很多事就是想到就去做，不大考虑后果。”②

闻玉梅在回忆当年的感觉时说：“那是在非常紧张的情况下，我觉得应该冲上去。总要有个人来试一试。”③

---

① 陈俊珺：搞科研，不能患“浮躁病”——专访中国工程院院士、复旦大学上海医学院教授闻玉梅。《解放日报》，2011 年 7 月 8 日。

② 上海市委宣传部：《走近他们——大型人物访谈第一辑》。上海：上海文艺出版社，2006 年，第 300 页。

③ 凤凰卫视：《世纪大讲堂第 10 辑》。辽宁：辽宁人民出版社，2006 年，第 249 页。

1972 年，年届不惑的闻玉梅一边参加学校安排的工农兵班教学工作，一边多次下乡去青浦朱家角人民医院开展教学，业余时间在学校演出样板戏《红灯记》。1972 年 8 月 26 日，上海第一医学院医学系试点班工农兵学员毕业，学员中就有后来主编《医学微生物学》的钱利生教授。

图 4-10　1972 年 8 月 26 日，上海第一医学院医学系试点班工农兵学员毕业留念
（二排右三为闻玉梅，三排右三为钱利生）

第五章
抓住机缘　踏上肝炎阻击战征途

1974 年，闻玉梅接到驻上海第一医学院工宣队通知，要其回校参与肝炎研究。此时的闻玉梅大学毕业将近 20 年，在二医当研究生（未完成）、在上医当助教、去北京进修、在贵州送医送药、回沪下乡劳动、在学校演样板戏《红灯记》中的“李奶奶”，兜兜转转一大圈，年届不惑，论文却没有发表几篇，对肝炎的研究更一无所知。但对任何一位热爱学术研究的人而言，这是一个不可多得的好机会，于是她迅速投入科学研究。

闻玉梅是比较幸运的，她在“文化大革命”结束前就已逐渐回归科学研究的正道。40 岁的闻玉梅在一个科学家最好的年华踏上新的研究征途——肝炎阻击战，按她自己所形容的，“我是一步行者”，一生行走在与肝炎相抗争的大道上。

肝炎大国　研究与预防

中国素有“肝炎大国”之称，但是传染性肝炎的流行研究最早并非由中国开始。

1973 年之前，最常使用的病毒性肝炎的异名是传染性肝炎。1885—1888 年，俄罗斯彼得堡军事医学院临床学家包特金氏（Botikn）首倡“卡他性黄疸乃传染性疾病”。[①] 传染性肝炎多零星散发于居民中，在儿童间和卫生不良地区常呈地方性流行。在战争及战后时期往往会传播到广大区域，成为流行状态，这一情况在战争时期的军队里尤为常见，故英国学者称之为营房性黄疸（Camp Jaundice），德国学者称之为战争加答儿黄疸（Kriege Icterus Catarrhalis）或军队黄疸病（Soldatenkrankheit Iceterus），法国学者称之为军营黄疸病（Jaunisse de Champ）。1879 年，俄罗斯的弗雷格赫氏（фрегих）将 34 例传染性黄疸称为军队病。[②]

从 40 年代开始，传染性肝炎在中国开始成为一种严重的传染病。1947 年，私立辽宁医学院张洁梅、李助宣、李西昆、刘海春报告了一次传染性肝炎的流行。1946 年 8 月—1947 年 2 月，传染性肝炎在辽宁省各县市流行。[③] 1949 年之后，中国各地零散的传染性肝炎流行多次发生。但与其他烈性传染病相比，传染性肝炎危害小，在 50 年代初期，医学界并未给予该病太大的重视。1950 年 4 月，卫生部召开全国卫生科学研究工作会议，初步确定 1950 年研究计划大纲，在传染病方面确定优先研究危害最大的鼠疫、斑疹伤寒、回归热、黑热病、血吸虫病、疟疾、性病、结核病等。[④] 传染性肝炎未列入疫情报告之内。[⑤] 1955 年，“传染性肝炎在我国亦屡见不鲜，在东北、北京、重庆、南京、上海等地均有报告，最近这种散及性的流行有逐渐纷加之势”。[⑥] 1957 年开始，我国传染性肝炎发病率继续增长。[⑦] 石家庄、我国东北地区（长春、通化、沈阳、锦州等地）相继流行，

---

① С. Я. Ъахмутская，贾同彪：流行性肝炎——包特金氏病。《中级医刊》，1951 年第 1 期，第 52-56 页。

② 谷浚：传染性肝炎流行病学总说。《人民军医》，1955 年第 8 期，第 4-11 页。

③ 张洁梅：沈阳所见传染性肝炎（623 例）。《中华医学杂志》，1947 年第 33 卷第 3/4 期，第 59-64 页。

④ 新华社：中央卫生部和军委卫生部定七月召开卫生会议，卫生科学研究工作会议已举行。《人民日报》，1950 年 5 月 10 日。

⑤ 游胜华：必须做好对传染性肝炎的防治工作。《人民军医》，1957 年第 11 期，第 8-9 页。

⑥ 同②。

⑦ 卫生部、中华医学会：《全国急性传染病学术会议资料选编（上）》。北京：人民卫生出版社，1959 年，第 9 页。

陕西、广东、四川、北京、上海等地也有不同程度的散发性流行。[①]

为及时遏制传染性肝炎流行，政府和医学界努力向人民群众普及传染性肝炎知识。1960 年 2 月 28 日，傅连暲在人民日报撰文《传染性肝炎的防治》，介绍该病的临床、流行病学知识，并提出集体和个人要有对待该病的正确卫生策略。[②]

自 1969 年起，上海市急性传染性肝炎发病率逐年增高。据 1973 年统计，传染性肝炎在上海市每隔四五年就会出现 1 次流行高峰[③]，20 世纪 70 年代早期是传染性肝炎重新在上海肆虐的阶段。这一时期，上海市的急性传染性肝炎发患者数多、病死率高。1974 年，急性传染性肝炎的发病率占急性传染病（包括细菌性痢疾、乙脑、疟疾、伤寒、副伤寒等 20 多种）的第二位，仅次于痢疾，而死亡率占第一位。1973 年 10 月—1974 年 9 月，上海市传染病总院收治的重症传染患者不治死亡 115 人，其中患肝炎死亡 74 人。[④] 1974 年，上海市死于肝炎的有 718 人。[⑤] 由于肝炎治疗无特效药，急性肝炎转移性或迁移性的较多（约占 23%），[⑥] 更可怕的是肝炎还有可能发展为肝硬化和肝癌，也有可能引起系统性红斑狼疮、膜性肾炎等免疫复合物疾病，鉴于传染性肝炎的日益流行，1973 年，上海市郊 12 个农场已有 10 个农场开辟了肝炎专科门诊，8 个农场开设了肝炎隔离病房。[⑦] 同时上海市卫生局想方设法在 1973 年短期内增设肝炎隔离床位 3479 张[⑧]，至

---

① 卫生部、中华医学会：《全国急性传染病学术会议资料选编（上）》。北京：人民卫生出版社，1959 年，第 14 页。

② 傅连暲：传染性肝炎的防治。《人民日报》，1960 年 2 月 28 日。

③ 中国医学科学院情报组：1973 年病毒性肝炎研究工作进展概况。《医学研究通讯》，1974 年第 6 期，第 3–5 页。

④ 全宗号 B242，编号 3–462，解放日报办公室编：解放日报情况简报（1974 年 11 月 26 日）——肝炎防治工作需要进一步加强。存于上海市档案馆。

⑤ 全宗号 B252，编号 1–55–89，情况反映（三十）——上海市肝炎发病情况和存在的问题（1974 年 12 月 3 日）。存地同④。

⑥ 同⑤。

⑦ 全宗号 B45，编号 5–201–29，上海市除病灭害领导小组办公室，上海市农业局革命委员会：上海市卫生局革命委员会关于进一步加强农场肝炎及其他肠道传染病防治工作的意见（1973 年 11 月 1 日）。存地同④。

⑧ 全宗号 B123，编号 8–846–20，上海市卫生局革命委员会关于上海市增设肝炎隔离床位申请用布的函（1973 年 9 月 3 日）。存地同④。

1974年肝炎隔离床位达到了7987张。[①]

肝炎研究是时代的呼唤，一大批卫生工作者、医学家投身肝炎防治、研究工作。1972—1973年，北京、上海、浙江、武汉、衡阳等地建立了检查乙型肝炎抗原的方法。[②] 1973年,《国外科技动态》翻译发表了《肝炎病毒的研究》。上海是病毒性肝炎防治及研究的一个中心，上海市肝炎协作组在1973年11月就肝炎问题先后召开有关医学院校、科研机构、医院、卫生防疫站、中华医学会上海分会、药材公司等单位座谈会，就肝炎相关抗原开展讨论。[③] 1974年3月12日，上海市卫生防疫站革命委员会在其报送的《关于1973年病毒性肝炎流行病学部分防治研究情况的汇报》中要求帮助解决必要的设备、药品、器材。[④]

抓住机缘　投身肝炎研究新领域

上海第一医学院是病毒性肝炎防治研究的一个重要单位，其微生物学教研室、流行病学教研室承担了重要的研究任务。1973年，上海市医学科学研究所领导小组办公室制订了“1973年病毒性肝炎防治研究计划表”，在该计划中，上海第一医学院承担了4项重任，其中上海第一医学院微生物学教研室承担了3项：一是在肝炎病毒分离领域，与上海市卫生防疫站、上海市传染病总院、上海生物制品研究所是主要负责单位；二是在肝炎相关抗原研究领域，与上海市第六人民医院联合承担研究制备免疫纯抗原、进一步摸索其生物学特性的任务，同时独立承担肝炎相关抗原持续阳性与

① 全宗号B242，编号3-680，上海市卫生局关于召开的市区肝炎防治工作经验交流会议的通知、发言稿与加强肝炎防治工作的通知（1975年7月）。存于上海市档案馆。

② 中国医学科学院情报组：1973年病毒性肝炎研究工作进展概况。《医学研究通讯》，1974年第6期，第3-5页。

③ 上海市肝炎协作组：关于对肝炎相关抗原的认识和处理意见（根据座谈会记录整理，供参考）。《医学情况交流》，1974年第2期。

④ 全宗号B242，编号3-542，上海市卫生局关于加强肝炎防治工作的报告、通知与市委批示及防疫站小分队的情况汇报、简报（1973年）。存地同①。

免疫缺陷的关系的研究任务；三是在肝炎病毒流行病学调查领域，与上海市卫生防疫站协作承担流行病学调查工作。①

病毒学研究需要一流的研究者，当时上海第一医学院的负责人——工宣队队长，同时也是来自上钢五厂的师傅在接到市里重要研究任务时，注意到了曾经是基础医学院重点培养对象的闻玉梅。② 他们告诉闻玉梅研究肝炎是国家需要，问她是否愿意从事肝炎研究。尽管闻玉梅的专业是免疫学、细菌学，在这个领域，她已做出一定成就，积累了成果与实验室经验。但她仍欣然同意参与病毒性肝炎防治项目研究。

病毒学领域，闻玉梅是一个门外汉。为了做好研究，她想赴上海防疫站进修病毒学，不料遭到婉拒，她只好在外边旁观实验，同时看书自学。③ 在这种条件下，闻玉梅决定扬长避短，在肝炎病毒研究中充分利用自己的免疫学基础，并由此开启了她对肝炎病毒长达半个世纪的研究。

> 我过去的基础是跟林教授、谢教授学的免疫学，“文化大革命”以后才进入肝炎领域。那么我就想，一定要发挥自己的优势，我的优势是什么？我免疫学比较强。我觉得应该做肝炎的病毒和免疫，研究乙型肝炎的分子病毒学和免疫学。④

1973—1974年，上海第一医学院微生物教研室、上海市卫生防疫站、上海卫生检疫所、上海生物制品研究所组成了会战小组，经过7个月的时间，掌握了荧光抗体的基本操作法。上海第一医学院微生物教研室还建立了细胞培养中病毒的直接和间接免疫荧光检测常规，为肝炎病毒的免疫荧光技术和自家抗体（抗核、抗平滑肌）的检测准备了条件。在病毒分离方面，上海第一医学院微生物教研室建立了融合细胞培养法。

---

① 全宗号B242，编号3-462，上海市卫生局关于献血员应检查肝炎相关抗原和延长血液保存时间的报告及肝炎防治研究计划表（1973年）。存于上海市档案馆。

② 当时，全国各大中小学由工宣队、军宣队进驻，实施管理。
闻玉梅访谈，2018年10月22日，上海。资料存于采集工程数据库。

③ 闻玉梅访谈，2018年10月22日，上海。存地同②。

④ 闻玉梅访谈，2017年4月21日，上海。存地同②。

1974年起，闻玉梅与静安区中心医院临床医生姚光弼开展合作，针对迁慢肝患者开展免疫学方面的研究。[①] 囿于当时有限的科研条件，他们决定使用皮肤实验这种最简单的方法，闻玉梅设计了实验方案——通过旧结核菌素OT、二硝基氯苯DNCB这两种抗原检查患者的细胞免疫情况，姚光弼则骑着自行车到患者家里做皮肤试验。[②] 实验结果证明，乙肝患者的免疫应答是不一样的。同年，中华医学会上海分会编撰了《病毒性肝炎防治手册》，上海市病毒性肝炎防治协作组、中华医学会上海分会制定了病毒性肝炎的诊断标准（草案），闻玉梅和姚光弼的实验就是依据这一诊断标准展开的。

1974年11月，《医学情况交流》发表了文章《慢性乙型病毒性肝炎病人的免疫学初步研究》[③]，署名为上海第一医学院微生物教研组、上海市静安区中心医院内科。[④] 文章指出病毒性肝炎患者在急性期后，大多数能恢复健康，仅有一部分演变成慢性，这种不同的转归除病毒本身因素外，机体的免疫状态可能起重要作用。该研究通过对这些慢性肝炎患者的免疫状态（包括乙型肝炎抗原和抗体）的测定，细胞免疫和体液免疫的一些指标进行观察，为了解慢性化过程提供了一些资料，从而为防治肝炎服务。

1974年，上海第一医学院流行病学教研组肝炎研究小组在《国际流行病学传染病学杂志》发表《乙型肝炎抗原分型的研究（综述）》。最新的乙型肝炎知识很快传到了西南，1974年盖宝璜在《遵义医学院学报》发表了《病毒性乙型肝炎的流行病学进展》。[⑤]

1974—1981年，闻玉梅在乙肝肝炎病毒诊断学方面做出了很大贡献，

---

① 全宗号B242，编号3-542，上海市卫生局关于加强肝炎防治工作的报告、通知与市委批示及防疫站小分队的情况汇报、简报（1973年）。存于上海市档案馆。

② 闻玉梅访谈，2016年4月20日，上海。资料存于采集工程数据库。
闻玉梅访谈，2017年4月21日，上海。存地同上。

③ 上海第一医学院微生物教研组：慢性乙型病毒性肝炎病人的免疫学初步研究。《医学情况交流》，1974年第11期，第20-25页。

④ 因时代原因，当时不能署作者名字，只能署单位名称。真实作者是上海第一医学院微生物教研组闻玉梅、上海市静安区中心医院内科姚光弼。参见：闻玉梅访谈，2017年4月21日，上海。存地同②。

⑤ 盖宝璜，1938年毕业于上海医学院，时任四川医学院卫生系流行病学教研组副主任。

建立并掌握了电镜法、白细胞粘附抑制试验法、免疫电镜法等多种新技术。① 1975 年 10 月，闻玉梅与生物物理研究室、华山医院内科同事合作，在《医学情况交流》发表《乙型肝炎病人血清的电镜观察》②，介绍了6例乙型肝炎抗原阳性患者血清的电镜观察结果及分析，并对个别患者同时进行了免疫学测定，了解乙型肝炎患者血清中乙型肝炎抗原（HBAg）颗粒的情况，以便进一步开展肝炎病毒分离及肝炎发病原理的研究。1976 年 6 月在《医学情况交流》发表《白细胞粘附抑制试验在乙型肝炎病人中的初步应用》，1977 年在上海市举行的病毒性肝炎经验交流会上汇报《慢性乙型肝炎病人的特异性细胞免疫反应》与《HBsAg 免疫豚鼠的免疫 RNA 提取与体外细胞免疫传递观察》，均是应用白细胞粘附抑制试验（LAI）研究乙型肝炎。1979 年在《上海医学》发表的《应用微量固相放射免疫测定法（Micro-SPRIA）检测甲型肝炎抗原》与《应用微量固相放射免疫测定法检测乙型肝炎核心抗原及其抗体》则是闻玉梅在微量固相放射免疫测定法的应用研究。

1978 年 10 月发表在《上海医学》上的《应用免疫电镜检查甲型肝炎抗原颗粒的初步报告》是闻玉梅早期的一篇代表性论文③。文中报道了应用免疫电镜法在潜伏后期及早期甲型肝炎患者粪便中检查甲型肝炎抗原颗粒的结果，指出免疫电镜法做临床诊断的优缺点。

崭露头角　破格晋升

历经磨难，终于迎来了改革开放。“我一生中最黄金的时期是改革开

① 张琛：一医三位老专家集中精力搞科研写专著——提升三名中年骨干任教研室主任。《文化报》，1981 年 4 月 12 日。

② 上海第一医学院微生物教研组：乙型肝炎病人血清的电镜观察。《医学情况交流》，1975 年第 10 期，第 27–30 页。

③ 同①。

放”，闻玉梅满怀激情地说。[①]

改革开放带来了了解国外最新科学进程、与国外科学家接触的机会。1978年4月，澳大利亚国立大学微生物学教授Laver来华访问，作报告《流感病毒的生态学和抗原变异的分子基础》，需要找人做翻译。

> 有人推荐说我的英文还不错。可是，我在“文化大革命”期间都没看过书，图书馆也都是封起来的，分子生物学我更是不懂，怎么翻译。但后来我还是承担了下来。我找了一位生化教授，让他到时坐我旁边，以便在我翻译不出来时可在一旁提醒提醒。然后又到图书馆查阅、学习了这位澳大利亚病毒专家近年来发表的所有文章。等站在台上一讲，英文好像又都回来了，翻译效果还不错。接下来，有什么机会都让我去翻译、让我锻炼。通过翻译，我认识了很多国际上很知名的病毒专家。
>
> ……
>
> 也就是在这个时候，国务院给上医一个名额——可以请一个外国专家来访。上医把这个任务交给了我。我当时也不太清楚请谁好，就去翻书，看谁的文章写得最多，结果发现了休斯敦大学的一位专家。我就写信邀请他来作报告。[②]

1979年3月，经国务院批准，闻玉梅邀请美国贝勒医学院病毒学和流行病学名誉教授Joseph. L. Melnick访问上海第一医学院，并举办一系列学术活动。Joseph. L. Melnick是世界卫生组织病毒专家委员会成员，是美国肝炎、肿瘤病毒研究的泰斗级学者。这是新中国成立后第一个美国教授在大陆开班讲座。闻玉梅提前通知全国病毒学从业者，欢迎他们免费来听课。为了满足各方面的要求，上海第一医学院分发了500张听课证，邻近省市有关单位也派人前往听课，将上海第一医学院1号楼的礼堂坐满了。Melnick着重讲授了肝炎病毒、肠道病毒及水的病毒研究进展，轮状病毒，

① 2005年10月18日闻玉梅同志先进事迹报告会（口述整理稿）。资料存于采集工程数据库。

② 同①。

图 5-1　1979 年 3 月，Joseph L. Melnick 访问上海第一医学院期间与医学院院长和著名教授合影（左起：闻玉梅、郑思竞、苏德隆、Joseph L. Melnick、石美鑫、冯光、林飞卿、朱益栋）

病毒和肿瘤的关系以及菌尿症的快速检查等。为收到实效，上海第一医学院还采取大小会相结合的办法，遵照卫生部指示，邀请一些科研机构和重点医学院校共 13 个单位的同志组成学习班，参加学习班的同志除听课外，还参加专题座谈讨论。一般每次授课后都有 1~5 次不等的专题讨论，通过这种方式进行学术交流、深入学习效果，学习班成员都比较满意。其间，上医有关教研组还请 Melnick 参观指导实验室工作，上医微生物教研室并根据录音整理了讲课和座谈内容，准备汇编成册供其他单位学习。①

Joseph. L. Melnick 后来成为闻玉梅学术研究中的一个重要合作伙伴。1992 年，闻玉梅、徐志一（上海医科大学教授）和 Melnick 共同主编的英文著作 Viral Hepatitis in China: Problems and Control Strategies 由欧洲医学与科学专业出版社 Karger Publisher 出版。

① 闻玉梅：Melnick 教授在上海讲学。《国外医学（微生物学分册）》，1979 年第 2 期，第 105 页。

图 5-2 专著封面

在学习西方先进医学知识的同时，闻玉梅也十分注意将这些知识分享给同行。1977 年 8 月，闻玉梅撰写的《慢病毒感染（综述）》在《国际流行病学传染病学杂志》发表；1978 年 4 月，闻玉梅撰写的《甲型肝炎抗原与抗体》在《国外医学（微生物分册）》发表；1978 年 12 月，闻玉梅在《上海医学》发表《皮肤迟缓型变态反应试验》，介绍皮肤迟缓型变态反应原理、方法及意义等。

因在教学和科研上取得的优越成绩，1979 年闻玉梅破格晋升为上海第一医学院副教授，开始在微生物学研究领域崭露头角。

出国进修　汲取新知

因为在翻译过程中表现良好，外国专家认为闻玉梅是懂病毒的，所以 1980 年病毒学瞻望会议主席、美国印第安纳圣母大学科学院微生物学系教授 M. Pollard 邀请闻玉梅参加会议。这次参会颇为艰难。

> 人家请我去，可是路费要自己出。那个时候，要从中国飞到法国巴黎、再飞到美国都需要外汇。后来，我们的党委书记吴立奇同意我出国，此事还惊动了两位市委副书记特批，一位是文教书记杨希光，另一位是经贸书记陈景华。就这样，我获准出国开会。①

① 闻玉梅访谈，2018 年 10 月 22 日，上海。资料存于采集工程数据库。

1980年2月，闻玉梅第一次走出了国门，第一次坐飞机长途飞行。“当时我怕极了，飞机上提供的水都不敢喝，因为不知道要不要钱。还是旁边座位的乘客告诉我橘子水不要钱，可以喝的。”

闻玉梅极其珍惜这次机会。第一天，发言嘉宾讲的主要是非洲地区发现的病毒，好些专业名词闻玉梅听不懂。第二天，专家报告里有她熟悉的乙型肝炎病毒部分。到了提问环节，台下的闻玉梅连问题都没想好就拼命举手。

> “抢话筒”那一刻，我只知道出来一趟，国家给了我很多支持和帮助，这是对我的投入和信任，一定不能辜负。①
>
> ……
>
> 谢少文老师曾要求我不能提别人已提过的重复的问题，因此，每次参加会议，我都积极争取第一个提问，我怕晚了，好不容易想出来的问题被人问了，我就没有问题了，所以我一定要抢在别人前面。

提问用的话筒“抢”到手里后，她的心怦怦直跳，待她站起来定了神，就用英语说道，“我叫闻玉梅，来自中华人民共和国的上海。”第一句话就让全场“哄”的一声炸了，在当时的大背景下，一位来自中华人民共和国的学者是许多人意料之外的。会场休息时，好几位华裔同行主动与闻玉梅交流，并为她接下来的行程提供建议和帮助。

会后，闻玉梅参观了纽约血液中心、哥伦比亚大学微生物科、Sloan Kettering研究所免疫学实验室、美国国立卫生研究院变态反应与传染病研究所（NIAID）和George Town大学的分子病毒学和分子免疫学科等。②

1980年3月，世界卫生组织第一次到中国招考，闻玉梅通过考试，获得了出国机会。对于出国进修，闻玉梅有着清醒的认识和明确的目标，自1974年进入肝炎研究领域，她利用编译《国外医学》的机会，长期关注

---

① 闻玉梅访谈，2018年10月22日，上海。资料存于采集工程数据库。

② 闻玉梅：美国在肝炎病毒研究方面的部分情况。《国外医学（微生物学分册）》，1980年第2期，第93–96页。

追踪国外相关领域的研究进展。随着国内研究的深入，闻玉梅发现 20 世纪 80 年代初，乙肝是中国最严重的微生物感染性疾病之一，不仅严重威胁人民健康，而且病毒引起的持续性感染可发展为肝硬化、肝癌。无疑，乙肝治疗是十分重要的课题。但是，当时中国的肝炎研究水平与国外差距较大。

> 乙型肝炎是我们国家的国病，当时我决定要全力以赴做乙肝，不做甲肝，也不做戊肝、丙肝，就是因为中国 1/10 的人都有乙肝感染。①

当时，WHO 资助项目有 1 年、半年和 3 个月，而学习乙肝病毒只能学习 3 个月。有人觉得如此短的时间，出国不值得，闻玉梅则表示，“当时海外医学界称我们是‘肝炎大国’，我认定了就是要研究肝炎”。② 就这样，闻玉梅成为首批选派到英国伦敦大学卫生与热带病研究所 WHO 肝炎合作中心的中国学者，开启了她进修肝炎病毒研究的 3 个月。

3 个月的时间非常短暂，闻玉梅极其重视这次宝贵机会，拼命学习。

> 当初，我简直就像刘姥姥进大观园一样。国外的先进技术、设备，我都看不懂，对国外的生活环境、工作条件等又十分生疏，真是困难重重。3 个月的时间十分短暂，我夜以继日地刻苦工作、如饥似渴地拼命学习，短短 3 个月就合作完成了一篇论文《肝癌细胞 PLC/PRF15 克隆株分泌乙肝病毒表面抗原的研究》③ 并在国外发表。④

闻玉梅在其自传《科学与我——闻玉梅院士自述》中如此记录她的进修生涯。真实的片段更为艰难，在我们向闻玉梅求证时，她骄傲地说道：

---

① 闻玉梅访谈，2017 年 4 月 21 日，上海。资料存于采集工程数据库。

② 同①。

③ Wen Y M，Copeland J A，Mann G F，et al. Detection of HBsAg in A Clone Derived from the PLC/PRF/5 Human Hepatoma Cell Line [J]. *Archives of Virology*，1981，68 (3-4)：157-163.

④ 闻玉梅：科学与我——闻玉梅院士自述。见：中国工程院科学道德建设委员会编，《工程科技的实践者：院士的人生与情怀》。北京：中国科学技术出版社，2007 年，第 482- 487 页。

到国外后，他们认为你是不懂的，做做细胞学就够了。所以，我找到一位会做分子生物学的博士后，我私下跟他做、跟他学，他也教我，然后我自己做，就这样学习了克隆分子、杂交等。①

自己苦不算什么，但看到国外研究条件与环境，再联想到中国科技发展和学校实验室设备的落后现状，她心有不甘。为了让更多在中国实验室工作与学习的学生和同事了解相关知识，闻玉梅将英国实验室的有关材料和实验设备拍成幻灯片、编好录像带回中国、带到实验室，让年轻人可以边听边看，为进一步出国学习打下基础。当时世界卫生组织提供的出国进修经费并不算少，但为了节省开支，闻玉梅连 4 英镑 1 张的伦敦大桥参观券都舍不得买。

当年，我曾走到伦敦桥下，因为登桥观光需要 4 英镑，实在“破费”太多了，我就只在桥下遥望著名的桥上建筑。②

短短 3 个月，她硬是 1 英镑 1 英镑地数着开支，省下一笔费用，购买了教研室最需要的 1 台低温冰箱和 1 台幻灯机。

我们在国内使用的幻灯机是手拉的那种，一用就卡住了。国外的幻灯机是圆的、转盘式的，自动转动，很好用。另外，当时国产的低温冰箱老是出故障，所以我一定要带一个回国。当时手上的经费只买得起 −17℃的冰箱。从英国运回来是非常贵的，光运费就要 90 英镑。③

回国后，卫生部的领导听闻此事感动地说：“闻老师，你在英国 3 个

① 闻玉梅访谈，2016 年 11 月 2 日，上海。资料存于采集工程数据库。

② 闻玉梅：科学与我——闻玉梅院士自述。见：中国工程院科学道德建设委员会编，《工程科技的实践者：院士的人生与情怀》。北京：中国科学技术出版社，2007 年，第 482-487 页。

③ 同②。

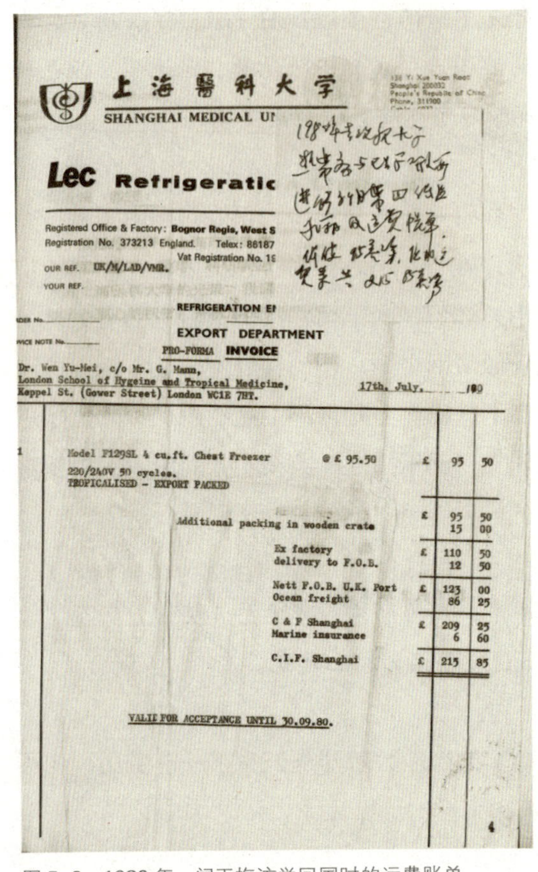

上海醫科大学
SHANGHAI MEDICAL U[illegible]

138 Yi Xue Yuan Road
Shanghai 200032
People's Republic of China
Phone, 311900

Lec Refrigeratic[illegible]

Registered Office & Factory: Bognor Regis, West S[illegible]
Registration No. 373213 England. Telex: 86187[illegible]
Vat Registration No. 1[illegible]

OUR REF. UK/M/LAD/VMR.

YOUR REF.

REFRIGERATION E[illegible]

[illegible]DER No.

[illegible]VICE NOTE No.

EXPORT DEPARTMENT

PRO-FORMA INVOICE

Dr. Wen Yu-Mei, c/o Mr. G. Mann,
London School of Hygeine and Tropical Medicine,
Keppel St. (Gower Street) London WC1E 7HT.

17th. July. 1980

1	Model F129SL 4 cu.ft. Chest Freezer 220/240V 50 cycles. TROPICALISED - EXPORT PACKED	@ £ 95.50	£ 95	50
			£ 95	50
	Additional packing in wooden crate		15	00
	Ex factory		£ 110	50
	delivery to F.O.B.		12	50
	Nett F.O.B. U.K. Port		£ 123	00
	Ocean freight		86	25
	C & F Shanghai		£ 209	25
	Marine insurance		6	60
	C.I.F. Shanghai		£ 215	85

VALID FOR ACCEPTANCE UNTIL 30.09.80.

4

图 5-3　1980 年，闻玉梅访学回国时的运费账单

月，没把你饿死啊！”为此，卫生部奖励她 1 万元。[①] 这 1 万元最后也成为闻玉梅实验室的一笔重要启动资金。

如果说闻玉梅运回国的仪器设备对其实验室落后的研究条件略有改善，那么，1980 年 8 月她随身带回国的一株肝癌细胞株（即 PLC/PRF/5 细胞系）和一本《分子生物实验常规》手稿则对中国乙肝病毒研究做出了重要贡献。

这株肝癌细胞株是当时其导师——世界卫生组织肝炎研究中心、伦敦公共卫生和热带病学院 Zuckerman 教授赠给她的，是当时国际上唯一能持续产生乙型肝炎表面抗原的细胞株。为了能带回它，闻玉梅一路上把它紧贴着身体，用体温维持这个小生命的存活。回到上海后，小生命奄奄一息，闻玉梅不顾旅途疲劳，立刻组织教研室同志开展抢救工作。[②]

闻玉梅和其教研室同志秉持着这样的信念，“要科研上去，就得全国开花”。[③] 她是这么说的，也是这么做的。刚到上海时，她就立刻把细胞株分了一部分给北京、上海有关单位。在细胞株抢救成功并能稳定传代后，

① 闻玉梅：科学与我——闻玉梅院士自述。见：中国工程院科学道德建设委员会编，《工程科技的实践者：院士的人生与情怀》。北京：中国科学技术出版社，2007 年，第 482-487 页。

② 汪家禄：赞上海第一医学院微生物教研室主任闻玉梅的好风格（附编后）。《健康报》，1981 年 4 月 9 日。

③ 2005 年 10 月 18 日闻玉梅同志先进事迹报告会（口述整理稿）。资料存于采集工程数据库。

她和教研室又举办专门的培训班，邀请全国相关单位来上医学习，将与该细胞株的相关知识毫无保留地教给学员们。① 同时，闻玉梅1981年在《国外医学（微生物学分册）》独立发表《PLC/PRF/5 细胞系与乙肝病毒》，介绍该细胞的生物学特性及研究进展。其后，1981 年 9 月—1982 年 9 月，闻玉梅以第一作者身份发表 3 篇有关 PLC/PRF/5 细胞系论文，介绍她在实验室培养细胞株、细胞株产生 HBsAg 及产生的 HBsAg 免疫活性情况。②

《分子生物实验常规》手稿由闻玉梅翻译手抄而成，记录了自培养细胞中提取高分子量 DNA、自肝细胞提取 DNA 方法、预杂交与杂交、血清样本 DNA 杂交等 10 余条分子生物实验方法，在当时具有很高的学术价值。闻玉梅也照例分享给大家。秘书李平洋称赞闻玉梅说："她的这本手稿培养了一代分子生物学研究人员。" ③

通过访学，闻玉梅建立了与英国学界的学术联系。与当年经 WHO 资助指导闻玉梅工作的 Colin Howard 教授互访及合作达 10 余次，至今已成为挚友和合作伙伴。④ 1987 年 5—7 月、1990 年 3—6 月，闻玉梅又两次赴英国伦敦大学卫生与热带病研究所访问。⑤

20 世纪 80 年代，国内的青年学子正热衷于考托福出国留学，医学生将考托福申请留学称为"洋务运动"，当时在医学院的校园，青年人见面都会问："你的'洋务运动'进行得怎样了？"但闻玉梅在 3 个月的进修后立刻携带资料和仪器回国，多年后，她平静地回忆自己当年的决定：

---

① 2005 年 10 月 18 日闻玉梅同志先进事迹报告会（口述整理稿）。资料存于采集工程数据库。

② Wen Y M，Copeland J A，Mann G F，et al. Detection of HBsAg in A Clone Derived from the PLC/PRF/5 Human Hepatoma Cell Line [J]. *Archives of Virology*，1981，68（3-4）：157-163.

闻玉梅，张维，楼惠珍，等：PLC/PRF/5 肝癌细胞系产生乙型肝炎表面抗原的研究。《上海第一医学院学报》，1982 年第 1 期，第 1-6 页。

闻玉梅，冯崇慧，张维，等：人肝癌细胞系 PLC/PRF/5 所产生的 HBsAg 的免疫原性研究。《上海医学》，1982 年第 9 期，第 514-517、556-557 页。

③ 李平洋访谈，2017 年 9 月 29 日，上海。存地同①。

④ 选定目标　勇往直前。见：夏玲英主编、上海市科技教育系统妇女工作委员会编，《美丽智慧之光　上海当代女科学家实录》。上海：上海科学普及出版社，2005 年，第 66 页。

⑤ 全宗号 RW006，编号 254，杰出高级专家暂缓离退休审批表。存于复旦大学枫林档案馆。

> 1980年，我首次跨出国门进修。当时如果留在国外，工资、生活待遇其实都很好，但是我决心回国。回国的原因也很简单，党教育我们，要我们为国争光、为国奉献。我是中国人，要为中国人做事。回到自己的祖国，做的每一件事都是在为国家作贡献，踏的每一步都是踏在自己的国土上，培养的每一个人都是在为中国培养后备军。作为共产党员，就是要在任何情况下都不忘为自己的国家和人民作贡献。①

回国后，闻玉梅结合国外的访学经验，对比中外医学教育情况，向学校建议医学院校“应开设具有我国独特风格的医学道德教育课程”。闻玉梅认为这门课程不是一般思想教育所能代替的。学生如果在学习期间不通过这门课程，即不具备当医生的资格。开课时间以在基础课程结束时、进入临床见习或学习前为宜。课程内容应包括医生的职责；医学立法，医生不可以做的事（如非法打胎、使用假药等）；优秀医生的典型，医生犯罪、道德败坏以及由于玩忽职守而造成的医疗事故等典型教育；结合各科特点，介绍医学道德和立法中应注意的事项。通过教育，使学生懂得人民把生命交在医生手中，医生不仅应从道德上负责，还应从法律上负责。②

赴美访学　建立合作网络

1981年3月，闻玉梅被卫生部聘为医学科学委员会病毒学与病毒性疾病专题委员会委员。同年，上海第一医学院的几位一级和二级教授主动辞去各自教研室主任，推荐有教学医疗经验、有组织管理能力、年富力强的

---

① 许敬霞，苏金发：我愿做医学科研路上傲霜挺立的“腊梅”。见：冯小敏、李宣海、叶骏编，《信仰的力量》。上海：上海教育出版社，2011年，第148页。

② 上海第一医学院教师闻玉梅建议医学院应增设医学道德课。《解放日报》，1980年12月10日。

中年骨干担任，其中林飞卿辞去主任一职，推荐闻玉梅担任微生物学教研室主任。[①] 该年，闻玉梅公开发表学术论文 10 篇，荣获上海市 1980 年度三八红旗手称号。

此时，美国国立卫生研究院（National Institute of Health，NIH）对中国学者开放，闻玉梅再次获得进修机会。但由于她刚升任教研室主任，校方没有批准她的赴美求学申请。这时，导师林飞卿及时伸出援手，“我非常感谢林飞卿教授，她当时 72 岁了，她就说‘闻玉梅需要更多的时间在国外，我替她作主了，她不在的时候，主任的事情我全做了，让她再去一次’”。[②] 在林飞卿的鼎力相助之下，1981 年 10 月，闻玉梅踏上了她人生的第二次出国进修历程，赴美国国立卫生研究院开始为期一年的访学。

与上一次出国进修一样，闻玉梅自己决定了访学的单位。

> 我第一次（1980 年）去美国的时候，他们请我参观了好几所学校，耶鲁大学、圣母大学，等等。后来，NIH 的肝炎组请我去。NIH 有 2 万名博士、2 万名博士后，还不是一般的博士。我觉得 NIH 跟其他学校都不一样，非常开放，它每天有一个 yellow sheet（黄页），有很多诺贝尔奖获得者来讲座，你都可以去听。你在这个实验室做研究时，可以通过这个黄页了解校园的学术动态。而且它的肝炎研究是做得最好的，这就是我想要去的地方。[③]

闻玉梅选择了美国国家过敏症和传染病研究所（The National Institute of Allergy and Infectious Diseases，NIAID）。机会难得，闻玉梅非常珍惜。白天，她努力工作；晚上，她坚持听所有分子病毒学相关的课程。

> 那时，我不懂分子病毒学，但是我认识到分子病毒学的重要性，

---

① 张琛：一医三位老专家集中精力搞科研写专著——提升三名中年骨干任教研室主任。《文化报》，1981 年 4 月 12 日。

② 闻玉梅访谈，2017 年 4 月 21 日，上海。资料存于采集工程数据库。

③ 闻玉梅访谈，2016 年 4 月 20 日，上海。存地同②。

所以在NIH的时候我就去上夜校。上夜校时，他们问我："你是要学分还是旁听？"我说："当然要学分"，他们都大吃一惊，"你又不拿学位，你要学分做什么？"我说："我拿学分就是要逼的自己像学生一样学习。"①

年逾40的闻玉梅硬是凭着坚强的毅力，消化了老师用英语讲的所有关于分子病毒学的课程。回忆起当年的困境，闻玉梅最苦恼的是没有车，她也不会开车，因为她不愿意把十分宝贵的时间浪费在学习开车上。上课的老师为她的精神所感动，经常晚上开车把闻玉梅送回宿舍。②

在美国期间，闻玉梅不仅学到了知识，还发表了论文。她与合作者证实肝癌细胞中有与乙型肝炎病毒相关的核抗原③，并获外国专家高度评价。

此次赴美进修，闻玉梅还有一个心愿，就是追寻母亲在美读书的足迹。她查到了母亲求学期间在美国报纸上发表的文章《中国内战，不要外国插手》。桂质良在文中写道，"中国人的事情，就应该由中国人自己解决，自己站起来，不要拐杖"。闻玉梅被母亲的爱国热情深深打动，进修期满后，回国全心全意地投入医学教学、科研工作，着重培养高层次人才。

急于回国的闻玉梅心情非常急迫。闻玉梅有一句话，"我和同龄美国人无法竞争，但我相信我的学生可以"。④ 闻玉梅在出国进修中，认识到培养人才是实现中国医学研究赶超的关键，所以她在访学结束后立即回国，投身教学。

我看到了我不可能跟他们平起平坐，那我何必不回来培养下面的人，让他们跟他们的人去竞争？我很清楚，我在国外最多就是生活好一点，可终究是替他们打工的。你要理直气壮可以作为、要跟他们平

① 闻玉梅访谈，2016年11月2日，上海。资料存于采集工程数据库。

② 2005年10月18日闻玉梅同志先进事迹报告会（口述整理稿）。存地同①。

③ Wen Y M，Mitamura K，Merchant B，et al. Nuclear Antigen Detected in Hepatoma Cell Lines Containing Integrated Hepatitis B Virus DNA［J］. *Infection and Immunity*，1983，39（3）：1361-1367。

④ 闻玉梅访谈，2016年4月20日，上海。存地同①。

图 5-4　1982 年，闻玉梅访问美国国家过敏症和传染病研究所时与同行合影（右起：闻玉梅、NIAID 主任 Channock、田淑芳、NIAID 研究员福奇）

起平坐，那我就必须回来培养人才。[①]

在夜校学习分子病毒学课程时，闻玉梅手写了两本分子病毒课的笔记[②]。回国后，她主编《分子病毒学》教材，开设分子病毒学学习班，在全国普及医学分子病毒学知识。[③] 可以说，闻玉梅是国内首先开设医学病毒学基础、医学分子病毒学新课程的人。[④]

在美期间，闻玉梅一边给自己补课，一边积极与国外同行进行学术交流，她的日程排得满满的。1981 年 11 月 27 日，耶鲁大学 G. D. Hsiung 教授邀请其访问耶鲁大学医学系和美国退伍军人卫生管理局医学中心，并

① 闻玉梅访谈，2016 年 11 月 2 日，上海。资料存于采集工程数据库。

② 全宗号 RW006，编号 185，1982 年听分子病毒课的笔记。存于复旦大学枫林档案馆。
全宗号 RW006，编号 184，1982 年在 NIH 学习分子病毒学课程表及笔记。存地同上。

③ 2005 年 10 月 18 日闻玉梅同志先进事迹报告会（口述整理稿）。存地同①。

④ 全宗号 RW006，编号 001，闻玉梅个人简历。存地同②。

在 1982 年 1 月 7—8 日进行演讲。① 1982 年 3 月 26 日，闻玉梅在 NIH 做主题演讲《新抗原与乙肝病毒》（"New" antigen associated with hepatitis B virus）。② 1982 年 5 月 10 日，美国国家过敏症和传染病研究所国际研究助理总监 Karl A. Western 邀请闻玉梅参加 5 月 11—13 日举行的美日免疫学委员会会议。③ 1982 年 9 月 8 日，闻玉梅受邀在乔治·华盛顿大学医学中心举办一场医学与健康科学研讨会，主题是肝癌细胞系中检测出的一种乙型肝炎病毒相关核抗原（An HBV-related Nuclear Antigen Detected in Hepatoma Cell Lines）。④ 1982 年 10 月 3 日，受邀参加美国中医药中心

图 5-5 20 世纪 80 年代初，闻玉梅在美国访学期间参观美国疫苗展览

① 全宗号 RW006，编号 002，耶鲁大学博士教授 G.D.Hsiung 邀请闻玉梅访问耶鲁大学医学系和美国退伍军人卫生管理局医学中心的信，1981 年 11 月 27 日。存于复旦大学枫林档案馆。

② 全宗号 RW006，编号 002，John Ticehurst：John Ticehurst 致肝炎小组的关于通知 1982 年 3 月 26 日闻玉梅讲座的函（1982 年 3 月 19 日）。存地同①。

③ 全宗号 RW006，编号 002，美国国立变态反应与传染病研究所国际研究助理总监 Karl A. Western 医学博士邀请闻玉梅参加美日免疫学委员会会议的函（1982 年 5 月 10 日）。存地同①。

④ 全宗号 RW006，编号 002，乔治·华盛顿大学医学中心微生物系教授和主席 Lewis F.Affronti 博士邀请闻玉梅举办医学与健康科学研讨会的信（1982 年 8 月 3 日）。存地同①。

1982 年会员大会及 1982 年第二次半年度科学会议。① 回国后，她始终保持着这些在大会上认识的国外学术同行的联系。②

通过那一年的工作，闻玉梅把实验室和美国研究院的关系建立起来。一回国，她就利用这一桥梁迅速把科室骨干张维、何丽芳送出去学习。因为闻玉梅知道，搞科研靠一个人是不行的，要有团队精神。张维、何丽芳分别赴美 NIH 不同实验室进修 1—2 年。学成后，她们如期回国，并建立了肝炎病毒基因分析、病毒肽分析以及多种病毒细胞培养、过滤、动物实验等方法③。

闻玉梅还特别撰文介绍 NIH 的研究情况，“美国国立卫生研究院（National Institutes of Health，NIH）是美国最重要、最知名的医学和生物学科研单位之一。由于它直接受美国政府领导，所以又掌管全美主要的医学卫生科研经费支配，是极为引人注目的单位”。她乐意将此信息推荐分享给国内的同行。④

---

① 全宗号 RW006，编号 002，美国中医药中心副主席 C. T. Byron Kao 医学博士邀请闻玉梅在科学会议发言的信（1982 年 8 月 25 日）。存于复旦大学枫林档案馆。

② 闻玉梅访谈，2016 年 11 月 2 日，上海。资料存于采集工程数据库。

③ 周晔，孙国根：为了 1.2 亿人的健康——闻玉梅和她的医学分子病毒学实验室。《中国教育报》，2007 年 8 月 23 日。

④ 闻玉梅：美国国立卫生研究院简介。《国外医学（微生物学分册）》，1987 年第 3 期，第 133-134 页。

第六章
乙肝情结　创建卫生部重点实验室

闻玉梅对肝炎研究情有独钟，她常说自己有“乙肝情结”。20 世纪 80 年代，她做出一个决定，专做乙肝研究。随着研究的深入，她意识到乙肝病毒引起的持续性感染可发展为肝硬化、肝癌；肝癌患者中有 90% 以上感染过乙肝病毒，乙肝病毒严重威胁着人民健康。那时，乙肝血源疫苗虽然已成为预防乙肝的有效武器，但对治疗乙肝却束手无策。中国有 1/10 的人，也就是说约有 1.2 亿的人感染乙肝病毒，这是一个令人震惊的数字。但是，如此危险的疾病一般人并不了解，或许因为与心血管和癌症之类的疾病相比，乙肝真是一个不起眼的小病；或许，在今天的社会，人们已经忘记乙肝，乙肝依然不会引起人们的重视。但闻玉梅发现这是我国最严重的微生物感染性疾病之一，她认为乙肝研究是一个对中国众多老百姓都有益的大项目。如果说，70 年代，闻玉梅进入肝炎研究领域纯属偶然，那么，80 年代后，闻玉梅内心有着一股极强的冲动，决心为控制这一疾病贡献自己毕生的精力。

在这份情结中，还倾注了她个人的真情实感和对朋友的怀念，闻玉梅有两位工作中的好朋友都是因为乙肝去世。

跟我合作的两位上医老师，一位是做病理的程关荣由乙肝发展为肝硬化；还有一位生物物理教研组的曹式芳也有乙肝，仅过了一个暑假，爆发性肝炎去世了。所以，我觉得无论如何也要想办法来治疗。①

乙肝情结 执着的追求

闻玉梅对于科研有着清醒的认识，对如何完成乙肝病毒研究有着明确的规划。她在其自述里写道：

> 我国有约10%的人口已感染乙型肝炎病毒。20世纪80年代初，虽然乙肝血液疫苗已成为预防乙肝的理想武器，但对于治疗乙肝病人却并无效果。我选择我国乙肝病毒持续性感染的机理与对策为重点研究对象。基础研究需要长期的积累与探索，很难短期出成果，也较难获得资助。为此，我在研究机理的同时与临床合作，将研究分为长、短线两大类：短线研究需密切联系乙肝的诊断、预防与治疗；长线是最终目标，通过阐明机理提出治疗乙肝的新构想与新策略。②

（预防性）乙肝疫苗是闻玉梅关注的一个"短线"重点。乙肝无药可治，1975年4月，美国已研制成功乙肝表面抗原阳性血清制成疫苗，给志愿者接种并取得一定效果。1975年7月1日，北京医科大学陶其敏也因陋就简地试制出我国第一批乙型肝炎疫苗。③ 但疫苗能否阻断乙型肝炎母婴传播，还需要开展进一步临床试验。是否引进美国的先进疫苗、是否允许美国在中国做该临床试验，中国争论不已。对此，闻玉梅旗帜鲜明地表明

① 闻玉梅访谈，2016年11月2日，上海。资料存于采集工程数据库。

② 闻玉梅：科学与我——闻玉梅院士自述。见：中国工程院科学道德建设委员会编，《工程科技的实践者：院士的人生与情怀》。北京：中国科学技术出版社，2007年，第482-487页。

③ 刘元希：肝炎，将不再令人恐惧。《文汇报》，1983年9月26日。

了自己的赞成态度。她当时正在美国 NIH 进修，了解乙肝疫苗的情况，并特意询问疫苗发明者 Robert H. Purcell 为什么要到中国去做临床试验。对方回答道："美国的孕妇 HBV 感染率很低，母婴传播少见，因此美国没有试验条件，只能在中国。" 闻玉梅又向克鲁格曼教授索取了临床试验资料，托其先生宁寿葆带回北京，该材料在是否引进该疫苗的会议中发挥了作用。"最后决定可以用这个血源，后来改用了酵母，那个时候其实我是很佩服陈敏章部长的。" ①

当被质疑为什么引进国外的生产线、不等中国人自己研究出来，当时的卫生部部长陈敏章说："等你研究出来，很多孩子已经感染了，就治不好了。"② 乙肝预防的问题解决了，闻玉梅接下来就开始研究治疗型疫苗，解决已经感染乙肝病毒的问题。

回国后的闻玉梅也在密切关注预防性乙肝疫苗阻断 HBV 母婴传播的效果。她参加了中美两国医药卫生科技合作计划，与上海第一医学院微生物学教研室、上海第一医学院流行病学研究室、中国预防医学中心病毒学研究所、卫生部药品与生物制品检定所、卫生部北京生物制品研究所、美国疾病控制中心、美国国立卫生研究院、美国乔奇镇大学等同事研究证明了单用美国疫苗阻断母婴传播有效。③

乙肝无药可治，但能否或如何对乙肝患者采用免疫治疗，闻玉梅就此开始了对乙肝病毒的治疗探索。她选择干扰素（IFN）与 2′-5′ 三腺苷酸（2′-5′P3A3）开展研究。1980 年 4 月，闻玉梅在《中华医学杂志》发表《慢性乙型肝炎患者白细胞产生干扰素的研究》，介绍对 21 例慢性乙肝患者及 26 名健康成人进行白细胞诱生干扰素的研究。之后，闻玉梅与其合作者持续开展对干扰素、2′-5′ 三腺苷酸的机理研究，并于 1981—1986 年发表数篇论文。闻玉梅及其合作者还尝试将干扰素引入实际治疗，并在研究中发现 α/β 或 γ 干扰素诱生无交叉抑制现象，这一现象意味着两种干扰素可

---

① 闻玉梅访谈，2017 年 4 月 21 日，上海。资料存于采集工程数据库。

② 同①。

③ 徐志一，段恕诚，陈如钧，等：乙型肝炎疫苗阻断乙型肝炎病毒母婴传播的初步报告。《中华传染病杂志》，1984 年第 3 期，第 149-152 页。

协同使用，也预示着干扰素生产的一种新的可能。①

在致力于乙肝病毒“短线”研究的同时，闻玉梅也开始了长线研究——对乙肝病毒机理的探究。乙肝病毒可以通过输血传染。1982 年，闻玉梅回国之后，当时国内尚未开展输血筛查，于是她开始研究这一现象，探究其奥秘。② 她主动与中山医院、华山医院等承担起“六五”期间国家攻关课题“乙肝患者及携带者中的乙肝病毒复制状态的研究”。③

1983 年起，闻玉梅等人采用核酸分子杂交技术对乙肝病毒脱氧核糖核酸进行了深入研究，获得了中国乙肝病毒体内繁殖的第一手资料。他们发现乙肝住院患者与无症状乙肝病毒携带者在病毒增殖上没有显著差别，病毒繁殖的程度与乙肝患者肝组织损伤程度不成正比，说明乙肝病毒在人体内的繁殖和乙肝发病与否、病情轻重没有直接关系，提示今后对乙肝发病机理和治疗应从人体免疫反应方面作更深入的研究。这项研究证实，测定血清中乙肝病毒脱氧核糖核酸应作为病毒繁殖和传染性强的标志，因此献血者和孕妇应重点进行这一项检查。有关专家认为，该研究达到国际先进水平，有较高的理论价值，对肝炎的诊断治疗和发病机理的研究有重要指导。1985—1986 年，闻玉梅先后发表了 3 篇研究论文，表明乙型肝炎疫苗防止母婴传播是有效的、注射血浆来源并灭活的 HBV 疫苗是一种有效防御 HBV 感染的措施，并探讨了在有限条件下更有效使用疫苗的原则。④ 其中，闻玉梅对发表在 *The Lancet* 上的论文 Transplacental transmission of Hepatitis B Virus 很得意。该文是闻玉梅与山东医科大学流行病学教研室同

---

① 单玉君，闻玉梅：小鼠脾细胞对新城鸡瘟病毒及伴刀豆球蛋白 A 双重诱生干扰素反应的研究。《上海医科大学学报》，1986 年第 1 期，第 29-33 页。

② 闻玉梅访谈，2017 年 4 月 21 日，上海。资料存于采集工程数据库。

③ 陶建新：闻玉梅副教授与有关单位协作完成的科研成果为乙肝患者的治疗展现乐观前景。《健康报》，1986 年 1 月 12 日。

④ 胡善联，钱婉华，程定华，等：上海地区婴儿传播乙型肝炎机率的调查。《上海医学》，1985 年第 8 期，第 467-469 页。

段恕诚，徐志一，徐华芳，等：以 HBV DNA 观察乙型肝炎疫苗阻断 HBV 母婴传播的效果。《中华儿科杂志》，1985 年第 23 卷第 3 期，第 136-137 页。

Li Li，Ming-hong Sheng，Shu-ping Tong，et al. Transplacental transmission of Hepatitis B Virus [J]. *The Lancet*，1986，328 (8511)：872.

事共同合作研究的成果——通过对流产胎儿肝组织进行研究，发现在预防性乙肝疫苗普遍使用后，宫内感染率只有 4%，而不是谣传的 30%，这一结果表明了疫苗可以有效地阻断母婴传播乙型肝炎。①

在攻关过程中，闻玉梅在国内首次创立了微量肝穿刺活检组织提取核酸及分子杂交技术，为我国在这一领域的研究追赶世界先进水平做出重要贡献。② 在研究中，闻玉梅先后研究了 127 例乙肝患者肝穿活检组织样本，揭示了我国乙型肝炎患者肝内病毒复制的一些独特现象与规律，找到了我国乙肝患者与北欧、美国及非洲乙肝患者的不同点，从而获得一个新发现：中国乙肝患者肝炎病毒核酸和肝细胞核酸的整合率不到 10%，从而修正了国外学者的看法。这一发现表明，中国绝大部分乙肝患者经过积极治疗，乙肝病毒是可以清除的，这为寻找新的治疗方法提供了理论依据，也为阐明肝炎与肝癌的关系迈出了新的一步。③

凡是要抽取正常人的血液做对照试验时，闻玉梅也总是第一个挽起袖子。制备探针试验是这项研究不可缺少的重要一环。因为实验条件的限制，加之每次都要使用的同位素放射性强，容易引起人体白细胞下降，闻玉梅坚持每次试验都由自己做。即使在体检时发现白细胞低于正常值，她也没有吭声，仍然回到实验室继续做实验，因为她认为“在科研攻关的路上没有一点献身精神，是难以有所发现的”。不知多少个星期天和节假日，她都是在图书馆、实验室里度过的。为了早日获得完整的实验结果，无论是 30 多摄氏度的高温，还是没有暖气的实验室，她的试验都照常进行。④

① 闻玉梅访谈，2018 年 10 月 22 日，上海。资料存于采集工程数据库。

② 马雪松，张学全：通讯：一个普通中国人的精神——记乙型肝炎病毒研究专家闻玉梅。《新华社》，1986 年 3 月 8 日。

③ 同②。

④ 同②。

导师支持　担当重任

20 世纪 90 年代科学协会刚开始恢复活动时，林飞卿就推荐闻玉梅进入微生物学会，使她得以尽早地涉入学科的学会领域，为学会工作。1981 年，林飞卿主动辞去教研室主任的职务，推荐有教学医疗经验、有组织管理能力、年富力强的闻玉梅担任。在林飞卿的培养下，闻玉梅迅速成长起来。1984 年，在林飞卿的推荐下，闻玉梅作为副教授被国务院学位委员会破格评为博士生导师。1985 年 2 月，上海市卫生局受卫生部委托，对闻玉梅等 10 位在 1984 年取得重大科技成果的中年医学科学家进行表彰。9 月 10 日，时值教师节，林飞卿写信给闻玉梅，对她被评为杰出的中年医学科学家表示祝贺赞许，并鼓励她再接再厉。同年，闻玉梅的第一位博士生瞿涤入学，在闻玉梅和林飞卿的指导下，瞿涤开始以鸭种携带鸭乙肝的实验研究，“林老师每天都会来实验室看看情况”。[①] 1986 年，以瞿涤为第一作者、闻玉梅为第二作者、林飞卿为第三作者的论文在《中华传染病杂志》发表，该文被引用 200 多次，成为该问题研究的经典论文。老中青师徒三代共同谱写了科学研究上的一段佳话。

1986 年，由林飞卿、谢少文和闻玉梅共同主编的《传染与免疫》一书由上海科学技术出版社出版，该书组织了国内几十位专家分别编著了各种微生物的发病机理和免疫应答等内容，集中反映了传染与免疫的新进展。82 岁的林飞卿依然关心免疫领域的新进展，并继续引领学术前进的方向。1990 年，林飞卿与同教研室的余传霖和何球藻教授共同主编《医学基础免疫学》，闻玉梅负责编写其中的《抗原与抗体相互作用》。

1993 年 3 月 12 日，林飞卿致信闻玉梅，感谢她来家里探望：

昨日承你来舍探望，并携来手书，读后使我十分高兴和激动。你

---

① 瞿涤访谈，2017 年 5 月 10 日，上海。资料存于采集工程数据库。

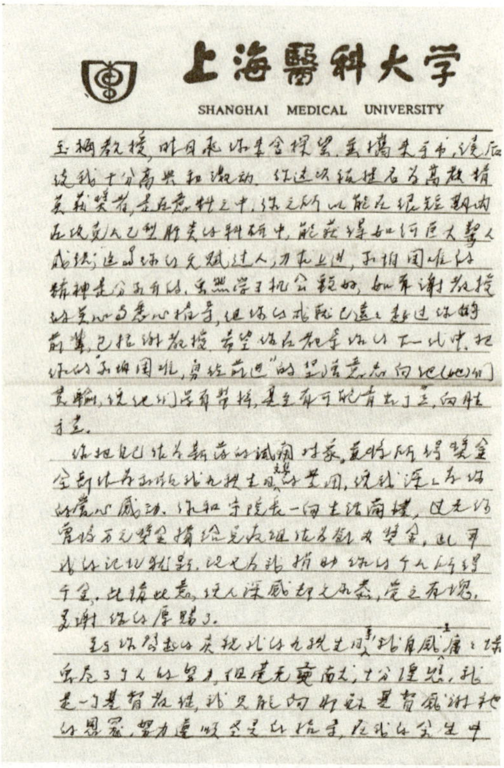

上海醫科大学

SHANGHAI MEDICAL UNIVERSITY

玉梅教授：昨日承你来舍探望，並携来手书，读后使我十分高兴和激动。你这次被提名为高教精英获奖者，是在意料之中，你之所以能在很短期内在攻克乙型肝炎的科研中，能获得如此巨大惊人成绩，这与你的天赋过人，力求上进，不怕困难的精神是分不开的。当然学习机会较好，如有谢教授的关心与悉心指导，但你的成就已远远超过你的前辈，包括谢教授。希望你在教导你的下一代中，把你的"不怕困难，勇往直前"的坚强意志向他（她）们贯输，使他们学有帮样，甚至有可能青出于蓝，而胜于蓝。

[illegible]

图 6-1　1993 年林飞卿给闻玉梅的信

这次提名为高教精英获奖者是在意料之中，你之所以能在很短时期内攻克乙型肝炎的科研中获得如此巨大惊人成绩，这与你的天赋过人、力求上进、不怕困难的精神是分不开的……你的成就已远远超过你的前辈，包括谢教授，希望你在教导你的下一代中，把你的不怕困难、勇往直前的坚强意志向他（她）们贯（灌）输，使他们学有帮（榜）样，甚至有可能青出于蓝而胜于蓝。①

林飞卿对闻玉梅夫妇保持自己简朴的生活并捐出奖金资助学生的行为赞叹不已，称其"不愧为党的先进积极分子"。

1994 年林飞卿 90 岁生日时，闻玉梅将自己的稿费作为庆祝老师 90 岁生日的礼物，林飞卿很感动。闻玉梅也专门写了一篇短文发表在《中华微生物学和免疫学杂志》上，讲述林飞卿对自己的教育、培养、传授及自己的感激之情。在文章的最后，闻玉梅写道：

> 林教授在 60 年的教学、科研中始终重视人才培养。在 50 年代，她曾兴办过全国微生物学师资培训班，亲自为新中国的微生物师资讲课、传授教学经验。她几十年如一日地关心、指导研究生、进修生及青年教师。她诲人不倦，善于启发青年主动探索、开阔思路，提高解

---

① 林飞卿给闻玉梅的信，1993 年 3 月 12 日。存于复旦大学上海医学院档案馆。

图 6-2 1985 年，闻玉梅与林飞卿、博士生瞿涤三代师生合影（左起：瞿涤、林飞卿、闻玉梅）

决问题的能力。她所培养的一大批研究生、进修生目前已是高校及研究机构的骨干力量。她与已故放射学家荣独山教授为激励青年努力学习、奋发进取，在 1981 年将两人多年积蓄捐赠建立了上海医科大学荣林氏奖学金。迄今，已有 200 余名优秀青年获得该奖学金。

林教授治学严谨，一丝不苟，以身作则，平易近人。她不断探索的求实态度与献身科学事业的高尚品德，深受我国微生物学、免疫学界人士的钦佩。①

建重点实验室获“863”资助攻“七五”科技关

1984 年，由林飞卿推荐，闻玉梅作为副教授被国务院学位委员会破格

① 闻玉梅：为促进我国抗感染免疫的研究而奋斗——庆贺著名微生物学免疫学家林飞卿教授九十寿辰（1904—）。《中华微生物学和免疫学杂志》，1994 年第 5 期，第 291 页。

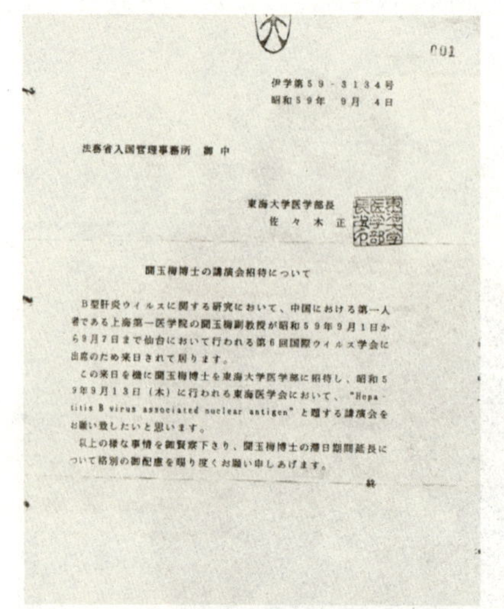

001

伊学第59－3134号
昭和59年　9月　4日

法務省入国管理事務所　御中

東海大学医学部長
佐　々　木　正

聞玉梅博士の講演会招待について

B型肝炎ウィルスに関する研究において、中国における第一人者である上海第一医学院の聞玉梅副教授が昭和59年9月1日から9月7日まで仙台において行われる第6回国際ウィルス学会に出席のため来日されて居ります。

この来日を機に聞玉梅博士を東海大学医学部に招待し、昭和59年9月13日（木）に行われる東海医学会において、"Hepatitis B virus associated nuclear antigen" と題する講演会をお願い致したいと思います。

以上の様な事情を御賢察下さり、聞玉梅博士の滞日期間延長について格別の御配慮を賜り度くお願い申しあげます。

終

图 6-3　1984 年，日本东海大学佐佐木信（存于复旦大学上海医学院档案馆）

评为博士生导师。次年，即与林飞卿一起培养博士生。从 NIH 回来，闻玉梅将自己在美国学习的笔记等资料整理出来，通过课堂将这些国际上最新的肝病知识传授给学生。1984 年 9 月 4 日，日本东海大学医学部长佐佐木正五邀请闻玉梅参加东海医学会会议，并作讲座《乙型肝炎病毒相关核心抗原》（Hepatitis B virus associated nuclear antigen）。在他写给法务省入国管理事务所御中的函中表示“闻玉梅是 B 型肝炎病毒相关研究中国第一人”。

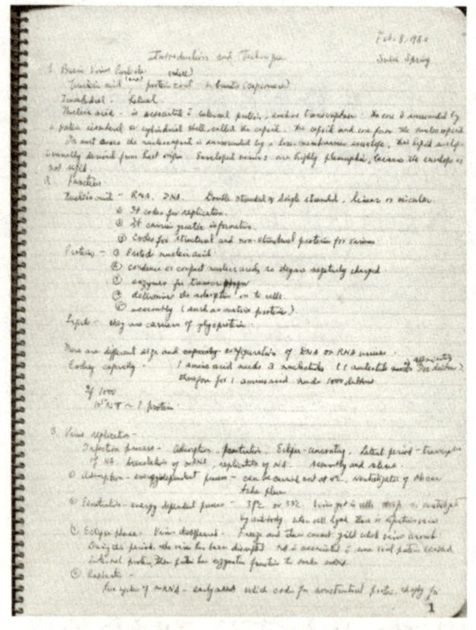

图 6-4　1982 年，闻玉梅在 NIH 学习分子病毒学的笔记

1985 年，经卫生部批准，闻玉梅在原微生物病理实验室的基础上开始组建医学分子病毒学重点实验室。同年，闻玉梅的第一位博士生瞿涤入学。1986 年，医学分子病毒实验室被正式批准为第一批卫生部重点实验室，闻玉梅担任该实验室主任及学术委员会主任（1986—2002）。1986 年，闻玉梅的乙肝研究项目中标国家“863”计划，她的科学研究开始进入创新、自我发展的阶段。

1986 年，国务院推出“国家高技术研究发展计划”（简称“863”计划），该计划是受当时世界各国科学技术发展的格局新变化应运而生的。1983 年美国提出的“战略防御倡议”（即星球大战计划）、欧洲的筹备尤里卡计划以及日本确定今后 10 年科学技术振兴政策等一系列举动对世界高科技大发展产生了一定的影响和震动。鉴于美国提出的星球大战计划，1986

年 3 月 3 日，王大珩、王淦昌、杨嘉墀、陈芳允四位科学家向国家提出要跟踪世界先进水平，发展中国高技术的建议。经过邓小平批示，国务院批准了《高技术研究发展计划（“863”计划）纲要》。这个计划选择在对中国未来经济和社会发展有重大影响的生物技术、信息技术等 7 个领域确立 15 个主题项目作为突破重点，以追踪世界先进水平。“863”计划于 1987 年 3 月正式开始组织实施，上万名科学家在各个不同领域协同合作、各自攻关，很快就取得了丰硕的成果。2016 年，随着国家重点研发计划的出台，“863”计划结束了自己的历史使命。

> “863”计划是科学家的战略眼光与政治家的高瞻远瞩相结合的产物，凝练了我国发展高科技的战略需求。1986 年国务院组织了全国 200 多位科学家对计划建议进行了大半年的论证，在我国科学技术需要急起直追的年代，“863”计划的实施有力推动了我国高科技的进步。①

在“863”计划招标项目“应用生物技术治疗乙型肝炎”中，闻玉梅团队大胆地提出了“消除乙型肝炎免疫耐受状态”的新思路，并进行了该项目的投标。在向专家委员会进行陈述汇报时，闻玉梅坦诚地说：“目前国内外均无类似路线及课题，我们也没有把握一定能成功；但是我们愿意大胆探索，并进行认真的实验研究。我们打算用的动物模型具有一定基础，实验室条件也基本具备，请专家们决定。”② “863”计划的项目评审专家委员会成员对此进行了认真提问，他们认为闻玉梅的思想是创新的，最终批准了这一探索性的课题，并予以 100 万元资助。③ 闻玉梅认为这是“支持我们工作最关键的一步”。④ 就这样，闻玉梅开始了在“863”计划支持下为期十几年的建立鸭乙肝免疫耐受动物模型和消除免疫耐受对策的研究。国家的支持给了闻玉梅继续深入研究的决心和动力。她认为

---

① 杜祥琬：863 计划 国家情怀 使命担当。《光明日报》，2019 年 10 月 1 日。

② 闻玉梅：消除慢性肝炎耐受状态的十年历程（1996 年）。资料存于闻玉梅办公室。

③ 闻玉梅访谈，2017 年 4 月 21 日，上海。资料存于采集工程数据库。

④ 同②。

"这是国家的一项民生工程，直到现在，国家还在支持这个项目。"同年，她与北京医科大学（现北京大学医学部）陶启敏、重庆医科大学张定凤、同济医科大学（又称武汉医学院，现华中科技大学同济医学院）郝连杰、上海静安中心姚光弼联合承担国家"七五"攻关项目"乙型肝炎慢性化机理研究"。

自 1978 年以来，闻玉梅的团队已进行了 8 年左右的人体乙型肝炎病毒致病机理及鸭乙型肝炎病毒实验感染动物模型的研究。在前期对慢性乙肝患者免疫应答的研究中，闻玉梅发现机体对乙肝病毒的免疫耐受是我国乙肝病毒持续感染的主要原因。通过进一步查阅文献及思考，1987 年，她首先提出"消除对乙肝病毒抗原免疫耐受性"治疗的新观点——乙肝病毒不能在细胞培养中增殖，这使得医学界对乙肝病毒的繁殖和致病机理难以进一步了解，必须通过乙肝病毒动物模型才能加深研究。由于没有动物模型，乙肝病毒研究严重受阻。但当时国内既没有黑猩猩也没有土拨鼠，而国外已经建立的黑猩猩乙肝动物模型又太贵，所以要想顺利开展乙肝病毒研究，只有新建乙肝病毒的动物模型。80 年代初，国内外报道了在北京鸭中发现有鸭乙型肝炎病毒。基于多年从事乙肝病毒持续性感染机理研究的经验，闻玉梅立即意识到鸭乙型肝炎病毒感染将是一个可用于研究乙型肝炎的动物模型。①

当时，国内外都认为鸭乙肝动物是研究病毒复制及抗病毒药物作用的一种模型。根据我国多数患者都是在出生时围产期感染乙肝病毒，从而病毒长期持续存在而不能被机体免疫所清除的特点，闻玉梅大胆设想用出壳 1 天的幼鸭感染鸭乙肝病毒，作为类似人类婴儿期感染乙肝病毒的免疫耐受动物模型。确立动物模型后，还要研究消除免疫耐受状态的各种新的治疗方法，才会有客观、科学的评价指标。作为消除免疫耐受状态的方法，她提出了"组建新抗原"的途径，即"鱼目混珠"法——用合成肽分析抗原决定簇，优选具有强免疫原性的肽段，然后交联到一无关的蛋白抗原上，就可制备成类似病毒抗原又不是病毒抗原的"新抗原"。同时考虑

① 闻玉梅口述访谈，2017 年 4 月 21 日，上海。资料存于采集工程数据库。

到治疗效果，闻玉梅还提出了改变抗原提呈方式这一途径——即不改变抗原、将病毒抗原换一种方式提呈给免疫系统，也有可能使原来已耐受的免疫系统重新活跃起来而识别抗原，清除免疫耐受状态，达到治疗目的。

闻玉梅团队先是讨论建立动物模型的先进性和可行性，然后建立起检测确定鸭乙型肝炎病毒的分子生物学方法。[①] 与此同时，瞿涤的论文课题确定为“鸭乙型肝炎病毒实验感染动物模型的建立”，闻玉梅亲自设计框架和实验结构。当时，闻玉梅还专门向谢少文请教如何操作，谢少文建议在实验前去掉幼鸭的法式囊。瞿涤回忆说：“接到这个任务挺傻，也不知道法式囊是什么，因为人身上是没有的。接到任务后，我就到处找，最后找到南京医科大学才终于知道怎么把 bursal（囊）去掉。”而且南京农大的老师告诉瞿涤，一定要在 24 小时之内去掉法式囊，否则 B 细胞就会扩散到其他地方。知道如何去囊后，接下来就是寻找种鸭基地。瞿涤经常坐公交车从市区到浦东周浦取刚出壳的小鸭，等回到实验室做手术的时候往往是晚上 8 点多了。那时，80 多岁的林飞卿和闻玉梅就等在实验室。

林老师那时候 80 多岁了，就在后面看我。他们说你敢做啊，我说是有点抖啊，导师都在那对吧。做完手术以后，闻老师再组织下一轮，她在我们师兄师弟里面发现有一个手巧的能够做，一个小鸭子的静脉很细很细的，要把病毒打进去，然后我这边做手术那边就打，一直等到弄完了闻老师才走的。

1985—1986 年，瞿涤、闻玉梅等选择了 7 个由国内外引进的鸭种，发现不同鸭种之间的 DHBV 感染率有明显差异，并认为垂直传播（鸭子的母婴传播）可能是 DHBV 的主要传播途径。[②] 这预示着模型建立的可能性大大增加。

在国内首先建立了鸭乙型肝炎病毒实验感染动物模型之后，闻玉梅又

---

① 瞿涤访谈，2017 年 5 月 10 日，上海。资料存于采集工程数据库。

② 瞿涤，闻玉梅，林飞卿，等：七个鸭种携带鸭乙型肝炎病毒的研究。《中华传染病杂志》，1986 年第 4 卷第 3 期，第 133–135、144 页。

指导另两位博士研究生徐永耀、熊思东用鸭乙型肝炎病毒感染的幼龄鸭建立了乙肝病毒免疫耐受动物模型，并设计改变原病毒的表面抗原为“新”抗原。每一批鸭从出壳买回到建立耐受性至少需要8周，闻玉梅每次实验性治疗至少需要9—15周，团队边研究边实验，可以说，饲养与观察这些动物倾注了实验室许多同志的心血。最终在注射“新”抗原的动物中，有50%的鸭血清中清除了病毒。经过5年的动物实验研究，闻玉梅团队设计了5种消除免疫耐受性的治疗性疫苗，并发现抗原－抗体复合性疫苗疗效显著。

闻玉梅发现，“清除病毒当然是好事，但却并不能证实我们设计的“新抗原”思路是可行的。破伤风类病毒素的作用是非特异的免疫刺激作用，无助于今后发展成为新的生物技术治疗剂”。①

第一条路线并不理想，闻玉梅感到了前所未有的压力，经常半夜醒来焦虑不堪。第二条路线是改变抗原提呈的方式。虽然有很多方法可选，但有些已用于肝炎疫苗的预防，且并没有治疗效果。在检索了国外同行的研究之后，闻玉梅考虑对SMAA的具体技术进行一定修改以适应在鸭乙肝动物模型中进行清除实验。经过近1年的研究，鸭乙肝动物模型中60%~80%的动物清除了血液中的病毒，还有40%~60%的动物清除了表面抗原。更令人兴奋的是，部分动物还产生了抗体反应。

当选院士　开创国际协作研究

在科学研究方面，闻玉梅坚持自主创新和独立思考的原则，同时注重与国际同行交流、学习国外先进经验。一方面，她积极参加国际学术会议，介绍实验室的研究成果，汲取世界医学研究的新成就，如1989年参加美国乙型肝炎病毒分子生物学会议、1990年参加第七届国际病毒肝炎及肝

① 闻玉梅：消除慢性肝炎耐受状态的十年历程（1996年）。资料存于闻玉梅办公室。

病会议。另一方面，闻玉梅充分利用各种机会邀请国际学者来上医实验室访问指导，1985 年，她邀请美国国立卫生研究院分子免疫调节室主任奥本海姆博士访问，1987 年邀请联邦德国学者 Blum 博士来实验室讲学。

在“863”计划实施十年之后，闻玉梅在回忆总结自己研究团队的经历时提到：

> 设计和实施是两个不同的过程。设计可以大胆思维，但实施却需要脚踏实地、一步一个脚印地去达到目的。当时，我们在对合成肽免疫化学及鸭乙型肝炎病毒抗原决定簇一无所知的情况下，一方面努力查寻类似资料，另一方面加强与国外合成肽专家的联系以求获得信息。第一个合成肽段是在选出的 6 个可能片段基础上设计并由中科院有机所合成的。通过邀请美国纽约血液研究所长期从事人乙肝病毒合成肽的 A. R. Neurath 博士来访及指导，我们很快掌握了用合成肽交联蛋白质并研究其免疫原性及免疫反应性的技术。1990 年，当一个肽段（P.37—43）被确证是鸭乙肝病毒包膜抗原决定簇的论文在英国病毒学杂志发表后，我收到了正在德国及法国读博士学位的学生来信。信中写道：“见到论文，十分鼓舞，祝贺已进入到肽免疫的领域中。”①

1990 年，闻玉梅团队完成的“我国乙型肝炎病毒核心抗原基因突变的发现”课题获卫生部科学技术进步奖二等奖。在科学研究获得一定成果后，闻玉梅带着自己的学生来到世界科学舞台，开始与国际学者交流分享研究的成果与经验。1992 年 10 月，闻玉梅与瞿涤、熊思东和袁正宏赴法国巴黎巴斯德研究所参加国际乙型肝炎病毒分子生物学会议。会上，团队介绍了实验室研究成果，法国巴斯德研究所的 Tiollais 教授对此特别感兴趣。原来，他们正在用乙肝疫苗与人免疫缺陷病毒（艾滋病病毒）抗原决定簇重组研究乙肝的免疫治疗。他们应用的动物模型是乙肝病毒抗原的转基因小鼠，并发现用重组“新抗原”可以清除病毒抗原及诱生抗体。与此

① 闻玉梅：消除慢性肝炎耐受状态的十年历程（1996 年）。资料存于闻玉梅办公室。

图 6-5 1992 年 10 月，闻玉梅带领学生赴巴黎参加国际会议时的留影（左起：瞿涤、闻玉梅、熊思东、袁正宏）

同时，美国 Scripps 研究所的 Chisari 博士报告了他们用乙肝病毒核心抗原基因与另一种抗原决定簇结合组建“新抗原免疫转基因鼠”的实验结果。这时，闻玉梅才了解到原来几年来世界上已有几个实验室与她们一样，用改变抗原的路线对乙肝进行实验性免疫治疗研究。

1993 年 10 月，闻玉梅接待了法国里昂实验室主任 Christian Trepo，并通过与法国 Trepo 教授联合申请欧盟资助科研项目“乙肝病毒前 C 基因变异研究”开启了与欧盟之间的联系。此后，闻玉梅连续三届被聘为欧盟项目评审专家。①

20 世纪 90 年代，人民卫生出版社请闻玉梅编一本微生物学教材，闻玉梅起初觉得这是出名的事情，拒绝了。后来一个学生对她说：“闻老师，你假如不编书，你的东西就仅限于你的实验室和你的学校；你要是能编本书，大家得益。”这句话让闻玉梅恍然大悟，赶紧把回绝信从信箱里拿出来。对于编书，闻玉梅有自己的想法，一是要请那些非常好的老专家写些

① 复旦大学上海医学院教育部 / 卫生部医学分子病毒学重点实验室 1985—2004 20 年纪念册（2004 年 7 月）。存于采集工程数据库。

东西嘉惠后进，二是作者必须是在中国做微生物研究的。鉴于自己的时间，闻玉梅跟陆德源商定由她负责病毒方面、陆德源负责细菌方面，另外请何丽芳帮忙编辑。至于作者，闻玉梅一个一个去动员。最先动员的是朱既明，朱既明是病毒学界的泰斗级老专家，Chu Factor（“朱因子”）就是以他命名的。怎么动员老专家来写教材呢？闻玉梅想了许多办法。其他的老专家见朱既明已同意，也同意撰写教材。虽然邀请的都是专家，但闻玉梅对稿件也是很挑剔的，每一章她都认真看，不是专业领域很强的人，她是不收录的，所涉及的实验必须是自己做过的，而且要列入国内的研究资料。其间，军事医学科学院五所的老教授朱关福主动要求撰写冠状病毒，但当时大多数人根本不知道冠状病毒，只有朱关福做过器官培养，但闻玉梅仍同意朱关福将当时大家都不知晓的“冠状病毒”写入教材。所以当 SARS 一来，大家都去找这本书。[①] 1999 年，这本 278 万字的权威性著作《现代医学微生物学》正式出版，共有 8 位院士、

图 6-6　1993 年 10 月 16 日，闻玉梅陪同法国里昂实验室主任 Christian Trepo（左二）参观实验室

图 6-7　1993 年 10 月 16 日，闻玉梅组织召开“上海中国 – 欧洲生物技术：乙肝和丙肝病毒会议”（左起：闻玉梅、左焕琛、谢丽娟、汤钊猷）

① 闻玉梅访谈，2016 年 4 月 20 日，上海。资料存于采集工程数据库。

80 位国内外相关专家参与撰写。两年后，该书荣获第十届全国优秀科技图书一等奖。

1999 年，经中国微生物学会推荐，闻玉梅当选中国工程院院士。

可以说，90 年代，是闻玉梅科学事业丰收的 10 年，也是医学分子病毒学重点实验室大放异彩的 10 年。对此，闻玉梅曾感慨地说："每当我在国际大会上作学术报告，每当我与研究生研计工作，每当我上台领奖时，我都会想到，没有'863'高技术计划的支持，我们不可能取得今天的成果。"①

抗非典　受钟南山之邀直赴病毒现场

2003 年，闻玉梅进入古稀之年，就是在当年，SARS 在中国广东顺德首发并迅速扩散，引起了强烈的社会恐慌。上海的科研人员迅速开展科学攻关。其中，闻玉梅及医学分子病毒重点实验室发挥了重要作用。医学分子病毒重点实验室开展的 10 多年乙肝病毒研究，为上海第二军医大学等单位解析"非典"病毒和疫苗研究提供了技术支持。在上海医学界联合成立的病原学研究协作小组中，由闻玉梅的学生袁正宏担纲开展"非典"快速鉴定和分离病源研究。2003 年 4 月，上海成立了防治"非典"的专家咨询组，闻玉梅担任顾问，对防治"非典"进行科学指导。4 月 22 日，闻玉梅接待世界卫生组织专家组成员、病毒学专家 Wolgang Presier 到实验室考察"非典"最新科研成果。

当时对 SARS 发病、致病的原因还不是很清楚，对于如何阻断"非典"也是众说纷纭。一方面，中国工程院院士钟南山、闻玉梅联名向中国工程院"紧急建议"：加强对"近距离接触者"的保护。另一方面，闻玉梅提出应该研制一个通过鼻腔应用呼吸道的疫苗。通过鼻腔应用呼吸道的疫苗

① 闻玉梅：消除慢性肝炎耐受状态的十年历程（1996 年）。资料存于闻玉梅办公室。

图 6-8　2003 年 4 月 22 日，闻玉梅与世界卫生组织专家组成员、病毒学专家 Wolgang Presie（左起 Wolgang Presie、袁正宏、闻玉梅。闻玉梅提供）

是一个世界性难题，成功的例子非常少，当时很多人对此提出怀疑。但闻玉梅就是要走创新之路，走符合 SARS 感染之路。她带领医学分子病毒重点实验室成员与香港大学医学院微生物学系主任袁国勇、管轶及广州医学院院长钟南山合作研制非典型肺炎疫苗。

非典型肺炎疫苗研究不仅要与 SARS 病毒直接打交道，而且所有实验必须在有“魔鬼实验室”之称的 P3 实验室[①]中进行。当时上海的 P3 实验室已然供不应求。此时，正好接到钟南山打来的电话，“你那儿没患者（上

① P3 实验室的学名叫作“达到生物安全防护三级标准的实验室”（Biological safety protection third-level laboratory；3 Laboratory of Biological Safety）。进入实验室，必须穿上厚厚的防护服，戴上令人窒息的特殊口罩和防护镜。实验室核心区的压力达到 -40Pa，身处其中必须忍受“高原缺氧”的感觉。为了防护自己和物品不被病毒污染，每一道工作程序都极为烦琐，在正常情况下 5 分钟就能完成的工作，在那里要 1 个小时才能完成。

海只有 4 位患者），你坐那儿也没用，要不要到广州来？”[①] 当时的数据显示，60 岁以上人群患 SARS 后的死亡率高达 50%，闻玉梅已年届 70，但她毅然和瞿涤一起赴香港、广州疫区。

可一到广州第一军医大学，闻玉梅傻了。因为知道闻玉梅要来做实验，学校准备利用闻玉梅周转休整的时间将实验室全面装修，1 周后方能启动。闻玉梅不愿意浪费 1 周时间，在其要求下，工程队连夜根据要求把滤膜、墙板等材料全部换成新的，各种安全数据全部调配精准。但问题仍接踵而来，抵达广州的第 2 天，毗邻的一个实验室同时有 7 位工作人员发起高烧，全部被隔离。当时，许多人劝闻玉梅不必亲自进实验室，她却说："这里面有第一手资料，我怎么能不去！"[②] 她和同事们没有因此"逃回上海"，而是在广州第一军医大学 P3 实验室内一边吃预防药一边继续与国内医学界同人一起奋战。

那段时间，闻玉梅负责制订研究方案、实验计划、操作规程，每天都要指导培训科技人员如何工作，设备、试剂如何调配等。她和其他人一样，常常需要里三层外三层地穿上厚厚的防护服，戴着几乎让人窒息的特殊口罩和防护镜，冒着高病毒危险不止一次地进入实验室，观察病毒引起的细胞病变及过程。在 P3 实验室工作的那些日夜，有时为了做实验，大家的午饭和晚饭都会拖延两三个小时。"可不管多晚，即便闻老师不必每次都身先士卒，也都会每餐都待大家消毒、沐浴完毕后一起吃饭。"[③] 这件事虽小，但给瞿涤留下的印象却很深。

那时，实验室人员每天接触的活病毒数是难以想象的，最多时每毫升高达 1 亿个，这个数量在平时也就是 100 万 ~1000 万。在每天实验室工作长达 8 个多小时的时间里，工作人员要坐有坐相、站有站相，每个动作都要事先想好、要非常规范，既要防护自己不被污染，也要注意物品不被污染。但即便是在如此程序繁复、考虑周密的实验室，细心的闻玉梅还是在

---

①《家国栋梁：闻玉梅——为了人民的期望》（录像），2017 年 5 月 22 日，上海。资料存于采集工程数据库。

② 陈俊珺：搞科研，不能患"浮躁病"——专访中国工程院院士、复旦大学上海医学院教授闻玉梅。《解放日报》，2011 年 7 月 8 日。

③ 瞿涤访谈，2017 年 5 月 10 日，上海。存地同①。

操作之余发现了一个有待提高的细节——实验室为工作人员配发的防护鞋套是塑料的、易摔倒，她立刻要求将其换成防滑效果更好的布鞋套。这一举动看似严苛，但其实是非常重要的，一旦这一隐患造成工作人员手上的病毒瓶打碎，后果不堪设想。[①]

4月16日，香港大学医学院完成了“非典”冠状病毒的基因图谱。利用香港大学提供的SARS病毒株，闻玉梅小组经过19天奋战，终于在P3实验室培养出了可供病毒繁殖的细胞64大瓶，完成了3批病毒培养，最终获得2000毫升的高效价病毒液。经灭活后证实，病毒已无感染性，且具有干扰和阻断活病毒入侵细胞的作用。

之后，闻玉梅小组与钟南山小组研讨确立了灭活病毒技术，[②]研制成功了创新性的、可杀死病毒的免疫预防疫苗“灭活SARS病毒免疫预防滴鼻液”。经动物实验证明，该滴鼻液可以保护全身和呼吸道局部避免病毒感染。

2003年5月，闻玉梅在《上海医学》独立发表的《新型冠状病毒（SARS）的主要特性及其防治》一文中指出：根据已有测序的数株病毒基因组分析，SARS病毒的基因组不属于已知的冠状病毒1、2、3组。该病毒可在传代细胞FRhK-4细胞、vero等细胞中增殖，引起的细胞病变为部分细胞病变，出现团缩、空泡病变或需盲目传代后获得病毒。[③]这一成果得到了国际同行的一致好评。[④]

同年，闻玉梅与钟南山在《科学新闻》共同发表《用灭活病毒疫苗保护SARS病毒接触者》一文，提出当前已明确新型冠状病毒为“非典”的病原体，为迅速控制冠状病毒的蔓延、加强对接触者的保护，建议用灭活疫苗进行干扰、免疫的应急措施。5月15日，闻玉梅与钟南山、管轶、郑

① 孙国根：闻玉梅：医学科研领域里的“傲雪红梅”。《健康报》，2015年11月27日。

② 白冰：中国内地和香港科学家加紧研制非典冠状病毒疫苗。《人民日报》，2003年5月28日。

③ 闻玉梅：新型冠状病毒（SARS）的主要特性及其防治。《上海医学》，2003年第5期，第297–298页。

④ 2005年10月18日闻玉梅同志先进事迹报告会（口述整理稿）。资料存于采集工程数据库。

伯键取得《一种免疫预防滴鼻制剂及其制备方法》的发明专利。①

2003 年初夏，“非典”疫情得到了有效控制，闻玉梅因为在抗击“非典”中的贡献获得了一系列荣誉。6 月，闻玉梅被评为复旦大学优秀共产党员，被中组部授予“全国防治非典型肺炎工作优秀共产党员”称号；8 月，被上海市妇女联合会授予上海市三八红旗手。但每当回忆起这段惊心动魄的历程，闻玉梅神态中显现的不是志得意满，而是对当地领导和钟南山院士在其间不计付出的大力支持的感谢。②

此外，“非典”中还有两项后续重大科学成果与闻玉梅有关。

一个是关于冠状病毒。此次暴发的“非典”属于冠状性病毒，该病毒于 1972 年由英国科学家发现，中国科学家对此并不了解。疫情暴发之后，科学家发现早在 1999 年闻玉梅主编的《现代医学微生物》一书中就收录有军事医学院五所朱关福教授编写的冠状病毒内容，该书为国内的科学家迅速有效地了解此疾病提供了充分、有益的参考依据。

另一个是 P3 实验室。闻玉梅受钟南山之邀赴广州之行的最大收获就是让她意识到一定要在上医建立 P3 实验室，回上海后，闻玉梅便向上级领导提出筹建 P3 实验室。2005 年前后，复旦大学枫林校区 BSL-3 生物安全三级实验室正式落成，该实验室总建筑面积约 150 平方米，包括主实验室 3 间、缓冲间 3 间、准备间 1 间以及辅助区域等，系统洁净度级别达 10 万级。

---

① 钟南山，闻玉梅：用灭活病毒疫苗保护 SARS 病毒接触者。《科学新闻》，2003 年第 9 期，第 3 页。

② 孙国根：闻玉梅：医学科研领域里的“傲雪红梅”。《健康报》，2015 年 11 月 27 日。

第七章
乙克诞生记

60 余年来，闻玉梅孜孜以求步行在对付乙肝的道路上，在国际上首创“复合物型治疗性乙肝疫苗”，为数以亿计的慢性肝炎患者和乙肝病毒携带者带来希望。

治疗性疫苗：乙克

疫苗是预防传染性疾病的重要方式，其中乙肝疫苗已经有较长时间的历史。当时，预防性乙肝疫苗的研究和临床试验突破对乙肝病毒研究提出了新的要求——未感染乙肝的人可以用疫苗进行预防，那么，已感染乙肝的众多患者要怎样清除体内的病毒呢？基于自己原有的免疫学基础及改革开放以来所学习的分子病毒学基础，闻玉梅提出了一个崭新的理念，即用疫苗来提高人体免疫力，借此控制病毒。“预防的问题已经解决了，我就想，既然大家都轰隆轰隆地做预防，我就不要再去做预防了，所以提出了治疗型疫苗。”[①] 闻玉梅决定开始实施用免疫技术治疗乙肝，研究治疗性乙

① 闻玉梅访谈，2017 年 4 月 21 日，上海。资料存于采集工程数据库。

肝疫苗。这个想法，闻玉梅已经酝酿了很久，根据乙肝的传播情况，她设想可以通过消除乙肝的免疫耐受，激发人体自身的免疫力来对付病毒。她认为，治疗乙肝应该从两方面入手，一方面是抗病毒，另一方面是提高人体抵抗力，而在诸多免疫治疗技术中，采用主动免疫（即研发治疗性疫苗）技术不仅实施方便，价格也相对低廉。如果研发成功，将是百姓用得起的产品。在“863”计划的支持下，闻玉梅实验室继续研究乙肝治疗性疫苗。

“在鸭体动物实验中，我们意外地发现在一个对照组中，采用抗原与抗体组建成的复合物可使 50% 耐受鸭清除免疫耐受状态。”① 1993 年 4 月，闻玉梅与熊思东申请了《一种新型免疫原性复合物制剂及制备方法》。后来，实验室即开始寻找合作企业研发，用人乙肝疫苗及人抗乙肝免疫球蛋白组建免疫原性复合物，进行新治疗制剂的研制。为了研制产品，我们室及北京生物制品研究所的同志在动物试验成功的基础上，研发了可用于人体的产品。两个单位间的默契配合使闻玉梅深受教育，她相信“只有为了一个共同的目标，才能产生如此高效率的工作”。②

在此基础上，闻玉梅团队又着手开展正常人体的安全、无毒试验。虽然乙肝疫苗及人抗乙肝免疫球蛋白都是我国早已批准进行人体注射的合格产品，但是当两者以一定比例进行配比后接种，则需作为一种不同于原料的产品来对待。当时，考虑到虽然注射制品并无危险性，但后期还有注射后局部感受等一系列需探讨的问题，闻玉梅与当时的研究生袁正宏二人作为志愿者，首先自己注射了治疗性疫苗，证实了其安全性。

1994 年，闻玉梅给卫生部部长陈敏章写信汇报实验的初步成果，并希望对研究给予支持。陈敏章见信后，立即亲自主持了半天会议，邀请各有关领导及专家对闻玉梅团队的工作进行讨论。会上，专家提出了宝贵的建议及意见。

这些意见对我们的工作既是支持又是鞭策。陈部长的关心更进一

① 闻玉梅：消除慢性肝炎耐受状态的十年历程（1996 年）。存于闻玉梅办公室。

② 同①。

步鼓舞了我们、生物制品所科技人员及华山、中山医院的有关医师。肝炎的治疗不是一蹴而就、轻而易举的事。但中国的科技人员有志气、有信心走自己的路，立足我国、放眼世界，用客观的、科学的方法进行研究，为解除肝炎病人的疾苦做出贡献。①

经过长期艰苦的研究与努力，闻玉梅等人开发了国内外无类似、可供人体应用的乙肝治疗性疫苗。1995 年 6 月，闻玉梅在《柳叶刀》上发文 Hepatitis B vaccine and anti-HBs complex as approach for vaccine therapy，在国际上第一次正式提出了乙肝治疗性疫苗的概念，并介绍了中国的开展情况。这篇开创性的论文获得了研究人员的高频引用，闻玉梅更是被邀请赴美、英、法、加拿大、澳大利亚等国及国际会议作学术报告。

1997 年 2 月，闻玉梅、何丽芳、瞿涤取得发明专利《抗原 – 抗体 – 重组 DNA 复合型疫苗》。治疗性疫苗逐步受到国内外关注，法国学者 Trepo 教授曾对闻玉梅说："你们是治疗性疫苗的先驱者之一。"闻玉梅曾几次向他建议合作治疗性疫苗，但他均不感兴趣。至此，Trepo 教授才表示起步太迟了。1995 年，美国科学院院士、国际著名肝炎病毒专家 Purcell 博士以书面形式评价这一工作"是立足于中国的可能条件下，作了大量基础工作并与人民的卫生事业相联系，发展了有治疗前景制剂的好典型"。然而，在闻玉梅看来，预防性疫苗的研制与开发是一条漫长的道路。治疗性疫苗毕竟不同于预防性疫苗，前者用于已有病毒持续性感染的患者或携带者；后者则用于免疫应答正常的健康人。治疗性疫苗的应用也是一项系统工程，不仅需要分子生物学家、免疫学家及生物制品学家共同研制，进行基础性研究，还需要临床医学家共同研究患者治疗前、中、后期的反应。如何挑选适于治疗的患者？如何防止免疫应答过强而造成过度的免疫损伤？如何客观地、科学地判断疗效？如何改造目前所用的疫苗，使之疗效更好？这些都是今后必须协同研究的问题。

1998 年，闻玉梅与北京生物制品所赵凯院士合作向"863"计划申请

① 闻玉梅：消除慢性肝炎耐受状态的十年历程（1996 年）。存于闻玉梅办公室。

了中试生产基金。项目要求生产出符合药审标准的 3000 支乙肝治疗性疫苗。由于治疗性疫苗在国内外无参考产品，需要白手起家，摸索建立一套全新的生产工艺。刚开始，闻玉梅与北京生物制品所的工作人员发生了一些小矛盾——闻玉梅说要这么做，北京生物制品所的人就说不可以，因为做科研可以根据实验结果随时变化策略，而生产不是这样的，生产的标准一旦确立下来就不能再改变，跟研究完全是两回事。慢慢地，闻玉梅学会了生产的规则，1998—1999 年，她带领团队主持研究并确定了大规模生产工艺，解决了质控、中间产品质检、成品检验、保存条件及在转基因动物中进行疗效研究等难题，并将该治疗性疫苗定名为“乙克”（YIC）。

2000—2001 年，合作团队先后制备了约 5000 支乙克，全部通过国家药品生物制品检定所抽检，并于 2002 年通过药审。

2003 年，乙克药审批文发布，正式开展一期临床试验。一期临床无不良反应，并可产生高效价抗体。此后，开始二期临床。二期临床采用随机双盲的办法，治疗效果按照国际标准达到银牌水准。

攻克乙克的艰难征途

乙克的研制过程是一个长时段艰难的征途，刚开始的时候，闻玉梅常常半夜从梦中惊醒，倍感压力，但她内心一直有一个坚定信念，就是“只要目标清楚，步行者的脚步永远不会停止。”

科研的目的——为人民

从 1974 年起，闻玉梅就开始关注肝炎。选择乙肝，从理性来讲，这与闻玉梅一向以问题为导向的思考方式不无关系，乙肝是“国病”，闻玉梅想要为国家解决这个问题，解决普通百姓的疾苦。

为什么要做乙肝？过去，我也做过一些科研，也做过戊肝、丙肝，可是到了一定年龄，自己的想法才会越来越清晰。我最想做的，就是要解决老百姓的什么问题。因为80年代，乙肝是人民和国家的疾病负担，我一定要选人民最需要的去做，我觉得那就是乙型肝炎。①

解决老百姓的问题，就是闻玉梅科学研究的最重要的目标。

她曾经给学生讲过一个上医老教授的故事：

华山医院的翁心华教授到现在仍坚持20元/人的门诊费，200元的不看。问他为什么，他说，“传染病是穷人的疾病，穷人才会来看传染病”。他这个作风是从戴自英教授、徐肇玥教授那儿传承下来的，并一直保持着。②

1998年，上海《文汇报》报道闻玉梅三喜临门：

她的科研成果“我国乙型肝炎病毒持续感染机理及对策”获国家自然科学奖……徐匡迪市长视察了她所领导的实验室，对实验室的工作给予高度评价。最令她感到兴奋的是，她主持研制的一种乙肝治疗性疫苗获准进入临床研究，自己为之奋斗近20年的治疗愿望有可能在近期实现。③

该信息通过《新民晚报》《文汇报》《健康报》等一系列的媒体宣传报道后，一下子吸引了全国一大批患者前来咨询申请做临床测试的志愿者。许多患者或患者家属致信闻玉梅实验室，述说自己的困境，了解临床试验的情况，信件中表现出普通患者对乙肝的无奈，但同时也流露出对乙肝疫

① 闻玉梅访谈，2017年4月21日，上海。资料存于采集工程数据库。

② 闻玉梅：在上医文化研讨会上的发言。见：陈克铨主编，《上医文化研讨会文集》。北京：中国工人出版社，2011年，第10页。

③ 吴学霆：为了驱走乙肝病魔——记上海医科大学闻玉梅教授。《文汇报》，1998年5月18日。

苗这项研究的深切期望。在闻玉梅的珍藏中，有一本厚厚的由 A4 纸打印的患者来信，这是闻玉梅开始研究乙肝治疗性疫苗之后于 1998—2000 年收到的所有患者写给她的信。其中一封是南京患者的父亲从《扬子晚报》得知治疗性乙肝疫苗有了新突破，专门写信询问乙肝疫苗何时能进入临床阶段，表达了对疫苗应用的期待。信中同时诉说了自己儿子的病情、乙肝在年轻人中流行的严重情况、乙肝广告的泛滥情况。[①] 在另一封来信中，读者孙建甫谈到自己的女儿和外孙女深受肝炎病毒的困扰，并讲到“在报端见到您制成肝炎疫苗的报导，实感喜从天降，您这是在为全国一亿多人造福”。[②] 贵州六盘水的一位读者在信中提到他的一位亲戚从 1992 年查出表面乙肝抗原（HBsAg）及 e 抗原（HBeAg）均为阳性，至 1998 年到处寻医问药，坚持治疗，但没有好转，“使他本人及全家一直蒙在阴影中，大家都知道乙肝的危害，又没有特效药物治疗。当看到关于您的科研成果报道后，我们好像见到了光明，觉得有了希望，心中为之振奋，盼望着能早日用上您研制的疫苗，使乙肝能得到根治”。[③]

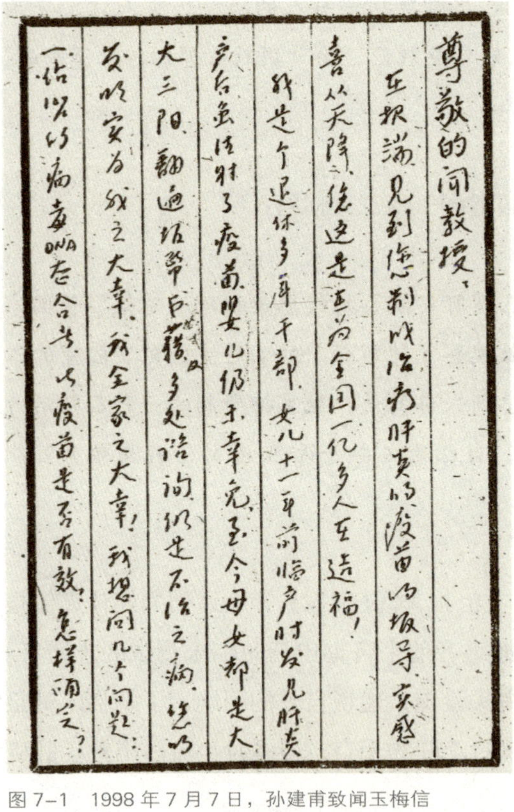
尊敬的闻教授：
在报端见到您制成治疗肝炎的疫苗的报导，实感
喜从天降，您这是在为全国一亿多人造福！
我是个退休多年干部，女儿十一年前临产时发现肝炎
产后虽注射了疫苗，婴儿仍未幸免，至今母女都是大
大三阳，翻遍书籍，多处咨询，仍是不治之病，您的
发明实为我之大幸，我全家之大幸！我想问几个问题：
一、治以后病毒DNA是否会转[illegible]，此疫苗是否有效？怎样预定？

图 7–1　1998 年 7 月 7 日，孙建甫致闻玉梅信

这些信让闻玉梅很感动，她专门让人把信装订成册，并将其命名为《人民的重托　人民的期望》，她在

① 邓旭晨写给闻玉梅的信，存于闻玉梅办公室。
② 孙建甫写给闻玉梅的信，1998 年 7 月 7 日。存地同①。
③ 潘嘉丽写给闻玉梅的信，1998 年 7 月 7 日。存地同①。

前言中写道：

> 愿我全室科研人员不辜负人民的期望，在治疗乙肝方面继续努力奋斗，为人民解忧，为祖国争光！[①]

闻玉梅将这些信珍藏在办公室，以便她和实验室的人能常常翻看，成为鞭策自己和学生的动力。

> 看到乙肝病人的痛苦以及他们的期望，我总是感觉到很心痛。我感觉自己现在做得还不够，没完全解决病人的需要。如何能更快更全面地解决病人的需要，是我一直在思考的问题，也是一直在努力研究的问题。我深切地感受到：需要大家共同努力去医治难治的病人、耐药的病人。我们心里所想的就是病人，病人的疾苦就是我们一直坚持下去的动力。[②]

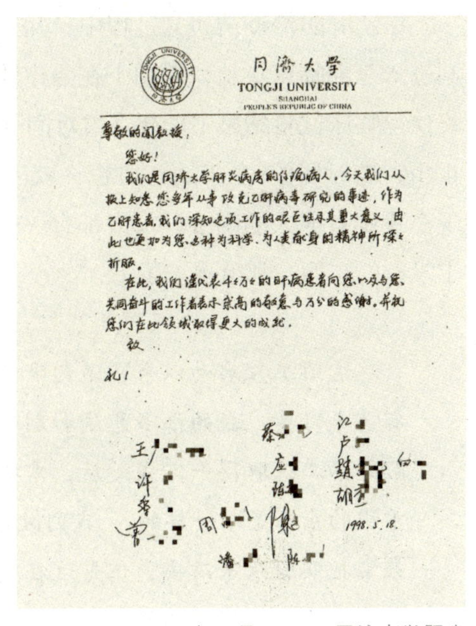
同济大学
TONGJI UNIVERSITY
SHANGHAI
PEOPLE'S REPUBLIC OF CHINA

尊敬的闻教授：

您好！

我们是同济大学肝炎病房的住院病人。今天我们从报上知悉您多年从事攻克乙肝病毒研究的事迹，作为乙肝患者，我们深知这项工作的艰巨性及其重大意义，由此也更加为您忘我为科学、为人类献身的精神所深深折服。

在此，我们谨代表千千万万的肝病患者向您以及与您共同奋斗的工作者表示崇高的敬意与万分的感谢。并祝您们在此领域取得更大的成就。

致

礼！

1998.5.18.

图 7-2　1998 年 5 月 18 日，同济大学肝炎病房患者来信

2015 年，闻玉梅曾说过这样一句话，“我还没有遇到一生中最开心的事情。如果有，那就是我研制的药物乙克能够最终把乙肝病人从病痛中解脱

① 闻玉梅访谈，2017 年 4 月 21 日，上海。资料存于采集工程数据库。

② 许敬霞，苏金发：我愿做医学科研路上傲霜挺立的“腊梅”。见：冯小敏、李宣海、叶骏编，《信仰的力量》。上海：上海教育出版社，2011 年，第 148 页。

出来”。[①] 如今 87 岁的闻玉梅依然对未来充满着期许和愿望——在新形势下，根据功能性治愈乙肝的要求，她盼着看到治疗性乙肝疫苗在与药物及抗体的联合治疗下能有新的成就，希望自己几年前提出的老年医学项目能不断推进。在她心里，这些实实在在惠及老年群体、普通百姓的医学项目是她未来最想要完成的事。

科研的态度——求实

在乙肝防治疫苗研究过程中，闻玉梅的乙肝治疗免疫制剂本来可以顺利进入三期临床实验，但由于在治疗性疫苗注射的程序方面缺乏经验，最终使得临床试验结果不理想。这对闻玉梅的影响不小，“科研的过程中困难重重，有时候 10 多年的心血也许就因为一个小小的错误而付之东流。到现在我都有很大的困难，每天都有。但是科研创新本来就很难，要做国际上没有的东西，那就更难了”。[②]

> 这项工程启动以来，遇到很多困难。第一，因为是首次研究，没有前车可鉴。我的很多想法和别人难以取得共识，不能得到别人的理解。第二，取得一定成绩后，需要投入生产。如何生产？科研和生产重视的东西是不一样的。我们做实验，为了实验结果更加精准，需要经常把实验改来改去，但是这在生产上是行不通的。为此，我还经常和北京生物研究所的院士吵架。后来，我明白了，生产出来的产品是需要药审的，是需要进行鉴定的。疫苗研发出来后还需要进行临床试验。在当时，这是一项附加给大夫的额外工作，临床试验的开展也不是很顺利。需要强调的是，国人自己研发的产品需要支持、要争气。乙肝疫苗研究中的困难还不只这些，但是我仍然坚持着去做、去改

① 孙国根：闻玉梅：医学科研领域里的“傲雪红梅”。《健康报》，2015 年 11 月 27 日。

② 杨洋：这位复旦人是治疗性乙肝疫苗开拓者之一，她说要让世界了解中国科学发展！《文汇报》，2018 年 10 月 30 日。

进，就是在这种摸索中慢慢前进着。[①]

对于科学家在科研过程中遭遇困难甚至失败的情况，闻玉梅并非没有思考过，2002 年她写过一篇文章《从百年诺贝尔奖看获奖者的素质》，其中分析了 1997 年诺贝尔奖医学与生理学奖得主、美国科学家斯坦利·普鲁西纳（Stanley B. Prusiner）的研究经历。1972 年，斯坦利·普鲁西纳的一个患者死于克雅氏病（CJD）导致的神经系统疾病，之后，他开始了相关的研究工作。普鲁西纳获奖是因为他发现了一种全新的致病原种类——朊病毒（prion），并阐明了它们潜在的作用机制。他将朊病毒列入众所周知的包括细菌、病毒、真菌和寄生虫在内的感染源中。他的发现为了解一种新的病原体与疾病的生物机制提供了重要思路，并奠定了药物开发和新型治疗策略的基础。

1980 年，闻玉梅在美国时曾听过普鲁西纳的报告，当时感觉他证据并不足。

> 可是普鲁西纳持之以恒……最后证明这是蛋白质构型的改变，发现蛋白质折叠发生了改变。构型改变了，就可以引起感染，这完全开创了一个新领域。其实到现在为止，关于疯牛病病因的争论还没有终止，还有人并不赞成，认为是代谢造成的斑块沉积造成脑死亡。可是 1997 年为什么就给他诺贝尔奖呢？因为他敢于设想并且做了一系列的动物试验，而且现在他能证明蛋白在体外怎样传播。……他从 1972 年至 1997 年坚持工作，最终得到了诺贝尔奖。[②]

闻玉梅认为普鲁西纳给了她一个启示：

---

① 许敬霞，苏金发：我愿做医学科研路上傲霜挺立的“腊梅”。见：冯小敏、李宣海、叶骏编,《信仰的力量》。上海：上海教育出版社，2011 年，第 148 页。

② 闻玉梅，周丽昀：从百年诺贝尔奖看获奖者的素质。《世界科学》，2002 年第 3 期，第 11-12 页。

> 不拟于去大加炒作，也不拟于去预测，关键在于我们踏踏实实地、认认真真地去做实验，实事求是地去探索。要教育并启迪下一代以及下一代的下一代，我们要认真启发他们敏锐地观察、独立地思考，还要训练他们持之以恒的、为科学献身的精神。①

闻玉梅由此联想到谢少文带她去哈尔滨开会时的经历。谢少文问她长春与哈尔滨有什么不同，“我说没有什么不一样，都是城市嘛”。谢少文则说：“长春受日本的影响，哈尔滨受俄罗斯的影响。你看它的建筑、人的穿戴有什么不同，这些都要观察。”

> 我当时却视而不见。我觉得作为老师，应该这样来培养学生，要踏踏实实地做几件事，并不一定非要他们得诺贝尔奖，但一定要有这个素质、有这个能力，要他们能够超越我们。我相信后人是可以超越我们的。②

曾经有记者问闻玉梅，至今为止她遇到最大的困难是什么？她一边爽朗地笑着，一边语重心长地说：“我觉得至今还没有什么可以难倒我的。你想做的事情，只要付诸实践，肯下功夫，动脑筋，就一定可以成功。”③

科研的竞争力——人才

90年代，闻玉梅在科研中遭遇了人才流失的困境。当时，闻玉梅承担了两项国家重大课题——“863”计划“消除乙肝免疫耐受状态”和“生物技术抑制肝炎病毒复制”，以及中法先进研究计划中有关生物技术方面的研究项目和欧共体联合研究课题等，科研经费达200多万美元。有课

① 闻玉梅，周丽昀：从百年诺贝尔奖看获奖者的素质。《世界科学》，2002年第3期，第11–12页。

② 同①。

③ 孙国根：闻玉梅：医学科研领域里的“傲雪红梅”。《健康报》，2015年11月27日。

题、有经费，但面临的最严峻困难是没有人，她的实验室有 8 人，其中两名年轻讲师即将出国，剩下的 6 名教授、副教授年龄都偏大，重点实验室后继乏人。那时，闻玉梅还有两名优秀的博士生，读书期间他们均参加了“863”国家重点课题的研究工作。毕业之际，一位因成绩优异，海外的教授表示愿意接纳其为博士后，一家香港公司也表示愿意以优厚条件聘请他；另一位即将毕业的博士生也面临着同样诱惑。在闻玉梅的劝导下，他们放弃前程似锦的机会，愿意暂时留下来，继续与闻玉梅完成课题研究。但闻玉梅内心过不去，因为现实的生活条件实在无理由、也无吸引力强留他们，于是她多次向学校打报告，要求尽快解决学生住房困难，以此挽留优秀人才。

对此，闻玉梅曾通过媒体呼吁，市场竞争说到底是人才竞争，人才争夺最激烈的莫过于待遇的竞争。现在，落实年轻拔尖人才享受与众不同的待遇势在必行、迫在眉睫，并建议国家有关部门尽快采取切实措施：

> 一、专款筹建优秀中青年科技骨干住房。住房问题是导致大批人才外流的一个突出问题，为此，希望政府部门拨出专款建造一批住房（包括博士新村），为优秀年轻科技骨干解除后顾之忧。
>
> 二、突破常规晋升方式，及时解决博士生的职称问题。按现有常规，博士生毕业两年后才能晋升副教授，这对在重大课题研究中有突出贡献的年轻科技人才来说是不公平的，应根据其贡献与实绩，何时够格何时晋升。
>
> 三、打破平均主义的奖金分配制度。有关部门应允许重点课题负责人从课题经费中提取一定比例的费用重奖突出贡献人才，拉开分配上的差距，有利于激励博士生奋发向上。
>
> 四、创造出国深造的条件，要支持并创造一切条件让年轻的科技人才出国参观、学习、参加学术会议，改变以往“小字辈”出国机会少的现象。①

① 王斐斐，谢军：著名微生物科学家闻玉梅呼吁尽快提高年轻拔尖人才待遇。《光明日报》，1993 年 7 月 13 日。

闻玉梅反对对人才“加压”，而是提出应该“加油”：

对有潜力的中青年学者不求全责备，容许他们有这样那样的小缺点；给他们更多的自由时间，容许他们几年不申请奖励、不申报荣誉称号、不发表论文等；给他们选择助手的自由；给予他们必要的生活保证，但不必给予“暖房式”的关怀等。

建议重新建立国家评价个人、单位科研成果的机制，挤去泡沫与水分，“还科学的朴实、真实面目”，改变学者疲于奔命争取评估得优秀、排名靠前的不合理现象，节约人力与财力，沉下心来，踏踏实实地做几件事、做几件好事。①

科学家的态度——爱国与西化的问题

闻玉梅支持鼓励学生走出国门学习，学成归来回报国家。她培养的学生中有很多人选择了出国深造并留在国外。曾经有人问她：“这些学生留在国外不回来了，你悲哀吗？”

闻玉梅说：“不悲哀，因为他们的学术研究能力也在提升，没有人是不爱自己的祖国的……我也很理解现在的年轻人，可是我很希望他们能够首先想到国家和人民，我跟我的研究生谈话时是思想教育和业务并举的。这一点，我始终坚持。”②

那么学校教育是否要西化？

我们不可以全部西化。我听到有人提出来，今后大学水平的高低就看你有多少学生能够被哈佛、耶鲁、约翰·霍普金斯录取。对此，我很迷惑。假如说以这个为标准，那我们就只能替国外培养预备

---

① 闻玉梅：目前的教育理念和科研机制制约大师的出现。《中国人才》，2012 年第 6 期，第 39 页。

② 杨维玲：梅花香自苦寒来——记治疗性疫苗研究的开拓者闻玉梅。见：鄂基瑞，燕爽编，《复旦的星空》。上海：复旦大学出版社，2005 年，第 309 页。

队，然后叫他们去国外打败中国。我不是反对跟国外交流，其实我最赞成跟国外交流，我自己当年出去的时候，就是秉持在国外学习，要作海绵，把他们的好的成分吸收起来，回国以后挤出来，给我们中国人用。现在我们国家在政治上、军事上都有自己的特色，难道在医学上不应该有自己的特色吗？所以，我认为我们要办世界一流大学，我们必须头脑清醒，学习国际上的先进经验，保留我们固有的像上医的这种道德品质。有学生出国后给我写信说："我现在才知道我们中国的实验室对我们的关怀，外国是没有的。"收到这种信，我非常地感动。他至少知道中国和外国的区别，我们自己更应该知道中国和外国有什么区别。我们必须继续发扬我国医学教育办学的优良传统，这样，中国文化包括上医文化才会立于不败之地。①

1985 年，闻玉梅开始培养第一个博士生瞿涤（与林飞卿共同培养）。1988 年，瞿涤毕业，获上海医科大学微生物学博士学位。1995 年，瞿涤又获得里昂第一大学人类遗传学系病毒学专业博士学位。1996 年 12 月，瞿涤回到医学分子病毒重点实验室，开始在老师闻玉梅的带领下发展壮大实验室。

医学，以及整个科学都是服务于全人类的，科学家的国际交流能力也是一种软实力。时至今日，我们应该展示自己的软实力，通过学术上的外交，让更多的人了解中国。我自己在世界各地有很多同行，我们既是竞争者，也是合作者，更是朋友。我的很多学生，他们走出去，仍然会回来，因为科学家最首要的理念就是爱，爱人类，爱科学，爱自己的祖国。②

---

① 闻玉梅：在上医文化研讨会上的发言。见：陈克铨主编,《上医文化研讨会文集》。北京：中国工人出版社，2011 年，第 12 页。

② 杨洋：这位复旦人是治疗性乙肝疫苗开拓者之一，她说要让世界了解中国科学发展！《文汇报》，2018 年 10 月 30 日。

这两年，她的学生回来得越来越多。

科研工作的核心——创新

1994年，闻玉梅曾发表《对科学研究创新性的浅见》一文，她在文中论述道：

> 创新性从何而来？我认为具有创新性是一种素质，需要认真而耐心地培养与启迪。我们常倡导的启发式教学可以看作是为塑造创新性奠定基础。我的导师之一谢少文教授曾要求我，每阅读一篇文献，必须想一想论文主题有无意义、实验技术是否无懈可击、实验结论是否恰当。这些评估的思维方法应从青年时开始培养。我还记得他要求我每听一次学术报告都必须举手发问，而且不能重复别人已提过的问题。因此，我听报告时聚精会神，不断主动地思索问题，并且抢先提问，唯恐重复别人先提出我的问题而我无问可提。良师的要求与指导使我勤于思考，不能被动接受，而是主动地“取”“舍”。甚至，老师还注意要我学习打乒乓球以锻炼反应的敏捷性。这种教育与培养使我终身受益，我也试图以此来要求学生。①

提问的水平是衡量一个学生科研水平的重要参考。学问相长，教学相长，这成为闻玉梅始终追求的教学目标。

> 几十年来，我牢记老师教导，继续自我要求，培养自己的创新性。每次讲课，力求有自己的安排与风格；每听一次报告，都主动思维与发问；每申请一项课题，总先问问自己有何创新性。②

---

① 闻玉梅：对科学研究创新性的浅见。《中国科学基金》，1994年第1期，第69–71页。

② 杨洋：这位复旦人是治疗性乙肝疫苗开拓者之一，她说要让世界了解中国科学发展！《文汇报》，2018年10月30日。

向高瞻远瞩发展

2004 年在实验室建立 20 周年之际，闻玉梅将 20 年发展的经验总结为：科研的核心——创新，科研的道路——勤奋，科研的态度——求实，科研的目的——为人民。

2008 年 12 月，闻玉梅联合国内众多专家，启动了与微生物生物安全相关的咨询项目。同时，向工程院提交研究报告《基因重组病原微生物的安全性及其管理的研究》，并由工程院转呈国务院获得批示。2009 年，治疗性乙肝疫苗跨过了Ⅰ期Ⅱ期临床试验的槛，进入了Ⅲ期临床。

图 7-3　2013 年 5 月 3 日，闻玉梅汇报“乙克Ⅲ期研究”的阶段性成果

2015 年，复旦大学与上海复旦海泰生物技术有限公司联合申请成立治疗性疫苗国家工程实验室。同年，经国家发改委批准，治疗性疫苗国家工程实验室正式批准筹建，项目建设地点设在上海浦东新区，闻玉梅任实验室主任。这是以乙肝治疗性疫苗为起点，全面推进我国治疗型疫苗研发的有效措施。

当乙克进入Ⅲ期临床时，闻玉梅开始思考实验室的下一步发展，提出了同心圆式扩大的发展战略。为了更快地向国际一流发展，2014年，她组建了实验室的国际专家委员会，每1–2年对实验室的科研工作进行实地考察并评估。

> 不能单单做肝炎，还要做微生物持续性感染，即慢性感染……后来我们的研究范围扩大到丙型肝炎、细菌、结核、疱疹病……基本上都在做慢性感染。①

在闻玉梅看来，复旦大学的医学学科具有潜力，发展的关键在于方向的确立及顶层设计。为此，她提出建设3个共享平台：高技术诊断病原体的平台、疑难杂症的诊断和治疗平台以及新的治疗方案平台。② 2016年，由袁正宏领衔、依托复旦大学医学分子病毒学教育部/卫计委重点实验室建设的“持续性感染与疾病创新引智基地”成功入选2017年教育部高校创新引智计划（又称“111计划”）立项名单。“持续性感染与疾病创新引智基地”海外学术团队由澳大利亚墨尔本大学的诺贝尔奖生理与医学奖获得者Peter C. Doherty任学术大师，美国科学院院士、拉斯克临床医学研究奖获得者Charles M. Rice、美国科学院院士Rafi Ahmed教授等9名国外学者担任海外学术骨干，国内学术骨干及成员包括袁正宏、闻玉梅、陆豪杰、徐彦辉等。双方已在感染和免疫领域进行长期合作关系，通过共同举办学术研讨会、共同发表高水平论文、筹备联合研究中心等多种形式开展了实质性的合作，共同研究成果发表在*PNAS*、*Nature Commun.*、*Plos Pathogen*、*J. Virol*等高水平杂志上。按照计划，未来五年该基地将以持续感染和新发病原生物学为主要研究方向，以乙型肝炎病毒（HBV）、艾滋病毒（HIV）、结核分枝杆菌（MTB）、新发再现病原微生物等为研究重点，通过强强联合，分别从分子、细胞与宿主整体等层面研究病原微生物的生物学特性、持续感染形成和维持机制、免疫应答与致病机理及应对

① 闻玉梅访谈，2016年4月20日，上海。资料存于采集工程数据库。

② 闻玉梅访谈，2017年4月21日，上海。存地同①。

策略和防治技术。[1] 至今，该实验室已成为有较高国际知名度的实验室，在 *Science*、*Nature Medicine*、*Lancet*、NEJM 等著名杂志发表过重要论文。

2018 年 11 月，闻玉梅荣获中国免疫学会终身成就奖。

① 董玲玲："持续性感染与疾病创新引智基地"入选 2017 年教育部高校创新引智计划。复旦大学网站，2016-11-24。

第八章
薪火传递　桃李满天下

2018 年 10 月 9 日，闻玉梅在“2018 上海市女教授联谊会换届暨教育女性国际论坛”上做了一个题目为“要做红烛，更要做火炬”的演讲，以此表达自己一生坚守的教学信念，“不仅要燃烧自己，更要薪火传递”。

做老师，是闻玉梅从小的愿望。小时候，家里的大人告诉她要做物理学家，特别是闻玉梅的姑姑和舅舅都是学理科的，认为物理学家好。闻玉梅认为物理学家虽好，但自己就是想做老师。读中学的时候，闻玉梅很喜欢同学来问她问题。由于英文极好，她在圣玛利亚女中读预二时就开始给初二、初三的学生补英文，有一次下课，一位她帮忙补习的学生家长送给她一块布料，这是闻玉梅第一次收到同学的答谢，这让她非常开心。“我觉得，其实我就是喜欢教人家。”① 中学毕业，她没有报考师范，而是想先学医，再做教师，做医学的老师。大学毕业时，她和班上很多同学一起准备考副博士研究生，但绝大多数人报考了科学院的研究生，只有闻玉梅考医学院的研究生。当时有同学跟闻玉梅开玩笑问“为什么不考科学院，要考医学院，你将来就是做教书匠。”闻玉梅说，“哦，我就愿意做教书匠”。② 因为跟年轻人在一起，一班一班的学生从她这里走出去，她很有

① 闻玉梅访谈，2016 年 11 月 2 日，上海。资料存于采集工程数据库。

② 同①。

成就感。“我这辈子做老师，下辈子也要做老师，特别喜欢做老师。”①

薪火传递　点亮学生心中的火种

闻玉梅常说，一个人的成长往往受到多方面的影响，包括家庭、学校和社会。这其中，老师的培养让她一辈子难忘。她考进上海医学院不久，全国评定一级教授，其中上医就有 16 位。闻玉梅自豪地表示：“我们是在他们的直接领导下和直接熏陶下成长的。”

> 叶根耀教授当时在心脏科，他嘱咐我们听诊后必须把病人的衣服扣起来；冬天听诊的时候，听诊器放在手里温暖后才可以放在病人的胸口。林兆耆教授在教授我们摸肝脏时，手从下往上，而且随着病人的深呼吸一步一步上去，让病人的肝脏边缘碰到手，而不是使劲去按病人的肚子，因为只有这样才能细致地了解肝脏的边缘。虽然现在我们有超声，有很高级的仪器，可是我们还是要注意病人的体检，我们要把人民的疾苦放在自己的心里。这些教导言辞简单，但至今仍令我记忆犹新，因为其中蕴藏了做医生应有的思想、道德、学术水平和工作态度，何其细致、全面又人性化。我们的老教授教会了我用心做人、用心育人。②

用心育人的信念贯穿着闻玉梅的一生。几十年教育的经验积累，她总结出了自己的教育理念：一个老师的责任是什么？是点燃学生心中的火。学生心中都有属于自己的一把火。老师只要引导，只要点燃他们，以后就

① 闻玉梅访谈，2016 年 11 月 2 日，上海。资料存于采集工程数据库。

② 闻玉梅：在上医文化研讨会上的发言。见：陈克铨主编,《上医文化研讨会文集》。北京：中国工人出版社，2011 年，第 8–9 页。

可以让他们自己去发挥。①

对此，学生赵超有着深切的体会，这位曾经想转专业的本科生因为闻玉梅的一堂课改变他的一生。

> 我认识闻老师并对病毒学感兴趣，是在她给我们上的一堂本科生的普通医学微生物课上。那是1999年的一天，当时已60多岁的闻老师以其得体的着装、文雅的谈吐、生动的内容深深打动了每位在座的同学。原本枯燥的医学课程顿时变得有了生机，犹如一缕甘霖滋润着我们渴求知识的心。当讲到俄国科学家伊万诺夫斯基极为重视烟草由病毒感染引起时，她没有把整个故事直接讲出来，而是告诉我们当时伊万诺夫斯基面临的情况。她启发我们自己会如何考虑、会如何去做，然后认真地听我们去分析、去讲。那是我第一次感受到上医的教授可以那样耐心地对待一个本科生，可以这样认真地帮本科生去启发他的思维。闻老师然后又谈到我国肝炎病毒感染的现状以及她为什么立志投身于肝炎事业的研究。这都深深打动了我，给我留下了深刻印象。从那以后，我立志投身病毒学研究。②

在选择学生时，闻玉梅坚守的信条是以“德”为先，她说：

> 你可以能力不强、不是一流的，但是一定要有素质，素质比能力更重要。这个德才中的“德”，对于医学专业的学生是很重要的。医学是一个很特殊的专业，对象是活生生的人。医生手中掌管的是病人的生命，这需要一份很强的责任感。德学，是医学专业很看重的一点。③

因此，闻玉梅给自己学生上的第一堂课就是端正学术态度。首先不能

---

① 许敬霞，苏金发：我愿做医学科研路上傲霜挺立的“腊梅”。见：冯小敏、李宣海、叶骏编，《信仰的力量》。上海：上海教育出版社，2011年，第148页。

② 2005年10月18日闻玉梅同志先进事迹报告会（口述整理稿）。资料存于采集工程数据库。

③ 闻玉梅：在上医文化研讨会上的发言。见：陈克铨主编，《上医文化研讨会文集》。北京：中国工人出版社，2011年，第150-151页。

图8–1　1988年5月，闻玉梅参加瞿涤博士论文答辩会合影（左起：瞿涤、周雨钟、蒋慧慧、陆德源、林飞卿、应越英、姚光弼、闻玉梅）

做假，“你若是做假，明天我就开除你。这是一个不可原谅的错误”。[①] 曾经有个博士后的实验，闻玉梅在重复实验后发现结果不对，可能是某些细节上出现了错误。闻玉梅与大家商量如何处理，若直接与单位说，该博士后可能因此丧失工作；但不说，他可能会一直错下去，说不定会去发表论文，这个问题就严重了，“学术上的态度问题不能马虎”。最后，闻玉梅组织教研室会议，让该学生对这些数据向大家作解释。令闻玉梅欣慰的是，“后来这个学生很感激我们，特意给我邮来一个花篮”。[②]

作为一名教师，闻玉梅在教学上丝毫不马虎，即使当上院士后，每次上课仍非常认真地备课，并告诉袁正宏等学生不能用老的讲稿。[③] 年过80岁，闻玉梅依然坚持给本科生上第一堂课，她认为第一节课一定要吸引学生对微生物学的兴趣。她会用生动的语言深入浅出地告诉本科生微生物

① 闻玉梅：在上医文化研讨会上的发言。见：陈克铨主编，《上医文化研讨会文集》。北京：中国工人出版社，2011年，第151页。

② 许敬霞，苏金发：我愿做医学科研路上傲霜挺立的“腊梅”。见：冯小敏、李宣海、叶骏编，《信仰的力量》。上海：上海教育出版社，2011年，第148页。

③ 2005年10月18日闻玉梅同志先进事迹报告会（口述整理稿）。资料存于采集工程数据库。

有什么优点、什么缺点。

> 微生物特别琐碎，我读书时最不喜欢微生物，我喜欢病理、药理，都讲道理。微生物似乎没道理，但是微生物是无所不在、无所不能的。你知道跟你最亲密的战友是谁吗？就是微生物。①

2018年5月，一位闻玉梅教过的本科生奚晧专门回到复旦大学上海医学院拜访她。奚晧1986年毕业于上海医科大学临床医学专业，是中山医院血管外科研究生硕士学位。现任美国哥伦比亚大学临床医学教授、斯坦福医院心内科主任及心血管研究所所长。多年过去，想起自己曾在上医学习时的任课老师闻玉梅，奚晧仍怀有深深的感激、敬佩之情。在他的印象中，闻老师的课堂对学生有很强的吸引力，她既能用优雅的谈吐和仪容把学生的学习热情调动起来，也能用深入浅出的语言把深奥的知识讲得透彻。即便非常忙，她也很愿意花时间和学生在一起，耐心地为学生讲解、

图8-2　2018年5月30日，闻玉梅在复旦大学上海医学院作讲座《医学微生物学的魅力》

① 闻玉梅访谈，2016年11月2日，上海。资料存于采集工程数据库。

指路，可敬又可亲。在他的职业道路上，闻玉梅传授给他的知识、理念连同她自身的优秀品质都潜移默化地产生着深远的影响。①

教学相长　问题式教学

凡是闻玉梅的学生都知道她有一句名言："我和同龄美国人无法竞争，但我相信我的学生能。"闻玉梅意识到自己不可能跟国外这些科学家平起平坐，她决心自己建一个实验室，培养一批学生，让学生将来有高起点能与国外学者竞争。在学生培养方面，闻玉梅始终保持跟英国、美国、法国、德国这些科研发达国家一致的高标准。②

真正成为教师后，闻玉梅才慢慢体会到老师的职责不单单是传授，更重要的是启发。每次上课，她就千方百计地想怎么启发同学提问题。举个闻玉梅指导学生做革兰氏染色实验的例子。革兰氏染色是用来鉴别细菌的一种方法，是实验基础课程，③一般包括初染、媒染、脱色、复染四个步骤：先放结晶紫的物质，第二步放碘剂，第三步酒精脱色，第四步脱色之后再复红染色。如果紫颜色的没能被酒精脱掉，则是革兰阳性；假如变成红色，就是革兰阴性。100多年来，革兰氏染色始终在临床上应用。每次上课，闻玉梅就启发学生："你们试试看不加碘怎么样？紫的和红的一起染，看看怎么样？"然后让学生自己思考，允许他们可以不按照实验步骤一步一步地做。但前提是学生首先要学会按部就班地做实验，然后才可以随着自己的思考去做，由此培养学生的创新思维。

闻玉梅在做学生时，被谢少文逼着提问题，养成了抢提问题的习惯。

---

① 奚皓访谈，2018年5月31日，上海。资料存于采集工程数据库。

② 闻玉梅访谈，2016年11月2日，上海。存地同①。

③ 革兰氏染色实验：这种染色法利用细菌细胞壁上的生物化学性质不同，将细菌分成两类，即革兰氏阳性（Gram Positive）与革兰氏阴性（Gram Negative）。该方法由丹麦医生汉斯·克里斯蒂安·革兰于1884年发明，最初用来鉴别肺炎球菌与克雷白氏肺炎菌，后推广为鉴别细菌种类的重要特性，对由细菌感染引起的疾病的临床诊断及治疗有广泛用途。

在教学中，她发现培养学生的问题意识并非易事，中国学生都害羞不敢提问。起初，她经常给学生提问题，后来，她让学生自己问问题，但学生不喜欢问问题，怎么办？她就设立了一个最佳提问奖，要求学生一定要提问，到年终的时候评一个最佳提问奖，并以签名书作为奖品。这样，学生的积极性被调动起来，上课时都踊跃提问。在闻玉梅给过的最佳提问奖中，有一个是关于溶菌酶的问题：当时做大肠杆菌 DNA 分析要用到溶菌酶，大肠杆菌是革兰氏阴性菌，溶菌酶是对革兰氏阳性细胞壁产生作用的。有个学生就问："既然大肠杆菌是革兰氏阴性菌，那为什么在处理和提取 DNA 的时候用一个溶菌酶？" 这个问题，闻玉梅至今还记得，她觉得这说明学生懂了，并在此基础上进行了思考，提出很好的问题。① 作为闻玉梅的第一个博士生，瞿涤受到了闻玉梅的全面指导。瞿涤不善言辞，当众发言时会紧张得大汗淋漓，闻玉梅要求她一定要提问题。怎么办？闻玉梅让瞿涤在听报告的时候，一边听一边写，写的时候一边记录听报告的笔记，一边在旁边开始写自己的问题，要把问题写出来，这样提问题的时候就不会出现那种大汗淋漓，实在不行还可以拿着已经写下来的问题读。瞿涤就这样子慢慢训练出当众发言的能力。②

闻玉梅一直记得谢少文对她说过的一句话：只会培养聪明学生的老师不是一个好老师。要做一个好老师，就要使每一个经过你培养的学生都有提高、都有进步。不要讨厌一些你认为不聪明的学生，要有耐心，要了解他们。人生中很重要的一样东西就是感情、心灵上的沟通。"我们要想到他们会碰到什么问题，应该如何来帮助他们实现跨越。" ③

福建医科大学副校长林旭是闻玉梅的博士生。但很少有人知道，林旭与闻玉梅之间的师生缘分差点结不上。原来考试那天，林旭笔试拿了第一名，可面试时，问什么都不开口。闻玉梅说，"你跟着我不合适，这样吧，你再想想"。林旭也耿直，想了想说，"我想好了，我哪儿也不去，就想在

---

① 闻玉梅访谈，2016 年 11 月 2 日，上海。资料存于采集工程数据库。

② 瞿涤访谈，2017 年 5 月 10 日，上海。存地同①。

③ 许敬霞，苏金发：我愿做医学科研路上傲霜挺立的"腊梅"。见：冯小敏、李宣海、叶骏编，《信仰的力量》。上海：上海教育出版社，2011 年，第 148 页。

图 8-3 2001 年 10 月 12 日，闻玉梅与林旭（左）在复旦大学博士学位授予现场合影

图 8-4 2005 年 8 月，闻玉梅著作 Key Notes on Medical Molecular Virology 封面

您这里。”林旭进校后，闻玉梅不放心，前 3 个月每星期都盯着他的实验数据，发现他都做得很好。后来才知道林旭表达能力比较差，考试当天又赶上腹泻，雪上加霜，所以状态不佳。从那之后，每逢政治学习或是需要学生发言，闻玉梅都“逼着”林旭上，“你不习惯跟大家沟通，讲话又有口音，就更应该多讲、多交流。”闻玉梅觉得，做学问，表达也是重要素质之一。

2005 年是复旦大学 100 周年，物理系的老师告诉闻玉梅，物理系计划出 10 本英文书作为校庆献礼。闻玉梅原本想联合其他科室各自出一本作为医学院的贺礼，但与各科老师讨论后，他们都没有出书的打算，闻玉梅就决定单枪匹马自己上阵，准备写一本分子病毒学的入门书。闻玉梅拟定的写作结构是不断地提问题，写一段病毒的内容，就提几个问题让读者和学生思考，并将书名定为 Key Notes on Medical Molecular Virology（《医学分子病毒学纲要》）。这是一部全英文著作，“Key Notes”是两个概念，既是关键、又是钥匙，闻玉梅写这本书就是想给初学者一把钥匙进入到分子病毒学。①

闻玉梅喜欢出难题，无论对自己还是对学生。有一次课上，学生对闻玉梅说："老师，你这个题目提得太难了。"闻玉梅说："我觉得一点都不难，正好可以让你们好好思考。"闻玉梅相信教学相长，她认为有时候学生提的问题对教师也很有用，一是可以考察教师有没有讲清楚，二是可以了解学生考虑的热点是什么，此外，也可能是老师不能回答的问题。②

启动式教育　直面"钱学森之问"

繁重的科学与教学并没有使闻玉梅埋头陷于象牙塔中、将视野局限在实验室和教室中。闻玉梅之所以被多次评为学生"最受爱戴的导师"，在于她对大学的教育和"人才培养"有着自己的独立思考，有着强烈的人文关怀。2012 年，教育界一度就"钱学森之问"展开讨论，即"为什么我们的学校总是培养不出杰出人才？"③ 为此，《科技导报》邀请国内著名专家学者共同"直面钱学森之问"。当时，闻玉梅指出"目前的教育理念和科研机制制约大师的出现"④，对于人才培养，她提出两个问题：是"启动"还是"塑造"？是"加压"还是"加油"？

目前盛行的教育理念是"塑造式教育"，即按照规定目标，塑造出各行各业需要的人才。但闻玉梅认为教育的根本目的应是启动每个学生"心中的火种"，调动学生的潜力和意愿，启发、引导他们将"火种"点燃，

① 闻玉梅访谈，2016 年 11 月 2 日，上海。资料存于采集工程数据库。

② 同①。

③ 2005 年，温家宝总理在看望钱学森的时候，钱学森感慨地说："这么多年培养的学生，还没有哪一个的学术成就能够跟民国时期培养的大师相比。"钱学森又发问："为什么我们的学校总是培养不出杰出的人才？"此问被称为"钱学森之问。"

④ 闻玉梅：目前的教育理念和科研机制制约大师的出现。《中国人才》，2012 年第 6 期，第 39 页。

发挥各自所长。

闻玉梅回忆其读中学时的经历，那时没有太多学习上的负担，教师那里没有“标准答案”，鼓励学生自由探索、自由发挥、自由阅读、自由思考与讨论。在这种“启发式”教育理念下，每个人都根据自己的兴趣爱好选择将来要走的路。中学毕业时，有的同学报考了音乐学院，有的选择财经学院，有的选择幼儿师范，有的选择新闻为终身职业，而她自己也是被“点燃”了，以居里夫人、白求恩大夫为终身偶像的“火把”。

闻玉梅曾在文章中谈道:“人作为生物体，多样性是固有的特征。每个生物体的发育、成熟各有特点，即使在同一学校、同一院系，也不可能塑造成一个模式”。虽然教学内容整齐划一，优点可能有利于统一考试验收，但如此“统一”的教育模式怎能培养出大师？因此，她认为“当前最紧迫的，是要从教育理念、根本任务上广泛研讨，对‘统一’的教育模式做出全面改革”。

闻玉梅认为，今后的国力竞争主要是科技实力的竞争，实际上就是人才的竞争。在医学知识大量积累与更新的时代，本科教学应凝练出启发性与规律性的内容，不要为学生“加重”，而是应为他们“加油”；在方式上，应将一味被动听讲转为主动学习。除了讨论式，还要加入参观人体馆、病理标本馆，旁听病例讨论，做一天导医等多种方式，加强教育改革。不仅要压缩学时，促进基础与临床学科间的融合，还要注意医学的人文内涵及其社会性。

在研究生教育方面，首先要进一步提高导师的认识，导师的责任是为国家培养更高水平的人才，而不是完成课题的助手。作为研究生，则必须从完成一篇 SCI 的论文中解放出来，要敢于创新、敢于失败。这就需要对研究生制度作一定的改革，以扩大博士生的学习范围，采取更灵活的学制，而不是以发表 SCI 论文作为授予学位的唯一标准。①

闻玉梅认为青年人都有理想、有抱负，但他们缺乏工作和生活的经验，有这样或那样的缺点，这就需要导师倾注心血，从思想上、工作上、

① 孙国根：闻玉梅：医学科研领域里的“傲雪红梅”。《健康报》，2015 年 11 月 27 日。

生活上全面关心。对于青年教师上大课前的试讲，无论再忙，她也要挤出时间听课，指导、鼓励青年老师不断吸取新的教学方法、突破传统的教学模式，并将自己几十年来的教学经验毫无保留地传授给大家。她经常告诉学生，自己的成长得益于改革开放时有机会参加国际会议，当年为路费还惊动了上海的两位副书记。因此，闻玉梅呼吁并创造一切条件让年轻的科技人员出国学习，参加国际会议。有一次，为了能让一名青年教师参加国际会议，她一方面想办法帮青年教师申请参加会议的经费，另一方面寻找组织支持，并表示可以把自己的名额让给这位青年教师。“最后，直到这位青年教师的经费落实以后，闻老师才去办理自己的签证。”①

闻玉梅一直持有这样的观点：“我们必须时刻想到同学，要及时地解决他们的困难、考虑他们的所需。”② 她的实验室配有冰箱、彩电、浴室和烘干机，还有乒乓台，鼓励同学们在做实验的间隙开展健身运动。

闻玉梅有位学生叫刘应广，是从山东地区来的研究生，研究生毕业时，他的夫人赶来上海与他结婚，闻玉梅便在实验室为他们操办了简单的婚礼，新房设在上医的宿舍里。后来夫妇俩人去了美国，刘应广现在已是美国的正教授，他一直将教研室老师们为他操办婚礼的那张结婚照挂在客厅里，并将全家福寄来，说“我没有忘记学校的关心和培养”。③

赵超记忆最深的一件事是闻玉梅为他改一篇英文摘要：

> 因为比较急，她当天晚上改好了就用电子邮件发给我，我第二天查收电子邮件时，看到上面显示的时间是凌晨2点36分。这个事情对我影响很大，我想我们有这样一个忘我工作的导师，她就是一种无形的鞭策、一种激励。

① 2005年10月18日闻玉梅同志先进事迹报告会（口述整理稿）。资料存于采集工程数据库。

② 王修娥，孙国根：生命因为奉献而美丽——记复旦大学医学院闻玉梅院士。见：孙登龙主编，上海市杨浦区政协学习和文史资料委员会编，《杨浦文史资料第五辑：科学巨擘》。上海：复旦大学出版社，2003年，第345页。

③ 闻玉梅：在上医文化研讨会上的发言。见：陈克铨主编，《上医文化研讨会文集》。北京：中国工人出版社，2011年，第12页。

博士生王勇翔也有着类似的经历。一次，他要在国际乙肝病毒分子生物学会议上作口头报告，临行前几天，闻老师每天让他试讲一次，而且细致地检查每一个环节。“闻老师每天修改，并让我讲给她听。比如，你该怎么发音。稿子也是很详细地修改过”。①

这些只是闻玉梅启动式和加油式教育的个别案例。

2007 年，复旦大学出版《我心目中的好老师》一书时，请闻玉梅发表对研究生的寄语，她说道：“希望你们个个胸怀大志，立足中国、放眼世纪，为中国、为世界人民一步一个脚印地把学业、事业做得更好！”②

严师慈母　桃李满天下

闻玉梅培养人的原则是高标准、严要求，既要有为国争光、为事业献身的精神，又要在学术上有严谨的作风，并以“在科研上有所创新、有所突破”的目标激励研究生与青年教师。

在学业上，她对学生极为严格。一名研究生曾因学业问题不能按期毕业，找闻玉梅大吵，闻玉梅并没有和他生气，而是语重心长地告诉他，“你现在就像工厂里生产出来的次品，把你放出去，对你、对别人都不好。我们再努力半年，我有信心把你改造成合格的产品”。闻玉梅平静而认真地对这位学生说：“你这样毕业，对自己一生不利，我必须教出优秀的学生。”半年后，该学生毕业，到新的单位从事博士后研究。不久，他的博士后导师对闻玉梅说：“你的这位学生太出色了”。闻玉梅闻之非常高兴，她常说“听到别人说我的学生好，比听到说我好，更让我开心”。如今，这位延期毕业的博士生已是美国一家研究所的教授，拥有自己独立负责的课题。每

① 王修娥，孙国根：生命因为奉献而美丽——记复旦大学医学院闻玉梅院士。见：孙登龙主编，上海市杨浦区政协学习和文史资料委员会编，《杨浦文史资料第五辑：科学巨擘》。上海：复旦大学出版社，2003 年，第 345 页。

② 陈立民：《我心目中的好老师》。上海：复旦大学出版社，2007 年，第 221 页。

每说起此段经历，他都非常感激当年闻玉梅的严格要求，他曾写信给闻玉梅："我真懊悔，当年应该在您身边多待几年。"①

闻玉梅一向鼓励学生出国进修、参加学术会议，并尽可能为学生创造条件，但她并没有因此放弃严格的科学标准，"我从不轻易给人写推荐信，一般人知道我在海外学术界的影响，也清楚我的推荐信的分量，因此，我有自己的标准，在科学研究达不到一定高度的人，我是不会写推荐信的"。② 这种高标准让闻玉梅成为学生眼中的严师，每每谈及闻玉梅，学生们莫不对她感激又敬重。

闻玉梅对瞿涤的研究要求极为严格，她将从林飞卿传下来的严谨扎实的实验要求一丝不苟地传授给瞿涤，在实验中严格要求瞿涤遵守规范。跟着闻玉梅读书的时候，每经过闻玉梅的办公室时，当看到闻玉梅在办公室里，瞿涤就快速跑过去，因为害怕。直到 1996 年回到实验室，瞿涤的实验记录也是闻玉梅必看的。③

谈到闻玉梅在科研中的严格、对细节的要求以及对学生全面的关心爱护：

> 在研究方面，闻老师历来是非常严格的。因为科研不能随性，包括小到实验记录、大到实验方法……实际上这种严格，对我们来说是一个很好的历练。这对所有她手下的学生，包括曾经在她那边学习过的学生或者进修过的学生，都有很大的帮助，会终身受益的。比如 pH 值的写法，p 是绝对不能够大写的。这是有说法、有原理的。像闻老师他们那一代的科学家特别注意这些学术上的严谨性。④

赵超是闻玉梅较晚的学生，对于赵超而言，闻玉梅严师与慈母的角色交织在一起：

---

① 2005 年 10 月 18 日闻玉梅同志先进事迹报告会（口述整理稿）。资料存于采集工程数据库。

② 闻玉梅访谈，2016 年 11 月 2 日，上海。存地同①。

③ 瞿涤访谈，2017 年 5 月 10 日，上海。存地同①。

④ 林旭访谈，2018 年 1 月 11 日，福州。存地同①。

闻老师其实是灌输你养成一种正确认识科学研究的态度，这让我对科学研究产生了敬畏之心、对学术有敬畏之心，其实闻老师的这种鞭策、这种严厉要求更多的是在帮助我们。①

严师也是慈母的一种表现，真正的慈母其实对子女也是严格要求的，所以在闻老师严格要求的背景下，你感觉到的还是对你的关心。从这个角度讲，我认为闻老师是慈母。②

即使毕业后，学生还是会经常与闻玉梅联系，向她咨询生活和学习上的问题。1985 年 10 月 7 日，郭潮波毕业后，写信咨询闻玉梅是否应该转读博士学位。③ 1986 年教师节，闻玉梅收到学生们写给她的诗《夜——献给我们敬爱的闻老师》。此外，办公室还有一张学生送给她的一幅素描画。闻玉梅一直珍藏着这些学生们送的小物件，视若珍宝。

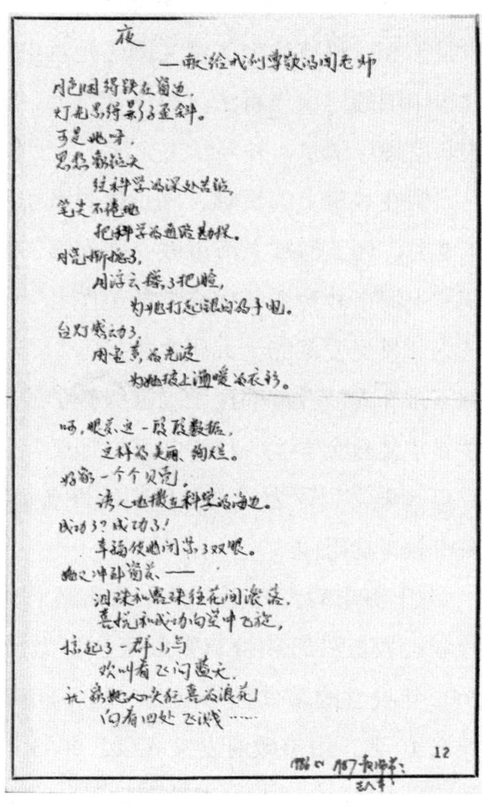

夜

——献给我们尊敬的闻老师

月色困得缺在窗边，
灯光累得影子歪斜。
可是她呀，
思想翻越了
　　经科学的深处苦旅，
笔尖不倦地
　　把科学的通路勘探。
月亮惭愧了，
　　用浮云擦了把脸，
　　　　为她打起银白的手电。
台灯感动了，
　　用蜜黄的光波
　　　　为她披上温暖的衣衫。

啊，眼前这一段段数据，
　　这样的美丽、绚烂。
好象一个个贝壳，
　　诱人地撒在科学的海边。
成功了？成功了！
　　幸福使她闭紧了双眼。
她已冲到窗前——
　　泪珠和露珠往花间滚落，
　　喜悦和成功向空中飞旋，
惊起了一群小鸟
　　欢叫着飞向蓝天。
让我把她心头欢喜的浪花
　　向着四处飞溅……

12

图 8-5　学生写给闻玉梅的诗《夜——献给我们敬爱的闻老师》（存于闻玉梅办公室）

在贵州农村一年的经历，使闻玉梅对中国贫困地区缺医少药的状况有着深切的体验，她特别关心从偏远地区来上海求学的学子，尤其是从偏远地区到实验室进修的研究生。她对自己的学生说，“目前不同

① 赵超访谈，2017 年 6 月 6 日，上海。资料存于采集工程数据库。

② 同①。

③ 郭潮波给闻玉梅的信，1985 年 10 月 7 日。资料存于复旦大学枫林档案馆。

地区之间的医疗卫生资源和教学科研资源不平衡，偏远地区的进修生对当地来说就是火种、希望，我们对他们负责，就是对偏远地区的百姓负责”。近几年，尽管工作非常繁忙，但她每年总要抽出时间到新疆、广西、云南等地进行学术讲座，指导科研工作。

直到 2019 年，85 岁高龄的闻玉梅仍活跃在科研与教学的第一线，几乎每个月都有学术演讲或学术座谈会。2016 年，她应邀远赴洛克菲勒大学作学术演讲，介绍中国科学家在乙肝治疗性疫苗领域的方法与成就。2016—2017 年，她在海内外杂志以中英文发表多篇学术论文，并在《光明日报》和《科技导报》发文阐述她对当前医学教育、社会老龄化以及建设健康中国的建议与看法。2018 年 9 月，搬进实验室新大楼后，她每周都去实验室指导学生，并与学生交流。

因在教学上的贡献，闻玉梅收获了学生们的爱戴与一系列荣誉。2000 年 9 月，闻玉梅被上海市教委聘为第二届上海市教育名师团成员，2001 年获“上海市教育系统优秀党务工作者”称号，2005 年被复旦大学研究生评选为“最受爱戴的十大研究生导师”，同年 9 月与马兰、杨雄里、汤钊猷、顾玉东 5 人被教育部授予国家级教学成果奖二等奖，2007 年度获“复旦大学复华奖教金学生心目中的好导师奖”，并分别在 2008 年、2016 年两次被复旦大学学生评为“我心目中的好老师”。2018 年 8 月，闻玉梅被评为上海市教育功臣。

“上海市教育功臣”是上海市政府为促进教育事业发展，表彰在教育教学、教育科研和教育管理工作中做出突出贡献的优秀教育工作者，在 2002 年设立的荣誉称号制度。“上海市教育功臣”每 5 年评选一次，每届评选 10 名，由市政府发文表彰。2003 年、2008 年、2013 年全市已评选表彰三届共 29 名“上海市教育功臣”，2018 年 8 月第四届评选出 8 位功臣。闻玉梅一生获奖无数，其中有许多是国际级和国家级的奖项，但她却最看重此项奖，她说：“这个奖要收入到你们的报告哦，你们知道吗？前三届复旦的功臣是谈家桢（2003）、谷超豪（2008）和汤钊猷（2013），他们都是著名的、有杰出贡献的科学家。”① 闻玉梅为自己因教育成就获奖而感到无比自豪。

对闻玉梅来说，最重要的还是她培养的人才能够接过中国微生物发展的接力棒，将中国的科研事业继续发展下去。有人问闻玉梅：“你觉得你一生做了什么事情，你觉得还可以吗？”闻玉梅说：“我觉得还可以的就是我及时回来了，为中国创建了一个实验室，培养了一批人，让他们接着朝前走。”②

精心布局　筑巢引凤

闻玉梅采取三种方针建设实验室，一是以树理想、求事业感召人；二是以导师的言传身教和严格要求教育人，培育勤奋、求实、合作的科研态度；三是以学科建设和科研创新激励人，增强成才意识和事业心。③

一方面，她积极引进国外新的知识、新的技术，经常亲手把国外的实验规则翻译出来，分给大家使用。比如，《分子生物学的技术》这本实验手册就是闻玉梅为了培养实验室人员专门翻译的，后来被闻玉梅捐给图书馆。④ 为了提高实验室成员的技术能力、缩短与国外先进技术的距离、使实验室成员更好地做研究，闻玉梅对昂贵的进口仪器也舍得投入，这样等实验室的科研人员到了国外，也能很快地使用国外的先进仪器设备。⑤

另一方面，她积极为实验室引进人才。她为实验室引进的第一位海外人才是高谦，2003 年高谦从斯坦福大学医学院回国，正式加入医学分子病毒学实验室。在高谦回国后的工作起步阶段，闻玉梅不仅在科研上给予他

① 闻玉梅访谈，2018 年 10 月 22 日，上海。资料存于采集工程数据库。

② 闻玉梅访谈，2016 年 11 月 2 日，上海。存地同①。

③ 上海医科大学办公室：为医学成才营造良好环境——卫生部医学分子病毒实验室抓人才培养有成效。《上海医科大学简报》，1997 年 2 月 28 日。

④ 李平洋访谈，2017 年 9 月 29 日，上海。存地同①。

⑤ 同④。

支持，也在生活中给这位初到上海的学者以关怀，把一个实验室和一位研究生分给他。高谦本来主要做结核分枝杆菌，但闻玉梅认为结核分枝杆菌长得慢，要出成果比较麻烦，时间比较长，所以同时也让高谦做表皮葡萄球菌。闻玉梅是国内第一个倡导做表皮葡萄球菌研究的。当时，表皮葡萄球菌全基因组测序为进一步做基础研究奠定了良好的基础，高谦在此基础上做的表皮葡萄球菌生物膜工作进展比较顺利。闻玉梅的这些建议对他应对国内考评、拓宽研究领域起到了很大作用。①

高谦刚回国时拿到的职称是副教授。几年后在评教授时，按照规定必须要有另外两个人同时申请，在有竞争的前提下才能够评选。但当时没有其他人申报，为此，闻玉梅专门给当时的校长王生洪写了一封信，建议优秀人才能否在无人竞争时评聘教授。这让高谦非常感动，"对我的成长或者我的发展实际上是起到很大的一个作用。没有闻老师的帮助或提携，我可能很难做到这个样子"。②

除了高谦，闻玉梅还为实验室引起了大批人才，如2007年分别引进"973"计划课题负责人、上海市公共卫生优秀学科带头人谢幼华，重大传染病专项课题负责人汪萱怡，重大传染病防治专项/自然科学基金重点项目负责人徐建青；2009年引进上海市优秀学科带头人张晓燕。其中，汪萱怡原来在上海医科大学公共卫生学院流行病学系读书，2001年博士毕业时正赶上他太太要生孩子，但他没有房子，也没有其他地方可以去。闻玉梅就让汪萱怡到实验室做博士后，解决了房子问题。两年后，汪萱怡准备出国去国际疫苗研究所工作，临走时对闻玉梅说："我用四年还了房贷，闻老师，我一定回来跟你做。"③ 四年后，国际疫苗研究所虽然挽留他，但他还是回来了。

闻玉梅也注重培养和引进的青年拔尖人才。2011年引进青年拔尖人才陆路，2012年引进新世纪优秀人才蔡启良，2014年引进国家"千人计划"青年人才应天雷，2016年又分别引进国家"千人计划"青年人才黄竞荷与

① 高谦访谈，2017年5月10日，上海。资料存于采集工程数据库。

② 同①。

③ 闻玉梅访谈，2017年4月21日，上海。存地同①。

国家优秀青年基金获得者李建华。

因为闻玉梅从自身的经历中认识到，只有多进行交流，才能高标准、高水平地快速成长。在袁正宏眼中，闻玉梅不仅努力为实验室的年轻人争取机会，还甘为人梯，尽力地提携后进。

> 闻老师从自身经历中认识到，让我们年轻人早日投入科研教育的第一线，才能早出人才、快出人才。她经常说，在她26岁时，谢少文教授就让她在全国学术会议上发言；在她45岁时，林飞卿教授就推荐她担任教研室主任。她说，“我们在前人事业的基础上添砖加瓦，后人又在我们的基础上增加高度，愿青出于蓝而胜于蓝”。因此，实验室每次申报成果奖，她总是让青年学生和教师占有很高的名次，这样有的研究生在毕业时都有很好奖励，为他们参加工作和申请课题打下了良好基础。五六年前，闻老师就从申请课题中退出，将我们青年教师推到第一线。目前，实验室承担的“863”“973”、国家重大课题全是由我们青年人负责，每位老师在钻研学术中都有一定的位置。比如我，是非常幸运的。在闻老师的关心和支持下，我36岁时就担任了上海市病毒学会的主任委员，今年又被评为中华研究会病毒学会的副主任。所以很多人羡慕我，他们说，“你有一位甘为人梯的老师”。①

此外，闻玉梅在生活待遇方面也一直为年轻人才争取。她曾多次为改善青年的住房条件而呼吁，一心希望学校专门安排优秀骨干的住房，以吸引和留住青年教师。为了让回国的青年教师安心工作，她东奔西跑，一趟趟地为他们申请住房，亲自把房子钥匙送到他们手中。② 袁正宏清楚地记得，1996年自己刚从英国留学回来，一下飞机就拿到了学校新建职工住房的钥匙，当时非常高兴。事后才知道，为了让他出国回来前拿到这把钥

---

① 2005年10月18日闻玉梅同志先进事迹报告会（口述整理稿）。资料存于采集工程数据库。

② 瞿涤，袁正宏：“我和同龄美国人无法竞争，但我想我的学生能”——记上海医科大学闻玉梅教授。见：陶德坤，刁承湘主编，《上海研究生教育改革发展20年成果篇》。上海：上海交通大学出版社，1999年，第132页。

匙，“闻老师走遍了学校的所有部门。周围的同事和同学都很羡慕我，他们说，‘你有一个愿意为年轻人呼吁奔走的好老师，我们都愿意在你的实验室工作’。其实，得到闻老师关心的又何止我一个人”。①

“老师，我记得您当时为我这么做的，所以现在我也想这么做。”如今，当发现了研发能力很强的青年好苗子海外归来、一时没地方落脚时，袁正宏自己先出钱让他们在酒店住下。

听了学生这席话，闻玉梅非常感动：“那一刻，我的心情难以表达。你培养了人，看着他们成才，而且他们做得比你更好、发扬光大，这时候你会觉得当老师真的是人生最有意义的事。”②

---

① 2005年10月18日闻玉梅同志先进事迹报告会（口述整理稿）。资料存于采集工程数据库。

② 已届耄耋的闻玉梅院士依然忙碌在教学岗位　培养的学生青出于蓝而胜于蓝。《解放日报》，2018年9月4日。

第九章
家国情怀　老骥伏枥

医学与人文　共谱交响曲

20 世纪 80 年代，闻玉梅第一次出国，在学习西方先进科学技术的同时，仔细观察了欧美医学院校的教学特色，认为西方医学院校重视医生道德教育的方法可以有选择地借鉴。回国后，她向学校建议开设一门对学生进行医学道德和医学立法教育的课程作为必修课。

一、医生服务的对象是人，在一个医学生毕业并获得处方权、手术权对病人进行直接治疗前，必须认识到一举一动、一言一行都要对人民负责。人民把生命交在医生手中，医生不仅应从道德上负责，还应从法律上负责。这一点应使学生了解并铭记终身。

二、从现状看，不少医务人员能认真负责对待病人，但服务态度较差的也大有人在。目前虽然对严重医疗事故有处理规定，但对一些差错却无从发现，也难以纠正。要转变这一现状，必须从加强教育入手。

三、医学科学既是自然科学，又是社会科学，因为它的研究对象是人，就必然有其社会性，涉及人和人的关系。医生的服务态度直接涉及医疗质量。医生会接触各种人，而多数人是有求于医生的，很怕得罪医生。如果医生不自觉，则利用职权为自己谋私利就很容易。应使医生懂得如何运用自己的技术救死扶伤，而决不应该向人民伸手，更不能根据病员送礼与否来决定用药等治疗措施。

四、在某些西方国家，要求从事医生工作的人进行一种宣誓仪式，使医生明确其职责。我们虽不必照搬，但可以参考、吸取其精神。①

闻玉梅热爱教学、热爱学生，在她几十年的教学生涯中，她一直坚持着对学生道德和精神层面的培养。2003年11月，SARS结束不久，闻玉梅对“医学教育”与“人”的关系又再次进行了阐述。

医学教育不同于其他学科教育的特点是：培养人才面对的服务对象“人”。人是最宝贵的。发展经济、建设国家、保卫祖国、远征太空，离开“人”是不可能实现的。广义的“人”是群体，狭义的“人”是个体。因此，医学教育中培养的学生不仅要有广博的理论知识、精湛的专业技术及为人民服务的首先观念，还要注意培养学生深入细微地观察问题、分析问题的能力，根据每个不同对象做出正确的诊断和根据具体情况提出优化的防治方案。②

闻玉梅提出医学教育的重要任务是“保障人民的健康”，必须坚持“寓德育教育于传授知识之中”。2013年之后，国内医患矛盾日益严重，伤医事件时有发生，然而，当时的社会舆论并非完全站在医生的立场，甚至出现对医生不利的更为负面的声音。闻玉梅对社会与医学界均出现了缺乏医学人文的教育与宣传的现象感到十分担忧，于是开始思考如何加深社会公众对医生的认识与理解。

① 闻玉梅：医学院校应当开设医学道德课程。《健康报》，1980年12月25日。

② 闻玉梅：医学教育的重要任务。《复旦报》，2003年11月14日。

2014 年，80 岁高龄的闻玉梅决定新起炉灶，为医学本科生开设一门新课程《人文医学导论》，谈谈人为情怀的重要性。闻玉梅是一位科学家，一辈子的教学工作都是在实验室与细菌和病毒打交道，尽管个人的传统文化修养极高，在医学研究中始终秉持人文关怀，但从未上过类似课程，一切要从头开始。闻玉梅当时是复旦大学学术委员会的主任，她将此想法与复旦大学学术委员会副主任、哲学学院教授俞吾金进行沟通，获得认同后，她又与克卿书院（医学院）院长彭裕文教授商量，能不能携手共同开设一门关于人文与医学的课程，作为克卿书院新生通识教育中的一门课程。彭裕文正有此意，一拍即合。为了赶上第二年春季课程，3 位教授分别备课。当时，家人和亲近的学生都不理解闻玉梅的举措，认为她没有任何人文教学方面的经验，这样做太冒险了。为此，闻玉梅买了很多哲学书、历史书，包括世界历史、医学历史，一个寒假都在备课。2014 年春，《人文医学导论》以师生共同研讨课的形式作为本科通识课程正式开课了，以学科交叉和整合的方式引导学生建立医学哲学思维和医学道德等方面的概念。这门课不仅吸引了医学生，也吸引了法学院、经济学院、新闻学院的学生前来选课。

《人文医学导论》每周两节课，包括教师主讲 1 节课、与同学讨论 1

图 9-1 2016 年 10 月 15 日，闻玉梅（中）和彭裕文（右）在复旦大学上海医学院明道楼主讲“人文与医学见面课”

图 9-2 2016 年 11 月 15 日，闻玉梅出席基础医学院青年教师联谊会合影

节课。一学期一共 15 周，闻玉梅、彭裕文、俞吾金每人上 5 周。当时的教室非常小，闻玉梅、彭裕文、俞吾金 3 位名教授和大概 20 个本科生在一起讨论人文、科技、文化、艺术、哲学、法学、伦理学、心理学和医学之间的关系。教学全程录像，在校内转播。

2015 年，"智慧树"网看到了《人文医学导论》研讨课的录像，便找到闻玉梅看能不能通过他们的平台让全国各地的大学生投入人文与医学的主题讨论中，闻玉梅欣然同意。"智慧树"网将闻玉梅三人的十五讲都制成了视频，并通过闻玉梅的举荐，请来了上海、北京的近十位院士和非常知名的学者，通过四次互联网直播互动大课堂与东西部近百所大学的一万多名大学生面对面地交流和讨论。这样的形式受到了教育部还有全国许多知名大学校长的赞扬，以及东西部参与这个课程师生的欢迎。此后每年的人文医学课程均会加入一批重量级的学者来授课，比如中国工程院院士王红阳、巴德年，复旦大学上海医学院教授吴根诚、王宾，复旦大学公共卫生学院傅华，复旦大学基础医学院院长汤其群，中山医院的老院长杨秉辉，中山医院知名教授王吉耀。这门慕课分两部分，"视频课"由来自复旦大学上海医学院、社科部以及附属医院的名师学者讲述，涉及基础医学、临床医学、哲学、公共卫生、伦理学等相关交叉学科；"见面课"则由多位院士及全国著名学者担纲主讲和互动嘉宾。到2018年，课程已运行5个学期，选课高校超过250所，选课学生超过5万名，平均满意度近97%。

人文医学导论这门课程，一方面可解决医学生的人文素养和对人文的追求。医学生将来要面对患者，除了病以外，更多地要关注患者的感受、和患者交流。就是说，医学生不仅要成为一个看病的医生，更是一个看人的医生。现在医患关系这么紧张，闻老师开展这样的课程，实际上是帮助我们医学生正确面对现在的环境，并提高自身的人文素养，以便将来能够更好地救治患者，这是一个很重要的贡献。

另一方面，通过这样的课程，可以更多地引起社会关注，更多地唤起社会对医学的关注。虽然课程面对的主要人群是医学生、医务工作者，但是同时我相信它可能也会增加社会对医学的了解，能够使我们社会更和谐、医患关系更和谐。①

2017年，《医学与人文》课程列入国家精品课程。同年，闻玉梅与彭裕文等人将人文医学课程的内容总结整理成书《医学与人文交响曲》。全书分两部分，第一部分视频课包括生命科学与医学的发展、干细胞研究和应用中的伦理问题、老龄化社会的人文医学等12章节内容；第二部分包括医学人文与名画、神经外科与科技进步、中国式控癌等14章节内容。同年8月19日，新书发布会在上海书展举行。

现场记者问闻玉梅："未来医疗智能会取代医生吗？"

"我觉得不会。因为智能是工具，医生是人。医生看的不是病，是病人。"

"从历史上看，医学和人文密不可分，这是永恒的双重奏。"闻玉梅提及，被西方尊为"医学之父"的希波克拉底不仅把医学从巫术和宗教引向了科学，还为世人留下了一笔丰厚的人文医学财产，即充满人文精神的、著名的希波克拉底誓言。希波克拉底誓言的内容包括为患者谋利

① 袁正宏访谈，2017年4月21日，上海。资料存于采集工程数据库。

图 9-3　2017 年 8 月 19 日，闻玉梅在《医学与人文交响曲》发布会上发言（左三为袁正宏，左四为闻玉梅，左五为彭裕文）

益、对待患者一视同仁、保护患者隐私等各方面。在闻玉梅看来，减少医患矛盾不仅需要医生和病患的努力，也需要社会与媒体的理解。她告诉澎湃新闻记者：

> 有一句话叫“才能不如仙就不可为医，道德不如佛也不可为医”。我们对医生的要求是很高的，我们对医学院的培养也是很注意的。但如果社会上听到了一两件不愉快的事情，就把所有医务人员都看成这样，我觉得是很危险的。归结为一句话，就是人文医学赋予了医学特别的温度。所以，医学是一门艺术，也是一门科学。这里要有同情、要有理解、要真正地用自己的手术刀，用同情和理解来起到手术刀起不到的作用。①

2019 年年初，针对当时健康养生伪科学盛行的现象，闻玉梅向同行倡议将平时为医学生授课的内容“改造”得更有亲和力和吸引力，以便向各学科的年轻学生进行科普。提议受到同行的一致赞同，而且几次讨论后，

① 罗昕：医学与人文交响曲：医生看的是病人，不是病。《澎湃新闻》，2017 年 8 月 20 日。

这些医学教育界的学者们并不满足于仅仅是科普，他们希望能够创新医学课堂。毕竟，21 世纪的医学教学其内涵已拓宽到人文、法学、经济学、伦理学、数学（大数据）、信息学等领域。于是，闻玉梅再次牵头联合了一支“超豪华”的医学科普师资团队，计划推出“医学与健康大课堂”系列课程。该系列课程不仅面向医学院学生，还将面向公众开放。

为何要推出“医学与健康大课堂”系列课程？85 岁的闻玉梅将其定义为突破传统医学教育模式限制的一次全新尝试，她认为医学与健康教育不仅事关医学生的培养，也事关全民科学素养。她希望系列课程的推出能进一步丰富现有医学课程体系，让医学生在学习前沿专业知识的同时更接地气，将课堂知识有效服务于人民健康。

> 时至今日，医学知识更新越来越快，单靠课堂早已不够，学习应该无处不在。我们录制这些课程，希冀推动医学教育的创新，同时在越来越强调医学人文关怀的今天，为学生树立起榜样，告诉他们，做研究的同时也要做科普。①

“医老”：开启老年医学研究的新领域

2010 年之后，闻玉梅将科学研究的关注点逐渐转移到另外一个重要问题——老年医学，因为她认为医学研究要有广阔的视野，要有一定的前瞻性。2013 年 4 月，由闻玉梅领衔，杨胜利、李兰娟、侯惠民、阮长耿、沈倍奋、陈亚珠、王红阳等 14 位中国工程院院士和相关专家组成的团队通过立项、答辩、审批，获批第一批中国工程科技发展战略研究中心（上海）的咨询项目“长三角地区健康老龄化发展的战略研究”，专门研究老年医学。2014 年 11 月，项目取得阶段性成果，形成了 9.3 万字 +15 个附

① 著名病毒学家闻玉梅院士联合院士、院长和各位大咖作医学科普，改变医学教育从现在开始。《文汇报》，2019 年 10 月 23 日。

件的调研报告。

闻玉梅的团队通过调查研究发现，中国老年群体多患慢性病，病程长、难以治愈，占用了大多数的医疗资源。仅 2002 年，我国约 10% 的 65 岁以上老人就耗费了近 30% 的医疗总费用。我国 60 岁及以上人群高血压患病率为 72.4%，明显高出其他年龄段人群的高血压患病水平；老年痴呆患者的增长速度也是发达国家的 3 倍，每年新发病例 30 万。2010 年全球用于痴呆的费用高达 6010 亿美元，占到全球 GDP 的 1%。研究显示，如不及早、全面地推进老年医学，进行有效的预防、诊治与转化型科研，大量患病老年人群的治疗费用将显著消耗我国改革的红利。这不仅将成为导致我国经济负增长的要素，还会给患者及家庭带来经济、精神的沉重负担，最终不可避免地影响社会稳定与和谐。

对此，闻玉梅提出，在当前关注与发展“养老”的同时，必须将“医老”提高到战略高度来认识，以“医老”助力“养老”。 作为项目总负责人，闻玉梅首次提出了“医老”这个概念，并阐述了“医老”和“养老”之间的密切关系。“医老”除去关注医治老年患者疾病，更需关注这类疾病的预防、健康促进、生命质量的提升；不仅关注身体上的健康和疾病问题，更要关注精神和心理层面的健康和疾病问题；不仅重视科学研究的推进，更要重视研究成果向疾病预防、疾病诊治、公共政策的制定与实施等各层面的全方位转化和应用。这将是长期、有目的、有计划、有步骤的民生工程，关系到多方利益。老年医学问题既涉及老年人自身、家庭，也会影响整个社会和国家。“我个人的观点是，‘医老’是基础，‘医老’搞好了，养老问题将有所缓解。”①

赵超是闻玉梅老年医学团队中的一员，在他看来，闻玉梅关注老年医学是为国家考虑、分担社会责任的前瞻性行为。

我们的国家现在需求什么？我们作为科学家应该为国家分担哪些责任？闻老师觉得有几个问题可能是需要我们先去为国家做一些前瞻

① 贺进，丘美芳：“医老”呼唤顶层设计。《瞭望东方周刊》，2014 年第 19 期。

性的考虑的，包括老龄化问题。“银发浪潮”导致了所谓的老龄化危机。在国外一些发达国家，老龄化们是先富后老；而中国因为卫生事业的成功，在我们还没有达到那么富裕的情况下，人均的预期寿命已经很高了，所以我们是“未富先老”。所以，在此背景下，如何保障老年人？在有限的国家财力情况下，如何解决老年人群的这些问题？这些都是我们科学家应该优先考虑的。①

为发展我国新型的“医老”模式，闻玉梅建议：一要合理整合资源，改变多头领导的管理模式；二要推广健康老龄化的理念，重点向预防及早期干预老年病前移、向基层下移；三要建立并发展有创新性、前瞻性、针对性及共性的老年医学科学研究内容，发展老年医学学科并建立人员培养完整体系，为“医老”提供完善的高端科学与技术支撑和服务；四要全面而有步骤地发展健康老龄化产业，比如建立“准入制”，选择一些产品给予“资质”或“品牌”，改变目前老龄保健品鱼龙混杂的现象，或可考虑发行健康银发福利彩票以支持老龄事业等。

此外，闻玉梅还提出了关于“医老”顶层设计策略的思考。当前，我国的老年医疗还处于起步阶段，缺乏一个完整的老年医学科。她强调应把“老年科”单独列出来。闻玉梅指出：

以前儿科和内科在一起，后来发现儿科的生理、疾病的病理、儿童的代谢、采用的药物剂量和种类、治疗方法等都与成人不同，所以把儿科分了出来。我们要前瞻性地看老年科的设置与发展，这么多老年人不容忽视。现在没有重视起来，若干年后老年科迟早要单列出来。

同时，闻玉梅指出了目前中国老年科发展存在的三个问题。一是老年医疗机构资源少，需求太多，难以满足；二是老年科不吸引人，现在很少人愿意在老年医学科工作，因为它没有独立的培养、晋升体系，大家都愿

① 赵超访谈，2017 年 6 月 6 日，上海。资料存于采集工程数据库。

意去心脏科、肾脏科、血液科等这些手术科室；[①] 三是目前设置国内老年医学学科的高校很少，刚刚起步，很少受到重视。老年医学教育也相对滞后，闻玉梅自己设有个博士点，但还没有真正根据需求建立起来。

那么，医老究竟要怎么进行？闻玉梅一方面在复旦大学范围内成立了“复旦大学老年医学研究中心”。复旦大学附属华东医院是在老年病方面比较权威的一个医院，复旦大学附属中山医院和华山医院的一些科室在老年病问题上也各有专长。在这样的背景下，闻玉梅带领团队积极地从科技部申请到了国家级平台“国家老年疾病临床研究中心”。通过这个平台整合了复旦大学内部的资源优势，之后立足上海辐射长三角地区，为周边的老年人群提供实质性的帮助。另一方面，她试图通过一些政策的试点，为国家以后推行老年政策提供一些可能的有益借鉴。[②]

创办杂志　译介最新科研成果

闻玉梅一向关注国际研究状况，她不仅自己关注，更热衷于将国外的先进知识技术介绍到国内，供中国的学者学习使用。20 世纪 70 年代后期，闻玉梅便开始在《国外医学（微生物学分册）》上发表综述、新书推介、会议动态等文章。如 1978 年闻玉梅在《国外医学（微生物学分册）》上发表《甲型肝炎抗原与抗体（综述）》，介绍病毒性肝炎的国外研究状况。[③] 1980 年 2 月 4—18 日赴美参观学习后，她又将自己在会议上获得的有关肝炎病毒方面的研究情况介绍给国内学者。[④]

---

① 贺进，丘美芳：院士闻玉梅：“医老”搞好了养老将有所缓解。《瞭望东方周刊》，2014 年 5 月 19 日。

② 赵超访谈，2017 年 6 月 6 日，上海。资料存于采集工程数据库。

③ 闻玉梅：甲型肝炎抗原与抗体（综述）。《国外医学（微生物学分册）》，1978 年第 2 期，第 65-68 页。

④ 闻玉梅：美国在肝炎病毒研究方面的部分情况。《国外医学（微生物学分册）》，1980 年第 2 期，第 93-96 页。

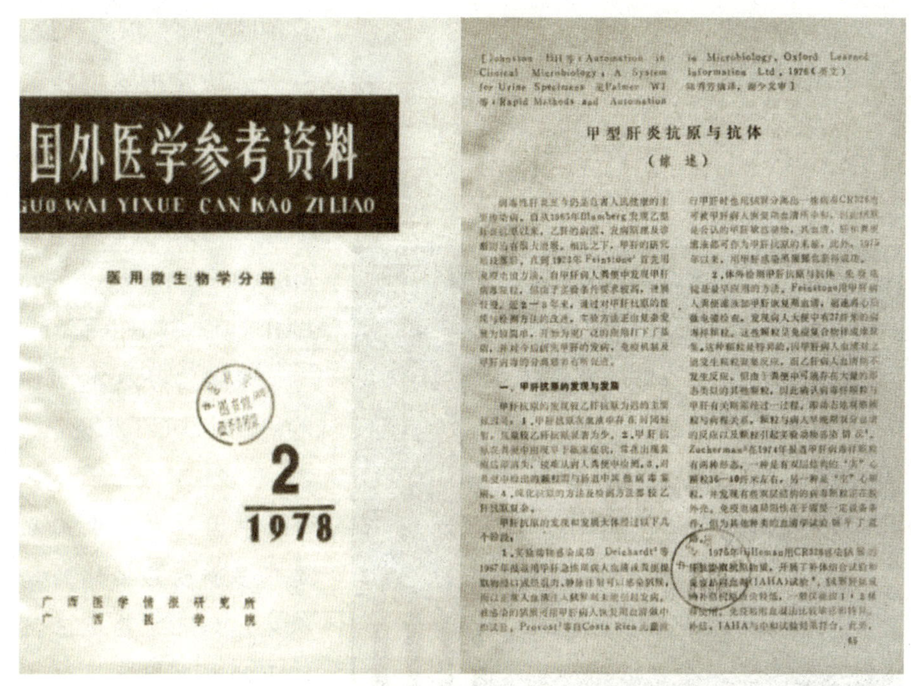

国外医学参考资料

GUO WAI YIXUE CAN KAO ZILIAO

医用微生物学分册

2

1978

广西医学情报研究所

广西医学院

甲型肝炎抗原与抗体

（综述）

一、甲肝抗原的发现与发展

图 9-4　1978 年闻玉梅发表的《甲型肝炎抗原与抗体（综述）》

《国外医学（微生物学分册）》杂志原来是由林飞卿主持的，80 年代初由闻玉梅接手。当时很多国人拿不到外国的原版杂志，而这本杂志就是把国外微生物学领域的文章翻译后进行出版，这样，国人就都可以阅读到这些文章。后来国外杂志越来越容易获取，也就没必要再进行翻译介绍，《国外医学（微生物学分册）》就改版了，改成了《微生物与感染》。闻玉梅认为这样可以跟临床结合，而且她将人医、兽医，基础和临床以及预防均纳入《微生物与感染》的内容范畴。

2010 年，闻玉梅觉得应该要有一本中国人自己办的国际杂志。① 但办一本什么样的国际杂志？2010 年秋一个周末的下午，闻玉梅举行了一场小小的讨论会来解决这个问题，参会人员有华山医院感染科主任张文宏、闻玉梅的学生章晓冬以及在美国麻省理工学院医学院工作的卢山。卢山前几年一直在帮助闻玉梅做中文杂志的工作，这时正好在上海。经过讨论，大

① 闻玉梅访谈，2016 年 4 月 20 日，上海。资料存于采集工程数据库。

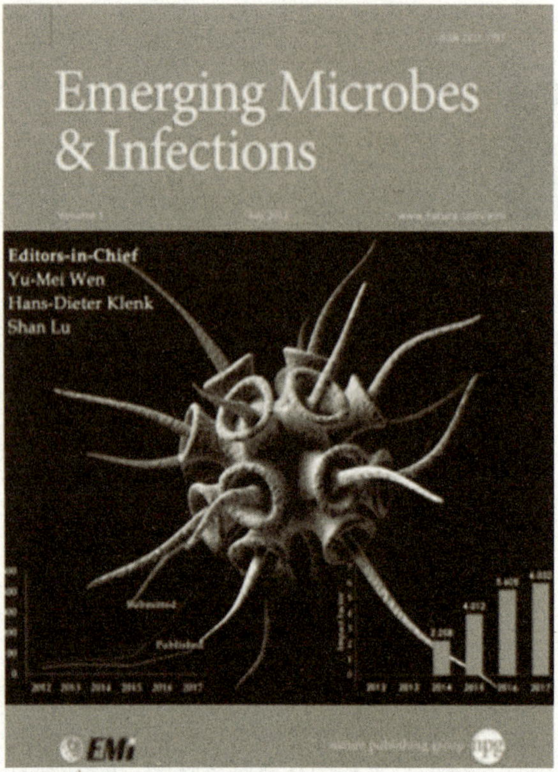

家都同意闻玉梅的建议，并一致决定把这本新英文杂志的重点放在新发传染病上。《新发现病原体与感染》（*Emerging Microbes and Infections*，EMI）就这样诞生了。

图 9-5 EMI 杂志封面

谈到创办这本期刊的初衷时，闻玉梅说：

中国等发展中国家是很多新发传染病的起源地，如果这些地区科研上的新发现能够早一点公之于众、引起国际学术界的重视，促进进一步的研究、为疾病防控提供依据，将对全世界公共卫生和健康事业带来益处。EMI 集合了微生物学和感染医学两个专业的内容，有跨界研究的优势。如果由科研院所或者高校主办，两个专业很难合二为一。我希望这本期刊能够给包括中国科研工作者在内的发展中国家科研人员更大的舞台，让他们有机会向国际学术界展示自己的科研成果。有一些科研人员向我诉苦，某些国外杂志对来自发展中国家的论文比较“苛刻”，等候很长时间才能刊发。国际学术界这种有失公允的现象是客观存在的，我们的期刊希望给这些科研人员带去更多的机会。①

国内学术期刊基本都由高校、科研院所创办，民间创办国际学术期刊

① 黄棋：闻玉梅院士：讲好科学的“中国故事”——6 年炼成影响力 6 分的杂志。医道专业学习平台。

没有经验可循，一切都要摸索前行。闻玉梅第一个想到的合作伙伴是德国马尔堡病毒研究所教授 Hans-Dieter Klenk。

EMI 主要关注新发传染病及新发病原体，同时介绍已知病原体的新表型与基因型特征、发病机制、流行病学趋势与预防措施等内容，旨在为全球特别是发展中国家致力于病原体和传染性疾病研究的科研人员、临床医生和流行病学专家提供一个广泛沟通、快速交流和知识共享的平台。不过，杂志编委会并没有因为对发展中国家科研的重视而降低审稿标准。闻玉梅说，杂志收到了来自阿根廷、巴西、孟加拉国等发展中国家不少科研工作者的投稿，对于来自发展中国家的科研论文，编委会会投入更多的精力审稿。如果论文有提升空间，编委会专家会给予修改意见，指导作者对论文进行改进，符合杂志的刊发要求后才会刊登。

> 作为一份民间创办的杂志，我们有很强的自主性，可以对论文提出更高的要求，不受任何“关系”的影响，在稿件把关上可以做到更加客观、谨慎和严格，这样的形式我认为非常好。我们珍视来之不易的品牌影响力，因此会严格地把控质量，杂志的影响力就是从论文质量上来的。①

作为一份民间创办的杂志，EMI 目前只有一位全职工作人员，创办者、编委专家都是以志愿者身份工作，不拿报酬。杂志常务执行主编卢山是一位在疫苗等研究领域颇有建树的美籍华人。闻玉梅说，创办时她给自己 3 年的期限，如果 3 年后杂志还未能形成自己的影响力，那么就不再继续办下去。EMI 2012 年正式创刊上线，2015 年成功获得第一个 SCI 影响因子 2.258 分，此后影响因子逐年上升，到 2018 年达到了 6.032 的高分，而之前鲜有中国主导的医学学术杂志有如此高的国际影响力。

EMI 杂志当前已经纳入 SCI 数据库以及 JCR 数据库。Pubmed 数据库和 Medicine 数据库等其他重要数据库也均将 EMI 杂志编入索引。杂志的

---

① 黄棋：闻玉梅院士：讲好科学的“中国故事”——6 年炼成影响力 6 分的杂志。医道专业学习平台。

图 9-6 2011 年 4 月 9 日，EMI 首届编委会合影（前排左五为卢山，左六为闻玉梅，左七为 Hans-Dieter Klenk 教授）

初始影响因子为 2.258（2014 年），次年上升到 4.012（2015 年），2016 年上升到 5.605。可以说，EMI 从未停止前进的脚步。

闻玉梅曾说，“科学家不仅是科研工作者，还应该是学术上的外交家，科学家的国际交流能力也是一种软实力，中国科学家应该讲好中国科技故事，让更多人了解中国科学发展的真实实力，了解真实的中国科技”。[①]

EMI 正在做中国土地上的事，走国际认可的路。

① 姜澎：提高国际交流软实力 讲好中国科学故事——访中国工程院院士、著名分子病毒学家闻玉梅。《文汇报》，2018 年 10 月 23 日。

第十章
琴瑟和鸣　健康基金

截至2019年11月22日，中国工程院共聘任或选举产生了1148位院士，其中女性院士只有几十人，女性院士堪称凤毛麟角。中国工程院院士还有普通院士与资深院士之分，资深女院士仅20余人，1999年当选院士的闻玉梅就是这20余人之一。作为一位女性科学家，闻玉梅不仅长时间与海内外科学家共同合作研究，且往往处在学术领导的地位，她曾任中国微生物学会理事长和复旦大学校学术委员会主席，在学术管理领域达到最高境界；她有多位学生获得全国优秀博士论文，还有两位博士生现位居大学校长和医学院党委书记的位置。2002年4月，闻玉梅荣膺首届“新世纪巾帼发明奖”，此为中华全国妇女联合会、国家知识产权局和中国发明协会为表彰女科学家的特出贡献而颁发的奖项。

在与闻玉梅访谈时，大凡涉及学术与教育问题时，闻玉梅都充分展现出一位杰出科学家所必备的冷静理性、观点犀利和前瞻性思维的特征，是一位纯粹的、拥有独立思考和科学精神的科学家。但在正式访谈结束后的轻松交流时，闻玉梅的言谈举止中又不经意地流露出热爱生活、追求完美、充满温情和社会关怀的女性特征，与普通女性一样，她爱美，也懂得欣赏美，而这完全得益于她幸福的家庭生活。

“缘”定上医儿科专家宁寿葆

1958年12月，24岁的闻玉梅与大学同班同学宁寿葆结为伉俪。1960年9月，闻玉梅与宁寿葆的女儿宁忆出生。

宁寿葆，1932年出生于上海。1946年进入上海圣芳济学院，1951年毕业。在圣芳济的中学时光对宁寿葆后来的医学事业和整个人生产生了很大影响，这可能是少年宁寿葆不曾意识到的。

圣芳济学院是由法国天主教耶稣会在法租界创办的一所天主教学校。1874年9月21日，圣芳济学院在公馆马路孟斗班路口（今金陵东路四川南路）正式成立。校长是耶稣会神父泰迪（Turdy S. T.）。据史料记载，当时“只有教师1人，学生4人”，且都为外籍学生。学校只有两间教室，“以邻近之一栈房空地暂作为操场”。这所挂名是“学院”的学校实质上是1所供上海外籍子弟学习的“外国语小学”。1880年，圣芳济开始招收中国学生，学校初具规模。学校初期只收外侨子弟，后来由于经费的原因和中国达官贵人的强烈要求，自1884年起招收华人学生，但收费昂贵，条件苛刻。当年学院学生196人，中国学生仅23人，是一所名副其实的国际学校。①

圣芳济学院奉行的是精英教育，以英语、法语和算学为主课，其最大的特色是语言，1927年以前学校为全英文授课，初级班上英语、法语、拉丁语和数学；高级班加学希腊文、哲学、音乐。所以学生的外语能力特佳，毕业后报考香港大学时均100%录取。宁寿葆在圣芳济打下了良好的语言基础，他说：“语言上打下的基础，对我这一辈子的影响是比较大的。”1935年，圣芳济学院才正式开设“国文”课。

1947年遵教育部的规定，改名为圣芳济中学。②

① 施扣柱：张弛有道：从圣芳济学院看近代在华天主教中学的一种管理模式。《史林》，2008年第8期，第36-49页。

② 1952年改名为时代中学。1960年南京军区建造延安饭店，学校迁至武定路431号。

1951年，宁寿葆参加高考，中间还发生了一个小插曲。按高考组织安排，宁寿葆在上海纺织工学院考场考试，全班只有他一人在此考场考试，但他却跟随班上同学一起去了圣约翰大学考场，到了学校才发现自己走错了考场。情急之下，他找到一辆三轮车赶到纺织工学院，结果迟到了20分钟。几番解释，想必监考老师也被眼前这个满头大汗、态度诚恳的学生打动了，便让他进了考场参加考试。同年夏季，宁寿葆与闻玉梅一同进入上海医学院医学系。1956年，从上海第一医学院毕业，进入上海儿科医院工作。

宁寿葆英语好在医务界是出了名的。参加工作不久，他便接到了上级指派的外事任务：接待周恩来总理的客人——巴西贝索亚（Pessoa）医生。贝索亚医生的父亲是巴西著名病理学家、圣保罗大学寄生物学教授、前圣保罗省公共卫生局局长、罗西佛及拍拉巴两所大学医学院名誉教授Samuel B. Pessoa。1952年应中国政府邀请，Samuel B. Pessoa参加了6国科学家组成的国际科学委员会，在中国东北和朝鲜地区进行调查，证实美国在抗美援朝时期使用了细菌武器。国际科学委员会成员回国前，受到了周恩来总理的接见。Samuel B. Pessoa对周总理提出的唯一要求，就是想让自己的儿子到中国来接受教育。这一任务经由卫生部、上海市卫生局层层下达至上海儿科医院。考虑到这是外宾接待任务，刚进上海儿科医院工作的宁寿葆，凭借其在圣芳济学院打下的扎实的语言基础，被领导选中承担这项具有特殊意义的任务。1957—1958年，宁寿葆始终与这位和他同龄的巴西医生共同生活、学习。工作时间里，他帮着贝索亚翻译病史、与他一起查病房；周末，他们一起看电影、游泳。贝索亚甚至不相信宁寿葆当时已经有女朋友这一事实，因为即使周末，他们俩也形影不离。

宁寿葆的专业是小儿心血管病，从1959年起参与组建上海儿科医院小儿心血管专业，并在国内率先开展小儿导管检查和心血管造影等大量临床工作。1979年，国家教委决定派学者出国交流、考察。选拔的标准之一便是全国性考试，主要以语言为主。宁寿葆顺利通过考试，并选择去加拿大多伦多的病童医院进修。该院成立于1875年，曾在12500个病例的基础上编写了当时世界上篇幅最大的有关小儿心血管病的专著。20世纪70年代去北美进修的中国医生极为稀少，宁寿葆是这家医院心脏科接收的第一位来自中国大陆的医生，那里医生都称他为“pioneer”（先驱者）。

出国之前，加拿大医院的科主任写信告知宁寿葆，中国医生执照不为西方国家所认可，由于他没有加拿大的行医执照，在医院里，他只能做观察者，不能行医。不过，当宁寿葆抵达加拿大开始正式工作后，通过两个星期的观察，科主任认为他的业务和语言都没有问题，同意为他写推荐信，让他参加加拿大医生考试。最终，宁寿葆考取了加拿大官方颁发的教育证书，顺利担任心脏病科学者（Cardiology Fellow）的工作，包括指导住院医生、实习医生，负责科室之间的会诊等。他是当时为数不多获得加拿大临床医生执照的中国学者。

在加拿大的两年间，宁寿葆不仅提高了自身的业务水平，而且掌握了加拿大医院的临床医学传统，并在回国后建立了自己独特的查房与诊治患者的模式，来听他查房的对象包括实习的医学生、外地的进修医生以及已经在本院工作的各级医生。为了能使每位参与者都能有所收获，宁寿葆从复习基础知识入手，从选定的患儿的症状、体征及检查结果，围绕诊断、治疗与处理方案，与大家展开讨论。为了预先做好查房，他绝不“临时抱佛脚”。每周四都去病房了解病史，对患儿做全面检查，查阅资料，并提供相关的英文参考资料供参与查房人员阅读。用英语查房是宁寿葆保持了一生的习惯，他要求医生用英语口述病史，还会定期要求医生写一份英文病史并给予指导，强化对青年医生专业英语的培养。来自西安交通大学医学院交换学习的一位本科生曾写道：

> 当我把病历夹递给他时，他竟也是用双手接着，微笑说了声“谢谢”。这是我做诸如此类小事收到的一声“谢谢”，并且出自一位八旬的老教授。他的言谈举止，那份和蔼的姿态，那种循循善诱的教导，那份一点一滴的感动，让我在心里称他为“老爷爷”。他喜欢对我们提问题，但从未让人感到紧张。他那环环相扣的问题之后的“你觉得呢？”，以及与之自然相随的期待与鼓励的眼神，至今让我

记忆犹新。[1]

另一位学生在回忆初次见宁寿葆在他每周一次的教授例行查房时说道：

> 他给我的第一印象是个很低调、慈祥的老人家，略微消瘦的面庞上，一双专注的眼睛透出睿智与坚定。虽已耄耋之年，但精神矍铄，声音洪亮，用一口流利的英语给我们查房，还时不时向我们提问，给我们介绍国际上先进的医疗理念。[2]

宁寿葆是中华儿科学会心血管学组组长。1992 年，他与张善通教授一起将上海儿科医院的胸心外科与心血管内科联合，建立了小儿心血管中心，大大提高了工作效率和专业化程度，开创了国内小儿心血管研究与诊疗的先例，这一制度也是宁寿葆在加拿大交流期间学习到的。在诊疗时，宁寿葆会手绘心脏示意图进行交流，至退休前，他一直保持着"用图解释，用图说病"的传统，每次出门诊都备有心脏结构、传导系统、冠状血管分布图以及介入治疗设备图解等，充分使家长、患者理解疾病所在部位和治疗方案，达到有效的医患沟通。

2010 年，一个骨肉瘤患儿的家属找到宁寿葆。家属之所以找他，还是缘起于 70 年代初期的一个患者。"文化大革命"时期，上海儿科医院曾取消小儿心血管病房，彼时的宁寿葆分管肿瘤病房。当时的一位骨肉瘤患者在手术成功后至今仍健在，而这位昔日的患者正是今日询诊的骨肉瘤患儿的亲戚。宁寿葆把孩子介绍给骨科主任，最终手术成功出院。

"如果有下辈子，我还是选择当儿科医生。"这是宁寿葆对儿科事业的告白。

---

① 黄国英：老骥伏枥　志在千里——记复旦大学附属儿科医院、上海医学院儿科系终身教授宁寿葆。《中华儿科杂志》，2015 年第 1 卷第 53 期，第 39 页。

② 郑章乾：名医与共和国共成长丨复旦大学附属儿科医院宁寿葆教授：为人民服务，为儿科献身。《文汇报》，2019 年 10 月 17 日。

2016 年，宁寿葆被中国医师协会授予儿科医师终身成就奖，这是国家对他将毕生精力献给儿科事业的肯定与褒奖。

比翼双飞　琴瑟和鸣

图 10-1　1958 年，闻玉梅与宁寿葆结婚照

图 10-2　20 世纪 70 年代，闻玉梅夫妇与女儿宁忆合影

1951 年，闻玉梅与宁寿葆分别从圣玛利亚女校和圣芳济学院考入上海医学院。二人均来自沪上名校，在名人辈出的教会学校接受了精英教育，英语、音乐和体育都相当出色。

读书期间，闻玉梅担任班级的学习委员，宁寿葆是校学生会的文艺委员，小提琴拉得非常出色，曾在上海业余交响乐团任第二小提琴手。逢年过节学校组织活动的时候，喜欢钢琴的闻玉梅和擅长小提琴的宁寿葆常会结伴上台，就这样，两人渐渐地走到了一起。宁寿葆谈及当初与闻玉梅相识时仍止不住笑意，“我们是从工作关系熟悉的，那会儿找不到文艺节目的时候，我就去拉小提琴凑数，她就给我伴奏。”①

闻玉梅曾回答过记者的这样一个问题，“作为女性科学工作者，对女研究生有什么特别的期望？”

① 黄琳：一树独先天下春。见：彭裕文，桂永浩主编，《正谊明道：上医院士如是说》。上海：复旦大学出版社，2017 年，第 127-139 页。

女学生要明确自己的优势和不足，树立起信心。充分利用已有的细致、耐心、认真、负责和虚心的长处，逐步培养果断、大气的思维和勇气。同时需要克服更多困难、付出更多努力，兼顾事业和家庭，在科研的道路上前进。作为女性，她付出的要比男性多一些，她有家庭、有孩子，而且还有一定的家务事情。不过，我跟我的学生经常讲，你找个好对象，他跟你分担，大家共同地建好这个家庭，大家共同地负担家庭事情，我觉得这样负担就轻多了。①

婚后 60 余年，闻玉梅夫妇关系和睦融洽，两人都是事业型的人，彼此成就，相互砥砺，在各自的学术研究中取得令人瞩目的成绩。闻玉梅戏称宁寿葆是家里的“稳压器”，因为在很多情况下，闻玉梅都是遇事反应快，但脾气比较急躁、容易激动的人，宁寿葆则总是处变不惊，在恰当的时候给闻玉梅提供建议，帮助她对问题做出全面和冷静的分析。② 翻看闻玉梅夫妇提供给采集小组的影集，可以发现在闻玉梅科研工作的重要节点均有宁寿葆的陪伴。例如，2008 年两人一起在美国波士顿参加国际疫苗大会，2008 年在瑞典参观诺贝尔讲堂，2010 年一同出席乙克联合用药临床试验启动会等重要活动。

图 10-3　2008 年，闻玉梅夫妇在美国波士顿参加国际疫苗大会

在同事眼中，闻玉梅家庭幸福美满，是真正的“五好家庭”。

---

① 上海医学院分子病毒教研室：执着的步行者，坚定的领路人——记上海医学院闻玉梅老师。见：陈立民主编,《我心目中的好老师》。上海：复旦大学出版社，2007 年，第 219 页。

② 王修娥，孙国根：生命因为奉献而美丽——记复旦大学医学院闻玉梅院士。见：孙登龙主编，上海市杨浦区政协学习和文史资料委员会编,《杨浦文史资料第五辑：科学巨擘》。上海：复旦大学出版社，2003 年，第 345 页。

图 10-4　2008 年，闻玉梅夫妇在瑞典参观诺贝尔讲堂

图 10-5　2010 年，闻玉梅夫妇在苏州东山参加乙克联合用药临床试验启动会

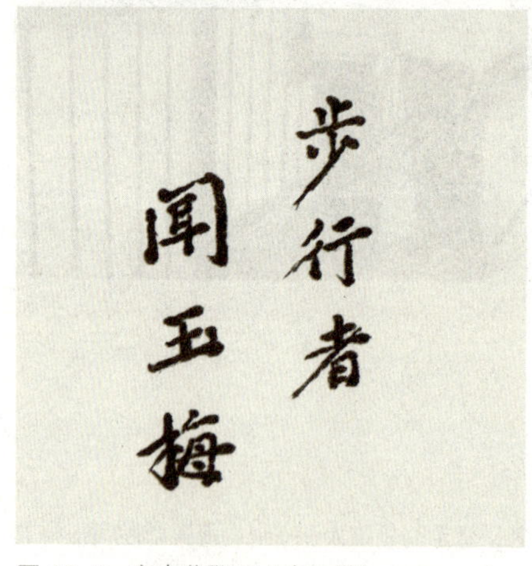

图 10-6　宁寿葆题写“步行者”

她女儿从小就优秀、文雅、低调。她丈夫是儿科医院的宁寿葆医生，他们两个人可以说是比翼双飞，相互支持、相互爱护，在生活上都是简单朴素的。①

工作之余，闻玉梅会弹钢琴，宁寿葆则拉小提琴，在学校组织的活动中，他们夫妇一人钢琴、一人拉小提琴。周末，他们常去听音乐会，也会带学生去听，并给学生讲解乐理知识。节假日尤其是圣诞节，夫妻二人会合作演奏，举行家庭音乐会。闻玉梅擅长游泳，大学期间还获得过上海市卫生系统游泳比赛自由泳第一名，两人也都喜欢游泳，学生们经常能看到他们一起去健身房游泳。② 1998 年 3 月，闻玉梅与宁寿葆获上海医科大学“比翼双飞　模范佳侣”称号。2000 年，获得“上海市比翼双飞　模范佳侣”称号。2001 年 3 月 8 日，中华总工会特授予闻玉梅宁寿葆“全国文明家庭”称号，以表彰他们一家在创建文明家庭活动中的显著事迹。2004 年 9 月 10 日，夫妻二人又参加了上海“琴瑟和鸣——上海教师婚

① 李平洋访谈，2017 年 9 月 29 日，上海。资料存于采集工程数据库。
② 赵超访谈，2017 年 6 月 6 日，上海。存地同①。

庆典礼”。

闻玉梅夫妇的独生女儿宁忆毕业于复旦大学上海医学院，是标准的“医二代”。闻玉梅从小就培养女儿独立的性格，女儿在上医就读时，同寝室的同学都不知道她妈妈就是这个学校里的名教授，她爸爸是学校附属儿科医院的院长。“作为家在上海的学生，周末我们大学同学都会将床单之类的拿回家去洗，闻玉梅的女儿从来都是在学校里自己洗。”① 如今，闻玉梅的女儿也进入基础医学研究领域，在美国霍普金斯大学任教。闻玉梅的外孙在大学毕业后也选择了医学，表现出对科学研究的极大热情与兴趣。外孙对科学研究的热爱，让闻玉梅觉着非常开心。②

图 10-7 1999 年，闻玉梅获评中国工程院院士后与宁寿葆在家音乐娱情

图 10-8 2004 年 9 月 10 日，闻玉梅夫妇参加“琴瑟和鸣——上海教师婚庆典礼”

同学伉俪 共铸“一健康基金”

2013 年，闻玉梅 79 岁。她在医学博士生论坛上说：

> 人们总需要更大的世界来证明自己的存在；然而，如果梦想足够远、心足够坚定，一方寸土也能浇灌出丰硕的成果。今天很高兴和大

---

① 赵超访谈，2017 年 6 月 6 日，上海。资料存于采集工程数据库。

② 同①。

家交流我做人、做科研的一些体会，我主要与你们分享三点：第一，人生的道路很长，所以永远不要气馁；第二，永远不要放弃机会；第三，永远不要满足于现状，这并不是说要追逐名利，而是说在事业上要永不满足。①

对于自己的生日，闻玉梅提出来第一不做生日，第二不要送礼，第三也不出书，那要做什么？“我年纪大了，不想摆寿宴收礼品，只希望发动大家捐赠‘一健康基金’，鼓励年青的教师和学生投身跨学科的综合性医学研究，让国家的‘一体化健康’事业一脉相承。”

“一健康”是英文“One Health”的中文缩写，意指“一体化健康”，是涉及人类、动物、环境、卫生、保健各方面的一种跨学科、跨地域（国家、地区、全球）协作和交流的新策略，致力于共同促进人和动物健康，维护和改善生态环境。21 世纪以来，由于全球气候变化、人口流动增加以及国际贸易、旅游业的发展，新发和复燃的传染病愈演愈烈。传染源跨物种传播和扩散以及人类对自然的改造等因素使得公共卫生、兽医卫生、食品安全和环境问题愈加复杂和严重，对人类健康、动物健康、环境健康以及农业经济的发展都构成重大威胁，单一学科或组织已无法及时应对和处理如此复杂的问题，在此背景下，“One Health”理念应运而生。“One Health”旨在改善人类、动物和环境三方健康的跨学科协作和交流，要求公共卫生专业人员、医生和兽医之间有更多的交流与合作，以实现最佳健康的目标。

“One Health”倡议是一个跨学科的运动，参与的组织有美国兽医协会、美国医学协会、美国疾病控制和预防中心、美国农业部和美国国家环境卫生协会等。2004 年，野生动物保护协会在纽约洛克菲勒大学举行了名为“同一个世界，同一个健康”的会议，会议强调人、动物和环境之间的联系、这些联系是如何理解疾病动态的以及跨学科方法在预防、教育、投资和政策制定方面的重要性。2007 年，全球流行病暴发，联合国粮农组织、

① 闻玉梅：不气馁，不放弃，不满足——摘自闻玉梅院士在医学博士生论坛上的讲话。《中国研究生》，2013 年第 2 期，第 24–25 页。

世界动物卫生组织、世界卫生组织和联合国儿童基金会、联合国系统流感协调设计了一个战略框架，题为“一个世界，一个健康战略框架，以减少传染病的风险”。2010 年 5 月，学者在美国乔治亚州举行的石山会议上开始制定可实施的健康政策。2011 年，在墨尔本举行的首届国际健康大会上，世界许多地方开展了“一健康”研究并设立“一健康”项目。

近年来，“一体化健康”成为国际学界日渐提倡的一种重要理念。它的核心概念和意义在于突出了人的健康是一个“系统工程”，需要整合基础医学、临床医学、公共卫生学、药学及生命科学与人文社会科学等诸多学科，共同研究与实施保障和改善人类健康的“一体化”事业。也就是说，健康问题绝不仅仅是医学的事、医生的事，而是涉及多个学科交叉的系统性科学领域。“一健康”与其说是一个新概念，不如说是一种方法，它正在迅速成为一个基于跨部门合作的国际运动。闻玉梅夫妇是国内最早认识到“一健康”理念的重要意义并付诸行动的科学家。

2013 年 1 月 16 日，闻玉梅与宁寿葆发起的“一健康基金”在枫林校区上海医学院正式启动。闻玉梅夫妇以个人名义捐赠 50 万元并启动该基金，用于奖励在微生物、传染病、公共卫生、药学等领域为“一体化健康”研究与教学做出突出成绩的品学兼优的学生和教师。

闻玉梅表示，发起成立“一健康基金”就是为了在中国大力倡导“一体化健康”的理念，鼓励更多的医科教师和学生开拓跨学科的视野，主动融合其他学科，共同致力于“一体化健康”的创新性教学、科研和人才培养，从而更好地服务于人群的整体健康；意在倡导多学科、综合性的交叉研究，以达“经世致用”的目的。例如，在微生物传染病的防控中，“一体化健康”理念要求医学学者联合人及动物微生物学、临床微生物学、环境微生物学、感染病学与流行病学等其他领域的力量，共同为控制传染与感染性疾病的蔓延做出贡献。上述各领域的整合不仅可在研究、检测技术方面互相借鉴，更重要的是通过微生物学各分支间的相互沟通能聚集科学问题，对从个体患者拓展至公共卫生群体健康的重要问题提出解决措施。

图 10–9　2013 年，闻玉梅夫妇成立“一健康基金”揭幕仪式（左起：复旦大学校长杨玉良、宁寿葆、闻玉梅、复旦大学校党委书记朱之文、徐建光）

同事朋友们得知闻玉梅成立“一健康基金”的消息之后，纷纷来支援她。

> 生理教研室的朱依纯听说我有这个想法，拿了 1 万块钱现金来。我说：“对不起，这个基金还没办呢，你先拿回去。”军事医学科学院的秦伯益也捐了 10 万元。我们自己实验室也有人要捐款。但我觉得年轻人钱不多，劝他们不要捐，结果汪萱怡一定要捐 5 万元。说明大家很支持这件事。①

2013 年 1 月 17 日，第一届“一健康基金”颁给了公共卫生学院的郑英杰教授、基础医学院的研究生徐巍以及华山医院的本科生孙峰。“一健康基金”成立两年后，基金获得校内外有关个人和团体的多笔捐赠，既增加了基金的累积、扩大了基金的影响，也让“一体化健康”的理念得到了

① 闻玉梅访谈，2016 年 4 月 20 日，上海。资料存于采集工程数据库。

图 10-10　2013 年，闻玉梅夫妇在“一健康基金”成立揭幕仪式上与韩启德（中）合影

更进一步的推广。2015 年 1 月 15 日，来自医科院系和附属医院的 13 名师生获得奖励，其中为援助非洲抗击埃博拉疫情做出特别贡献的复旦大学附属公共卫生临床中心教授卢洪洲获本届颁奖增设的“特别奖”。颁奖仪式极其简朴，但基金会邀请中山大学陆家海教授作了一场主题为“健康复杂问题的应对——One Health”的学术报告。他从目前人类所面临的健康问题，“One Health”的历史背景、内涵理念、发展现状、实践应用以及在我国的推广研究等几个方面，深入浅出地介绍了如何用“One Health”策略来应对健康复杂问题。2016 年有 18 位师生获奖，2017 年有 29 位师生获奖，获奖者在会上均一一分享了他们践行“一体化健康”理念的经验。

2019 年 2 月，2018 年度“一健康基金”评审工作启动，评审内容包括优秀师生的评选和 2017 年度发表于《微生物与感染》优秀论文的评选。经初评，2018 年度共有 32 位师生和 58 篇论文进入最后的评奖环节。经闻玉梅等专家认真评审，最终设优秀本科生奖、优秀研究生奖、优秀教师奖各

11 名，其他 21 名参评师生均获鼓励奖；优秀论文 3 篇。2019 年 4 月 26 日，2018 年度“一健康基金”颁奖仪式在复旦大学上海医学院举行。令闻玉梅欣喜的是，“一健康基金”不断发扬壮大，奖励覆盖到更多优秀的老师和同学们，越来越多的人正在践行和推广“一体化健康”理念，加入研究实施保障和改善人民健康的“一体化”事业 。

京剧人生　教学艺术

闻玉梅自称是铁杆的“京剧迷”。弹钢琴，唱京剧，这两样都是她从小就培养起来的爱好。

闻玉梅重视艺术的作用，她曾对赵超说：“艺术的熏陶对人的进步是有帮助的。作为一个学生，不要眼中只有瓶瓶罐罐，不要只有实验室里的那么一米长的操作台，你应该有更多的追求、爱好。”①

闻玉梅出生在 30 年代的北京，那时正是京剧最红火的时代。外祖母是戏迷，但母亲和姨妈两位受过西洋教育的新女性却不爱听，“她们就说吵死了，让我陪外婆去”，6 岁的小玉梅每天随外婆去北京吉祥大戏院听戏，回家后就自己学着唱。

图 10-11　2010 年 8 月 6 日，闻玉梅在上海拍摄“院士之光”节目中弹钢琴留影

1941 年，抗日战争爆发后，闻玉梅随母亲来到上海。没有了在北京那样的听戏、学戏和唱戏的环境，母亲让闻玉梅学弹钢琴，一直到中学，结果，闻玉梅又弹了一手好钢琴。

① 赵超访谈，2017 年 6 月 6 日，上海。资料存于采集工程数据库。

但闻玉梅对京剧始终念念不忘，梅兰芳来沪唱戏，她就去排队买票听，也特别喜欢听李玉茹的戏。一直到大三，母亲看闻玉梅依然痴迷京剧，就给她找了一个好老师——程君谋。

> 刚开始，程君谋根本不要我，理都不理我。当时我妈在第二军医大学做教授，海军医学研究所有位沈次吾教授是票友，唱青衣的，我妈就让沈教授引荐。然后，我妈把程君谋请出来吃饭，吃过饭后，他还是不收。我就跟沈教授说，“您跟他说，让我上他家去一次，让他听我唱一次。”就这样，程君谋唱一句，我马上学一句，他唱什么，我都可以唱的跟他一样。程君谋很惊奇，发现我嗓音不错，就说“你跟我学吧，但不算正规的。”后来，我才知道他为什么不收我，因为他认为我学过别的戏，根本改不过来。

1954 年开始，闻玉梅每周去程君谋家学戏。1955 年，闻玉梅在华山医院实习期间，每周哪怕只有半天休息，她也要把这半天用在学京剧上，“我的业余活动就是学唱京剧”。跟着程君谋，闻玉梅学了好多戏。他没有谱子，全部口授，字字句句从头教，高兴的时候，他亲自拉胡琴让闻玉梅唱。

1956 年，桂质良突然去世，没钱交学戏费了。闻玉梅就去跟程老先生说不学了。结果，老先生让她继续学，他免费教。1 年后，闻玉梅觉得不好意思，加上研究生学习忙，就向老先生辞别。1954—1956 年追随程君谋学戏的 2 年，成为闻玉梅记忆中美好的日子，提到自己的老师，她总是说：“我的师傅是程君谋，他是博士生导师水平，我是幼儿园小囡水平。”[①]

尽管，闻玉梅中断了“艺术生涯”，但在听戏、学戏和唱戏过程中养成的对传统艺术的喜爱与认识，浸润进她的生命和血液中，影响到她的科学研究方法，并形成自己的教学艺术。她常常告诉学生：“年轻人不要以为京剧程式化，其实，京剧的很多唱词非常好，表演到位，历史内涵丰富，

---

① 闻玉梅访谈，2016 年 4 月 20 日，上海。资料存于采集工程数据库。

图 10-12　1999 年 9 月，闻玉梅参加上海医科大学业余京昆剧团时演唱《空城计》

还有很多知识，这也是为什么我对京剧的爱好保持到现在的原因。”[①] 闻玉梅酷爱京剧唱腔，如梅派、程派、马连良派、余叔岩派，她认为每个人的表达是不一样的，而且每个人有每个人的特点。她更欣赏京剧的词牌和戏剧中蕴含的历史知识，不论是荀慧生的《红娘》、尚小云的《昭君出塞》、梅兰芳的《生死恨》《抗金兵》《穆桂英挂帅》，还是程砚秋的《锁麟囊》《春闺梦》，打动她的不仅是这些唱词，更是这些戏里的历史和情怀。

闻玉梅对京剧艺术的认识曾有一个质的提升，这与她的表哥王元化（1920—2008）有关。王元化是在国内外享有盛誉的著名学者、思想家、文艺理论家，在中国古代文艺理论研究、当代文艺理论研究、中国文学批评史、中国近现代思想学术史研究上开辟了新路，做出了开创性的贡献，是中国 1949 年以来学术界的标志性领军人物。20 世纪 80 年代，王元化曾任上海市宣传部部长。王元化的母亲与桂质良是亲姐妹，或许与闻玉梅一样受外祖母影响，王元化自幼喜爱京剧，因党的革命和工作需要，直至晚年才开始研究京剧，著有《清园谈戏录》，知道闻玉梅喜爱京剧，他就将

① 姜澎：传统艺术能给予我科研的动力。《文汇报》，2017 年 5 月 18 日。

此书赠送给闻玉梅。王元化对京剧的思考和见解也影响了闻玉梅，“我既非从事人文社会学的学者，更不是戏曲评论人，但是我却十分迷恋京剧，时不时地会发表些感想。也许正因如此，元化表哥便有意帮我加深对京剧的理解，希望我能通过剖析再认识京剧”。“文化大革命”结束后，有一次王元化带闻玉梅看一位年轻京剧演员的演出，当时的上海市委书记汪道涵先生就坐在他们旁边，而令闻玉梅更为吃惊的是两位大学者对京剧的评论：

> 汪、王二位在评论及交谈中说到了“虚拟程式化是京剧的特点”以及演员们应有“以神传真的情绪和气质”等评论，使我首次对京剧开始有了更深层次的了解。那时，有些京剧演员嗓子不错、扮相也好，但缺乏对剧情及人物的了解，单卖弄唱腔，没有感情的表达，看后如喝白开水。①

值得一提的是，汪、王两位先生虽然懂京剧，在艺术欣赏上有很高造诣，但在演唱技术上还是要听闻玉梅的意见。当年闻玉梅与汪、王两位先生共同去观看演出的那位青年演员，闻玉梅对汪老说，“那个孩子是个好苗子，一定要留下”。汪老闻之说，“不是要留下，而是不能放她走”。那个孩子现在已成长为国家一级演员，她就是著名京剧余派传人王珮瑜。2017年5月16日，复旦大学书院的“传统文化月”讲堂邀请闻玉梅与王珮瑜共同为学生作讲座“京剧的普及与当代大学生的人文教育”。

此外，在表哥的影响下，闻玉梅还尝试从全球化的角度重新思考传统文化的精神与价值：

> 虽然我从事的是医学科研，但在做实验及撰写论文之余，听听京剧仍是我的第一爱好……今天，重读元化表哥赠书后，感悟到在当前“全球化”趋势日益增强的形势下，不论是文学艺术领域，还是自然科学领域，在建设创新型国家的过程中都需要认真思考如何保持与发

① 陆晓光：《清园先生王元化》。上海：华东师范大学出版社，2009年，第519-520页。

图 10-13 2017 年 5 月 16 日，闻玉梅（中）在上海参加“京剧的普及与当代大学生的人文教育”嘉宾对谈（右一为王珮瑜）

扬中国文化、道德与艺术的优良传统，鄙弃落后、保守的诸多弊端，用其他国家及世界人能接受及能理解的形式全面地介绍中国。在融入世界大家庭中，在和平崛起中，我们要避免“全盘跟着西方走”的思路，既要发挥中国五千年“和为贵”“与人为善”的传统，也要与时俱进地做出适合国情的改革。我想，京剧应该如此，其他方面也应该如此。①

闻玉梅认为科学与艺术对于人格素养的塑造有着双重功能，她告诫学生：“科学是观察、发现、释疑，最后创造；艺术则是可以通过多种形式来表达的抽象的感悟，经过传播，最后使人精神升华、品德上进。而这两个过程是可以相通的。”

当年赵超选择微生物专业，就是被闻玉梅精彩的教学艺术和优雅的仪态所吸引，“闻老师上课特别讲究，有一种仪式感”。跟随闻玉梅一段时间

① 闻玉梅：读《清园谈戏录》。见：陆晓光主编，《清园先生王元化》。上海：华东师范大学出版社，2009 年，第 520 页。

后，他懂得，闻玉梅是将京剧表演技术应用到教学过程中。

> 京剧对气息的运用、语速的掌控、节奏的掌控是有很高要求的。我们在上课时常犯的一个错误，就是像背书一样，一个语调、一个波长地说下来，说得下面的学生都快睡着了。这时候就会用唱京剧的例子去教我们“什么叫抑扬顿挫，什么叫会用气息”。然后我们就慢慢地体会，也尝试着运用语速、语调的变化去授课。发现的确不一样，在教师语速、语调的变化过程中，学生的注意力会时时被你把控住，课堂教学效果非常好。①

晚年的闻玉梅很少听京剧了，反倒是常常去音乐厅听交响乐，因为她觉得现代京剧表演再也达不到当年她听京剧的水准了。有时，她会看一些当年京剧名家们的录像，听一听孟小冬的光盘。“宁寿葆说放音乐时，我照样可以写文章、照样可以做事情，可是一放京剧就被完全吸引过去了，所以他知道我这个基因还是在的。”②

京剧艺术深深地浸润在了闻玉梅的血液中，构成了她人生的另一个侧面，生命也因此多姿多彩、万般绚烂。

---

① 赵超访谈，2017 年 6 月 6 日，上海。资料存于采集工程数据库。

② 闻玉梅访谈，2016 年 4 月 20 日，上海。存地同①。

尾　声
迎战新冠病毒

2019年冬季，一场席卷全球的新冠病毒再次将人们的记忆拉回到了17前的那场SARS，科学家和历史学家不约而同地思考、探讨传染病与国家、民族、文明之间的关系。85岁的闻玉梅再次站到了抗疫的第一线。

2020年1月28日，她与上海12位院士联合发表《告上海市民倡议书》。

告上海市民倡议书

市民朋友们：

我们正在共同经历一个注定将被载入史册的事件，我们从没像今天这样感受到：健康是最重要的祝福，平安是最真挚的愿望，胜利是最深切的期待！

人类发展的历史，从来就是一部疾病斗争史。实验室里、无影灯下，我们征服了一个个病毒，书写了一次次奇迹，挽救了无数人的生命。

目前，卫生部门和科研人员已经掌握了致病的病原体及其主要的传播途径，政府部门、专业机构和社会各界联防联控、群防群治，在相当程度上阻止了疫情的进一步扩散蔓延。但是，对于新发现的病原体及其所引发的传染病的认识与控制，需要一个过程。控制传染病、保护人民生命安全和身体健康，需要党和政府的坚强领导，需要多部门的通力合作，更需要全社会的共同参与！

今天，我们向全社会提出如下倡议：

一、科学认知。了解新型冠状病毒感染的肺炎的发病机制、传播途径和防护知识，不要过于恐慌，不信谣传谣，树立科学、理性的态度。

二、配合排查。当您被测量体温或询问相关情况时，请积极配合，并详尽告知您的接触史和旅行史；如需隔离医学观察，请依法履行公民义务。

三、及时就医。如果您有可疑的接触史和旅行史（现阶段主要是在2周内曾经前往过湖北），并出现发热、乏力、咳嗽等症状，请佩戴口罩、手套及时前往发热门诊就医，并避免乘坐公共交通工具。

四、做好防护。这既是对个人和家庭负责，也是对社会负责。要注意个人卫生，勤洗手、多通风，尽量减少外出；去人群密集的公共场所、乘坐公共交通工具务必佩戴口罩。

这是一次考验，需要我们并肩承受；这是一场硬仗，需要我们携手作战。在一切疾病与困厄面前，我们都是命运共同体，医患同心、全民同行，守护健康、敬畏自然、珍爱生命，为这座卓越的城市书写传奇，在这个崭新的时代创造历史！

中国工程院院士　汤钊猷
中国工程院院士　闻玉梅
中国工程院院士　邱蔚六
中国工程院院士　戴尅戎
中国科学院院士　葛均波
中国科学院院士　金　力
中国工程院院士　宁　光
中国工程院院士　张志愿
中国科学院院士　陈国强
中国科学院院士　樊　嘉
中国科学院院士　黄荷凤
中国科学院院士　马　兰

1 月 25 日，大年初一，正是武汉疫情急剧发展的初期，上海市新冠肺炎临床救治专家组组长、华山医院感染科主任医生对媒体说：“今天下午闻玉梅院士打电话给我，谈到疫情，她说：‘现在全国一片恐慌，但防疫有其自身规律，目前需要的是理性科学对待。早期武汉疫情是盲目乐观，现在过度恐慌，反而不能科学对待眼前的疫情。’”①

1 月 30 日，国家卫生健康委正式批准复旦大学三级生物安全防护实验室（简称“复旦 P3 实验室”）开展新型冠状病毒实验活动。复旦 P3 实验室将针对肺炎疫情相关的新型冠状病毒开展病毒培养、动物感染实验等项目。这一批复意味着复旦大学拥有了向新型冠状病毒发起攻坚战的资质，研究成果将进一步为疫情防控提供强有力的科研支撑。复旦 P3 实验室是闻玉梅在“非典”之后坚持要求设立的，在闻玉梅的学生、复旦大学医学院党委书记袁正宏的领导下，实验室很多专家和科研人员连续奋战在岗位上，加班加点、全力以赴加速科研攻关，努力为一线防控治疗工作提供科研支撑。

2 月 2 日，闻玉梅通过媒体“上观新闻”表达自己的想法：“历史上从来没有一种传染病会把一个国家的人打倒。”②

返城高峰，不必恐慌

上观新闻：随着新型冠状病毒肺炎确诊人数的不断攀升，大家目前最关切的就是疫情的拐点何时到来。您在几天前的市政府新闻发布会上表示，拐点的到来需要两周到一个月，这一判断基于什么？

闻玉梅：新型冠状病毒肺炎发展的拐点主要有以下两个特征：一是新发的疑似感染病例下降；二是确诊的发病患者数量下降。

拐点的到来要靠每个人的努力，政府采取严格的防疫措施，每个人都严格遵守这些规定。除了奋战在一线的医务人员之外，我们看到还有许多疾控工作者、志愿者们正在奋斗，我真的很感动，没有他们

---

① 陈俊珺：独家专访闻玉梅院士：拐点的到来要靠每个人的努力。《上观新闻》，2020 年 2 月 2 日。

② 同①。

的努力，疫情是很难控制的。正是因为全社会都在积极行动，我才敢于说疫情会有拐点。

上观新闻： 春节假期临近尾声，人员的流动是否会引发二代传播的新高峰？

闻玉梅： 只要人们回城的时候都严格遵守国家要求，积极配合检查，根据需要进行必要的隔离或留察，即使有二代病例，也是散发的，不会形成高峰，没有必要惊慌。希望大家不要歧视返城人员，返城人员也要认真执行地方规定。

大家最近都很焦虑，前几天我看到一位快递员和保安吵了起来，甚至还动手。我就劝他们："这都什么时候了，你们要好好遵守一个人应有的行为准则。在这个特殊的时候，人与人之间更需要互相谅解，人心不能疏离。"

相信历史，相信规律

上观新闻： 互联网上时刻出现关于疫情的信息与各种提醒，其中掺杂着不少谣言，很多老百姓无从分辨，从而引发恐慌。您曾经历过许多重大的疫情，恐慌的情绪会对疫情的控制产生怎样的影响？

闻玉梅： 现在必须给大家焦虑的情绪降降温了，焦虑会使人失去对谣言的基本判断，而恐慌引发的抢购、排队，肯定是对疫情不利的，无论是对个体的健康还是对政府的措施都会造成影响。

有些人一发烧马上到医院的发热门诊，这可能会造成交叉感染。现在上海有多家医院都开通了网上的发热咨询，这是非常好的措施，充分利用了互联网的优势。我相信这对其他城市也是一种参考。

在疫情的关键阶段，大家要冷静、要稳住、要相信我们一定会成功的。我还是那句话，历史上从来没有一种传染病把一个国家的人打倒。大家要相信历史、相信规律。

上观新闻： 对于个体而言，现在最难的是如何实现合理的重视与不必要的恐慌之间的平衡。

闻玉梅： 确实如此。疫情对全社会的科学素养、心理素养都是一场巨大的考验。病毒对人类的侵袭是不会停止的，以后一定还会有突发的公共卫生事件，经过这场考验，我相信我们全社会的素养和能力都会提高。

人与病毒亦敌亦友

上观新闻： 新型冠状病毒与SARS病毒最大的不同是什么？2003年我们抗击“非典”的经验对这次疫情有怎样的借鉴意义？

闻玉梅：“非典”为这次疫情的控制提供了很多经验，比如在隔离以及治疗方面等。现在的诊断速度和治疗手段比当时大大提高了，我们也希望这次的疫苗研发可以加速。

对于新型冠状病毒，我们还没有完全了解。就目前的研究来看，它的传播性比较强，但是致死率不高。关于它的发病机理、将来会有什么后遗症等问题都还有待研究。

面对一种新的病毒，防控是一方面，科研是另一方面，两者缺一不可。防控的效果是立竿见影的，但我认为科研是防控疫情的重要基础。通过科研，不仅可以产出有效的防控手段，如发现新药物、新疫苗，还可提高对其他传染病防治水平的基础。等疫情过去了，科研依然不能放松。

其实冠状病毒有多种，很多野生动物都携带冠状病毒。我建议，今后要像监测流感病毒那样监测冠状病毒，定期监测它们有没有变异、“作怪”的倾向。

上观新闻： 包括“非典”在内，近年来的禽流感、中东呼吸综合征、埃博拉病毒等重大疫情不断，病毒对人类的杀伤力是否越来越强了？

闻玉梅： 人与病原体之间的抗争是永恒的课题。新的致病微生物必然会不断出现，可是人类也会在斗争中不断地提高本领。人类与微生物病原体之间是相辅相克的，抗疫战争是不会停止的。这是历史唯物主义的观点。

上观新闻： 如何理解相辅相克？

闻玉梅： 病毒听上去很可怕，但它也有两面性，可以说是亦敌亦友。我们可以利用病毒做成疫苗，有些制品也可以通过基因工程以病毒来表达。我今年开了一门网络课，就是讲“病毒的利与害”。

人与病毒之间的平衡共生需要靠科学，更需要靠智慧来理解与认识。从战略上要明白，它必然会与人类共存；可是在战术上也要做好准备，它来一次，就能够反击一次，不断提高自己的反击能力。

研究抗体对救治很重要

上观新闻：目前中国的病毒研究水平在国际上处于怎样的位置？

闻玉梅：中国的病毒研究水平，我不敢说是引领世界，但可以说是处于国际先进水平。这次我们国家的科研人员能够在这么短的时间内分离出病毒株、找到诊断方法、筛选出一些药物，这在过去是难以想象的。此外，在结构病毒学的研究方面，我们是国际领先的。

上观新闻：据您所知，新冠病毒疫苗的研制进展如何？

闻玉梅：现在全国的科研机构都在努力。疫苗主要用于预防，在关注疫苗的同时，我们也要研究相关抗体的性质与功能，中和抗体对重症患者的救治可能有重要作用。我们复旦大学上海医学院分子病毒实验室已经找到了一些有价值的抗体，正在进一步分析其功能。我相信其他实验室也有成果。从找到抗体到真正应用到患者身上还需要一些时间，但我相信这个过程不会很长。

2 月 7 日，闻玉梅指导的团队分离出上海首株新型冠状病毒肺炎病例毒株，并且做出了毒株的全部测序，这是闻玉梅团队在拿到临床标本后三天内取得的成果——上海市疾病预防控制中心和复旦大学上海医学院基础医学院新型冠状病毒攻关团队密切配合，由上海市疾病预防控制中心挑选多例确认病例的鼻 / 咽拭子样本用于实验，复旦大学上海医学院基础医学院新型冠状病毒攻关团队通过使用两种细胞系（vero−E6 和 Huh7 细胞）接种样本，从 1 例病例样本中成功分离并鉴定出新型冠状病毒（2019—nCoV）毒株。该毒株在细胞培养中扩增迅速，可得到较高滴度的病毒；间接免疫荧光法发现病毒感染细胞显示典型冠状病毒样病变——合胞体。这是上海首株分离的新型冠状病毒株，经进一步纯化、扩增和鉴定后，将为新型冠状病毒疫苗、抗病毒药物研制和致病机理研究等提供重要的毒种资源。她把这些研究行动称为“社会最急需的科研”。

4 月 5 日，闻玉梅在接受网易科技《科学大师》栏目采访时，与记者谈到了她由此次疫情引发的思考。①

第一，我们对于突发传染病的预警系统需要加强。怎么预警呢？我举个例子，像 2013 年的禽流感（H7N9）就是上海市首先发现的，我们实验室首先把它的病毒分离了出来。当时在基层的前哨医院里有一位医生发现一家三口都得了呼吸道感染，而且很严重，其中一个人还死了，这个医生觉得特别不正常，马上就把这个临床标本送到了我们的网络实验室。实验室马上就做出病毒分离。所以说，基层医院医生的警觉性培训非常重要……对于特大城市，像北京、上海、广州，这个预警系统特别要加强，要有一个网络型的系统，有前哨医院和网络型的实验室。每个特大城市至少要有两个以上会做病毒的实验室，可以互相验证。因为我们往往在平时不知道会遇到什么样的病毒，有了这样的预警网络，在原因不明的情况下，医生就可以往实验室送标本。这个预警系统如果很好地建立起来，会是大城市突发传染病防控非常需要的。

第二，我觉得群众教育要抓好，要让大家懂得什么是传染病，就像让他们懂得什么是地震一样。遇到了，应该怎么处理，应该怎么做？比如我们知道另外的一个冠状病毒，叫作中东呼吸综合征病毒，是在中东地区开始传播的，这个病毒跟骆驼有关系。当传播到韩国，在韩国的一个中国人被感染了，等他回到中国，很快就被隔离起来，因为我们已经提前知道了这个病毒的表现。所以，老百姓要了解传染病的危害，遇到这种情况，要按规范和科学的措施和程序来应对。

第三，就是我们要建立一些平台，比如说快速诊断微生物的平台，它不一定只针对病毒，也可能是细菌、真菌或者不知道的什么感染物，包括疫苗制备的平台。假如有几个不同的单位有这类平台，遇

① 章剑峰：闻玉梅院士：新冠肺炎不会长期流行　它打不倒我们。网易科技，2020-04-05.

到疫情可以同时启动。

几十年与传染病打交道的经验，使闻玉梅非常清楚如何向广大百姓普及科学知识，尽可能用他们能够理解与接受的语言解释科学家提出的专业方案。

定期监测机制就好像是我们布下了一个抓特务的网，虽然不一定能抓到，可是对有些嫌疑的患者还是要进行检测，这样，我们可以及时知道它有什么样的变异或者它有没有传播倾向，以防造成大的传播。这个监测的重点在医院环节，因为总归是有患者要来看病的，对于比较严重的呼吸道患者或同一个地方有多人患有同样的病，我们就要注意了。

2020年，闻玉梅院士86岁了，她不仅每天来办公室和实验室指导学生实验，还继续每年发表论文。在2019—2020年这场席卷全球的疫情中，闻玉梅再次站到了疫情的最前线，尽管她不能像2003年"非典"时期那样亲自奔向武汉第一线，但她一方面带领团队在15年前建成的复旦P3实验室分离出上海首株冠状病毒，另一方面频繁地出现在电视台、电台和网络平台，发表演讲、普及新冠知识、安抚民众百姓心理，并向政府建言建策。与此同时，还积极支持年轻科学家的工作，表现出一个科学家高尚的奉献精神。她说："我们当老师的，不仅对年轻人要培养、支持，还应该向他们学习。学到老、干到老，不是一句空话。"

疫情依然在肆虐着世界、危害着全人类的生命，而闻玉梅团队正在她的带领下继续在抗疫的征途上坚实稳定地行进着……

结语

闻玉梅院士对自己的经历有深刻且清醒的认识，当我们第一次访谈时，她已做好了充分准备——非常认真地写了一个提纲，将自己的人生分为四个部分：家庭教育、名师指导、科学工作和教育。她说："一个人的成长往往受到多方面的影响，包括家庭、学校和社会。这其中，老师对你的培养，一辈子很难忘记。"①

闻玉梅的第一位老师应当是她的母亲——中国第一代女科学家桂质良先生，她从生活、学习和精神上给予闻玉梅刻骨铭心的教诲，闻玉梅最终走上医学科学研究之路，加入中国共产党、成为一名优秀的共产党员，每一步都有母亲深深烙下的印迹。闻玉梅的人生有清晰的目标，这来自母亲的影响，"母亲在 *Our Child and His Problems* 一书的前言中写道：'国家要振兴，小公民们必须有健康的身体、品德及精神'，充分体现了对下一代成长的关心和期盼……愿我们共同继续为发展我国的医学科学事业献身"。②

闻玉梅一直有个心愿，就是打算写两本书，一本是《步行者》，写艰

① 彭德倩：院士闻玉梅："老师，不是蜡烛，更像火炬"。《上观新闻》，2018 年 9 月 3 日。

② 闻玉平，闻玉梅：学者医师母亲——纪念桂质良教授逝世 55 周年。2011 年。未正式出版。

难前行的中国知识分子；另一本是《哺育》，感激恩师。① 在她成长为一名优秀科学家的征途上有着三位引路人，每当被问及为师之道，这位在科研教学领域躬耕 60 多年的专家总要说起余濱、林飞卿、谢少文三位恩师对她的深远影响。在闻玉梅曲折的求学生涯中，他们教会了她一个优秀科学家应有的严谨、创新和对培养后进的责任感，鼓励她继承并开拓微生物学、免疫学事业。

闻玉梅有两件最为珍贵的收藏。一件是谢少文老师送她的玉石奔马，这本是谢少文 88 岁时，学校为纪念他在中国协和医科大学执教 50 周年赠予他的。谢少文将此转赠给了闻玉梅，并对她说："送给你，是对你勤奋刻苦的赞赏；送给你，是要你继续中国微生物学事业。"另一件是一把镀金钥匙，这把钥匙是国际友人赠给林飞卿的，林飞卿将其郑重地转赠给闻玉梅，叮嘱她："继续打开微生物、免疫学的知识宝库。"② 闻玉梅曾说，"这三位先生的教导使我受益终身，更让我觉得，成为一位好老师是一件多么美好的事。"③

在此次采集过程中，闻玉梅院士自始至终秉持着支持和合作的态度，鼓励并帮助我们完成任务，她唯一提出的要求，是希望书名取名《步行者》，因为她喜欢称自己是一个"步行者"。对此，她非常执着，她说："中国知识分子所走的是一条非常漫长的路，且经常会遇到风风雨雨、沟沟坎坎和十字路口，很难走，经常面临抉择。尽管前进道路很泥泞、充满艰辛，但只要目标清楚，步行者的脚步永远不会停止——我是一个步行者。"

闻玉梅与父亲的交往很少，但父亲执着科学研究的精神在闻玉梅身上得到传承。如果说闻亦传和桂质良是西方现代科学教育体制培养出来的中国第一代科学家，他们在各自领域做出了开创性的贡献，那么，闻玉梅作为新中国培养的第一代科学家，一生从事科学研究、挚爱教育，在科学研究和教学方面都做出了突出贡献，可以说，她无愧于父辈们的培养。

---

① 胡德荣：一位分子病毒学家的故事——记上海医科大学教授闻玉梅。《健康报》，1994 年 12 月 3 日。

② 吴焰，李泓冰：薪火相传的成才基因——复旦大学上海医学院几位名医的"精神烙印"。《人民日报》，2007 年 9 月 19 日。

③ 彭德倩：院士闻玉梅："老师，不是蜡烛，更像火炬"。《上观新闻》，2018 年 9 月 3 日。

本书基于对闻玉梅的多次访谈以及阅读她大量的研究成果撰写完成，这三年的随访跟拍，让闻玉梅采集小组的所有成员深切地感受到中国知识分子的博大胸怀、前瞻性的科学思维和深厚的人文情怀。

此书完稿之际正值全国与新冠病毒抗争的最艰难时刻，闻玉梅带领着她的团队又一次站到了抗疫战场前沿，担负起科学家的道义与责任。步行者永远在路上……

附录一　闻玉梅年表

1934 年

1 月 16 日，出生于北平（今北京），祖籍湖北武昌。

1939 年

4 月 17 日，父亲闻亦传去世，享年 42 岁。

9 月起，就读于北京明之小学。

1940 年

在北京明之小学读一年级。

1941 年

在北京明之小学读二年级。

随母亲返沪，9 月起，在上海中西第二小学读三年级。

1942 年

在上海中西第二小学读三、四年级。

1943 年

9 月，在上海圣玛利亚女校（现上海市市三女中）读预科一年级。

1944 年

在上海圣玛利亚女校读预科二年级。

1947 年

在上海圣玛利亚女校获得综合成绩第一名。

1950 年

2—9 月，为陪伴母亲，从上海圣玛利亚女校转学至安徽怀远县里中学，完成高二下半学期学习。

9 月，转回上海圣玛利亚女校，继续读高三。

1951 年

6 月，从上海圣玛利亚女校毕业，作为班长在《圣玛利亚女校毕业分册》发表《我们这一群》。

考入上海医学院医疗系。

1952 年

在上海医学院就读，业余时间师从京剧名师程君谋学习京剧。

结识同学宁寿葆。

1954 年

选择内科作为本科专业。

1955 年

开始在华山医院进行临床实习，业余坚持京剧学习。

1956 年

6 月 1 日，母亲桂质良突发急性胆囊炎、胆石症在上海华东医院去世，享年 56 岁。

7 月，加入中国共产党，成为预备党员。

7 月，参加全国首次副博士研究生招生考试，以优异成绩考取上海第二医学院，师从著名免疫学家余濱。

8 月，从上海第一医学院医学系毕业，获理学学士学位。

1957 年

返回上海第一医学院任助教，并与大学生一起去上海郊区金山参加劳动。

7 月，中国共产党预备党员转正。

1958 年

继续留在上海青浦研究血防。

12 月，与宁寿葆结婚。

1959 年

从上海青浦返回上海第一医学院。

1960 年

在上海第一医学院任助教并获重点培养，师从上海第一医学院二级教授、著名微生物学家林飞卿。

9 月，女儿宁忆出生。

1961 年

任上海第一医学院微生物学教研室助教。

7 月，在北京协和医科大学（现北京协和医学院）进修，师从中国医学微生物学、免疫学开拓者之一的谢少文。

1963 年

5 月，在《实验生物学报》发表论文《艾氏腹水癌抗原的初步研究》。

9 月，结束在北京协和医科大学的进修，返回上海第一医学院，在上海青浦、金山参与“四清运动”。

12 月，翻译《脊髓灰质炎病毒的免疫反应病毒絮状沉淀与絮状沉淀阻滞抗体的产生》，并被收录于《肠道病毒专辑 1963》。

1964 年

5 月，在《中华医学杂志》独立发表论文《有关霍乱、副霍乱的细菌学和免疫学的若干问题》。

8 月，向全国第一届免疫学术会议投送合著论文《痢疾杆菌内毒素对某些机体反应性的作用》《小白鼠经口感染痢疾杆菌产生抗体的研究》并获发表。

1965 年

9 月，参与编写由陈仁主编的《免疫学》一书，撰写第八章《正常体液的免疫因素》与第三十六章《小鼠食物运动性条件反射》。

1966 年

返回上海。在“文化大革命”中被贴大字报、靠边劳动。

1969 年

6 月，作为医教研骨干，为探索医学教育如何面向农村，同时作为知识分子下乡接受思想改造，随上海第一医学院派出的教改（教育改革）队前往贵州省剑河县南哨。

1970 年

3 月，为获得更多的教改实践，转战贵州省天柱县办学，开办了六二六学习班。

7 月，接到驻上海第一医学院工宣队通知，为参加工农兵学员班筹备工作，随教改队返沪。

8 月，参与工农兵班教学工作直至 1972 年 8 月。

1971 年

红眼病在全国第一次大规模流行。为查明致病原因，与上海第二医学院（现上海交通大学医学院）王悦时一起将除菌过滤后的患者眼泪滴到自己眼中做试验。

1972 年

参加工农兵班教学，并多次下乡在上海朱家角人民医院教学。

1974 年

接到驻上海第一医学院工宣队通知，可以开展肝炎研究，开始关注肝炎。

11 月，在《医学情况交流》发表论文《慢性乙型病毒性肝炎病人的免疫学初步研究》。

1975 年

10 月，在《医学情况交流》发表论文《乙型肝炎病人血清的电镜观察》。

10 月，在《中华医学杂志》发表论文《慢性乙型病毒性肝炎病人的免疫学初步研究》。

1976 年

晋升上海第一医学院讲师。

6 月，在《医学情况交流》发表论文《白细胞粘附抑制试验在乙型肝炎病人中的初步应用》。

1977 年

8 月，在《国际流行病学传染病学杂志》独立发表论文《慢病毒感染（综述）》。

1978 年

2 月 6 日，除夕，作诗《赠恩师少文》赠予谢少文。

4 月，在《国外医学（微生物学分册）》发表论文《甲型肝炎抗原与抗体（综述）》。

8 月，在《上海市 1977 年度病毒性肝炎经验交流会资料汇编》发表论文《慢性乙型肝炎病人的特异性细胞免疫反应》《HBsAg 免疫豚鼠的免疫 RNA 提取与体外细胞免疫传递观察》。

10 月，在《上海医学》发表论文《应用免疫电镜检查甲型肝炎抗原颗粒的初步报告》。

12 月，在《上海医学》独立发表论文《皮肤迟缓型变态反应试验》。

12 月 10 日，受聘为《医学百科全书》微生物学分卷编委。

1979 年

因在教学和科研上成绩优越，被破格晋升为上海第一医学院副教授。

3 月，邀请美国著名肝炎、肿瘤病毒研究泰斗 Joseph L. Melnick 教授访问上海第一医学院，并举办一系列学术活动。

4 月，在《上海医学》发表论文《病毒性肝炎患者细胞免疫功能、免疫球蛋白和补体测定的临床意义》。

8 月，在《上海医学》发表论文《应用微量固相放射免疫测定法（Micro-SPRIA）检测甲型肝炎抗原》。

10 月，在《上海第一医学院学报》发表论文《从猝死成人心肌分离柯萨奇 B5 病毒》。

1980 年

2 月 4—18 日，赴美国纽约参加病毒学瞻望会议。会后参观纽约血液中心、哥伦比亚大学微生物科、Sloan Kettering 研究所免疫学实验室和美国国立卫生研究院变态反应与传染病研究所等。

3 月，通过 WHO 考试选拔，被首批选派赴英国伦敦大学卫生与热带病研究所 WHO 肝炎合作中心进修 3 个月。

4 月，在《中华医学杂志》发表论文《慢性乙型肝炎患者白细胞产生干扰素的研究》。

4 月，出版《病毒性肝炎研究进展》。

10 月，被中国微生物学会聘为普及工作委员会委员。

12 月，在《健康报》发表论文《医学院校应当开设医学道德课程》。

在谢少文等主编的《免疫学基础》一书中撰写《持续性病毒感染与免疫》章节。

1981 年

任上海医科大学微生物学教研室主任。

指导从猝死患者的心肌分离出病毒，证明上海市的心肌炎主要由柯萨奇 B 组的某些型引起。

3 月 1 日，受聘为卫生部医学科学委员会病毒学与病毒学疾病专题委员会委员。

3 月，获 1980 年上海市三八红旗手证书。

4 月，在《吉林医学院学报》发表论文《病毒性胃肠炎的病因学》。

5 月，在《中华微生物学和免疫学杂志》发表论文《病毒性肝炎患者白细胞产生干扰素的动态研究》。

6 月 22 日—7 月 22 日，邀请美国乔治·华盛顿大学微生物学教授黄琨岩至上海医科大学微生物教研室指导工作。

8 月，在《国外医学（微生物学分册）》独立发表论文《PLC/PRF/5 细胞系与乙肝病毒》。

9 月，在《病毒学档案》发表论文 Detection of HBsAg in a Clone Derived from the PLC/PRF/5 Human Hepatoma Cell Line。

10 月，赴美国国立卫生研究院开始为期一年的访学。

10月27日，收到耶鲁大学医学部邀请其于1982年1月8日赴美演讲的邀请信。

1982年

在美国国立卫生研究院变态反应及传染病所进修。

1月，在《上海第一医学院学报》发表论文《PLC/PRF/5肝癌细胞系产生乙型肝炎表面抗原的研究》。

1983年

夏，应新疆军区和新疆微生物学会邀请，赴乌鲁木齐及石河子讲学。

8月，在*Viral hepatitis: Second International Max von Pettenkofer Symposium*发表论文Hepatitis B Virus and Primary Liver Cell Carcinoma。

10月，参加由上海市科委与美国南加利福尼亚州科技交流中心在沪共同举办的乙型肝炎与原发性肝癌报告讨论会。

11月，在《国外医学（微生物学分册）》发表论文《抗病毒感染中的细胞杀伤作用（综述）》。

11月，在《中华传染病杂志》发表论文《乙型肝炎病毒脱氧核糖核酸研究进展及其临床意义》。

1984年

作为副教授，被国务院学位委员会破格评为博士生导师。

4月，在《临床皮肤科杂志》发表论文《系统性红斑狼疮患者血清干扰素测定及其性质和临床意义的研究》。

5月，被中国微生物学会聘为病毒学专业委员会委员。

5月，受聘为医学微生物及免疫学专业委员会副主任委员。

7月24日，参加上海市病毒性肝炎专题组的工作，获得证书。

8月28日，参加中日细菌学会会议。

8月，在《中华传染病杂志》发表论文《酶免疫法检测巨细胞病毒抗体》。

9月1日，应日本东海大学医学部部长佐佐木正五邀请，赴日本仙台参加学术会议并发表演讲。

9月13日，收到日本东海大学医学部部长佐木正五的感谢状，感谢其在日本东海大学医学部所作的演讲。

1985年

经卫生部批准，开始组建医学分子病毒学重点实验室。

第一个博士生瞿涤入学。

1月，受聘为编辑出版工作委员会《病毒学报》编委。

2月25日，作为十位获奖者之一，参加上海市卫生局召开的“在1984年取得重大科技成果的中年医学科学家”表彰大会。

2月，被中华医学会聘为《中华微生物学和免疫学杂志》编辑委员会委员。

3月，担任卫生部科教司全国肝炎防治研究领导小组成员。

3月，在《中华儿科杂志》发表论文《以HBV DNA观察乙型肝炎疫苗阻断HBV母婴传播的效果》。

5月，在《中华传染病杂志》发表论文《乙型病毒性肝炎患者2’—5’寡腺核苷酸合成酶与乙型肝炎病毒增殖的研究》。

5月，受聘为国家科委发明评选委员会特邀审查员。

5月，受聘为慢性肝炎防治中心名誉顾问。

7月1日，被上海市高等教育局奖励晋升一级工资。

8月，被哈尔滨市卫生防疫站聘为病毒科技术顾问。

8月，在《上海医学》发表论文《上海地区婴儿传播乙型肝炎机率的调查》。

10月，被选为上海市微生物学会第七届理事会副理事长。

10月，邀请美国国立卫生研究院分子免疫调节室主任奥本海姆博士访问上海医科大学。

10月，被中华医学会聘为《中华医学杂志》（英文版）编辑委员会委员。

12月，在《病毒学报》发表论文《乙型肝炎病毒DNA在患者血清及肝组织中存在状态的研究》。

1986年

分子病毒学实验室被正式批准为第一批卫生部重点实验室。担任该实验室主任及学术委员会主任（1986—2002）。

开始研究治疗性乙肝疫苗。

3月8日，新华社上海三月七日通讯:《一个普通中国人的精神——访乙型肝炎病毒研究专家闻玉梅》。

3月8日，获上海医科大学1985年校级创献奖。

3月30日，受聘为河南省医学科学研究所病毒性肝炎研究室顾问。

6月27日，参加中国科学技术协会第三次全国代表大会，受党和国家领导人接见。

7月，受邀参加“上海卫生发展战略研究”课题组医学科技分课题调研工作。

9月3日，受聘为上海市科学技术委员会医学专业委员会委员。

10月4日，被中华人民共和国卫生部聘为高等医学院校医学专业基础学科统考命题委员会副主任委员。

10月，在《柳叶刀》发表论文 Transplacental Transmission of Hepatitis B Virus。

10月，在黄桢祥主编的《病毒性肝炎研究进展》一书中独立撰写《乙型肝炎病毒DNA在肝炎、肝癌中的研究》一章。

11月，在 *Chinese Medical Journal* 发表论文 Studies on Intrahepatic Hepatitis B Virus DNA in 98 Viral Hepatitis B Patients。

1987年

在“863”计划申请中首先提出“消除对乙肝病毒抗原免疫耐受性”，从而进行乙肝治疗的新观点。

与北京医科大学（现北京大学医学部）陶启敏、重庆医科大学张定凤、同济医科大学（现华中科技大学同济医学院）郝连杰、上海静安中心姚光弼联合承担国家“七五”攻关工作。

邀请联邦德国学者 Blum 博士来实验室讲学。

2 月，受聘为《国外学者采访报告》副主编。

3 月，负责项目“乙型肝炎病毒脱氧核糖核酸在患者血清及肝组织中存在状态的研究”被上海市科学进步奖评审委员会评为二等奖。

3 月，被上海市妇女联合会评为 1986 年度上海市三八红旗手。

4 月，被上海医科大学聘为青年科学研究基金评审委员会委员。

4 月 1 日，被中华医学会聘为《中华微生物学和免疫学杂志》编辑委员会委员。

6 月，与余传霖等人共同主编医学教材《医学微生物学和免疫学》。

6 月，被中华医学会上海分会聘为《上海医学》第二届编辑委员会委员。

10 月 10 日，被中国人民解放军第二军医大学训练部研究生处聘为该校免疫学专业指导教师。

10 月，获中华人民共和国卫生部荣誉证书。

10 月，受聘为卫生部肝炎专家咨询委员会委员。

12 月，被《中国医学百科全书》编辑委员会聘为《中国医学百科全书》基础医学综合本编委。

12 月，被上海市临床检验中心聘为顾问（1987—1988 年）。

1988 年

在国家“863”计划的支持下，开始进行为期 10 年的建立鸭乙肝免疫耐受动物模型及消除免疫耐受对策的研究。

开始复合型治疗性乙肝病毒疫苗的研究。

1 月，受上海市科学技术委员会医学专业委员会聘请，参加病毒性肝炎专题组专家咨询工作，聘期三年。

2 月，在《中华微生物学和免疫学杂志》发表论文《鸭乙型肝炎病毒（DHBV）实验感染及去法氏囊对感染过程的影响》。

5 月 20 日，主持的项目“乙肝患者 HBV DNA 及 HBNA 的研究——对乙肝病毒标志意义的再评价”被上海医科大学授予“校级科学技术成果”荣誉证书。

8 月，在《国际流行病学传染病学杂志》独立发表论文《鸭乙型肝炎病毒研究进展》。

8 月，在《中华传染病杂志》独立发表论文《乙型肝炎患者及无症状 HBsAg 携带者血清中核心抗体亲和力的研究》。

11 月，参加第一届全国肝癌学术会议，与陈子平合作发表论文《HBV 致肝细胞癌的模式》。

11 月 28 日—12 月 6 日，邀请美国学者 A.R.Newrath 博士来教研室指导工作。

12 月，在《上海医科大学学报》发表论文《一种快速、简便检测鸭乙型肝炎病毒抗原、抗体的方法》。

12 月，被同济医科大学聘为微生物学兼职教授。

第一位博士生瞿涤毕业。

1989 年

1 月，被选为上海市微生物学会第八届理事会副理事长。

4 月，参加病毒感染的发病机理及控制国际学术讨论会，并撰写会议综述《病毒感染的发病机理及控制——国际学术讨论会》发表在《国外医学（微生物学分册）》。

5 月，在 *Voprosy Virusologii* 发表论文 The interferon system in ducks infected with viral hepatitis B。

9 月 25—28 日，参加在美国冷泉港召开的乙型肝炎病毒（HBV）分子生物学会议。

11 月 9—11 日，参加由上海市科委医学专业委员会主办的 1989 年国际病毒性肝炎研讨会，作报告《鸭作为嗜肝 DNA 病毒致病原因和机体免疫应答研究的动物模型》。

参加国家“七五”攻关课题乙型肝炎慢性化机理启动会。

1990 年

1 月，出版《医学分子病毒学》一书。

1 月，在 *Clinical & Experimental Immunology* 以第一作者发表论文 The Affinity of Anti−HBc Antibodies in Acute and Chronic Hepatitis B Infection。

2 月 17 日，负责的项目“我国乙型肝炎病毒核心抗原基因突变的发现”获卫生部科学技术进步奖二等奖。

4 月 1 日，受聘为《中华医学杂志》(英文版)1990 年编辑委员会委员。

4 月 4—8 日，参加在美国休斯敦举行的第七届国际病毒性肝炎及肝病会议。

6 月，在《病毒学报》以第一作者发表论文《鸭乙型肝炎病毒前 S 抗原决定簇的研究》。

9 月，代表中国微生物学会赴日本交流开会。

10 月 9 日，“乙型肝炎动物模型的体液免疫与干扰素研究”研究被上海医科大学授予“校级科学技术成果”荣誉证书。

10 月，在 *Journal of General Virology* 以第一作者发表论文 A Synthetic Peptide Elicits Antibody Reactive with the Native Duck Hepatitis B Virus pre−S Protein。

11 月，在《中华医学杂志》独立发表论文《乙型肝炎病毒核心基因突变株的发现及其意义》。

在 *Pathogenesis and Control of Viral Infections* 以第一作者发表论文 HBV Hepatitis: Pathogenesis and Molecular Biology。

1991 年

首次提出免疫学分类及治疗的原则。

1 月，出版主编的医学教材《现代微生物学》。

3 月，被上海市医学科技情报研究所、《国外医学来访报告》编辑部聘为《国外医学来访报告》杂志副主编，任期四年。

5 月 11 日，被上海市高等学校教师职务评审委员会聘为上海市高等学校教师职务评审委员会医学基础（功能）学科评议组成员，任期一年。

6 月 16 日，参与负责的项目“乙型肝炎慢性化机理的研究”获卫生部科学技术进步奖二等奖。

6 月 16 日，参与负责的项目“鸭乙型肝炎病毒实验模型”获卫生部科学技术进步奖二等奖。

8 月，在卫生部科学技术司、上海市医学科学技术情报研究所编的《国内外医学科学进展 1991》一书中撰写《乙型肝炎的治疗策略探讨》。

12 月，被中国科学院上海植物生理研究所聘为该所研究员职务任职资格特约评委（1991—1993 年）。

与美国 Joseph L. Melnick 教授、上海医科大学徐志一教授共同主编的英文著作 Viral Hepatitis in China：Problems and Control Strategies 正式出版。

1992 年

3 月，在 *Chinese Medical Journal* 独立发表论文 Study on the Mechanisms of Chronicity of Hepatitis B Infection。

4 月 20 日，被国务院学位委员会聘为国务院学位委员会第三届学科评议组（基础医学评议组）成员。

6 月，在《上海医学》以第一作者发表论文《用合成肽研究对丙型肝炎病毒抗原决定簇的抗体反应》。

9 月，在《病毒学报》以第一作者发表来我《用固相抗体－抗原复合物逆转对鸭乙型肝炎病毒的免疫耐受性》。

9 月，在《医学研究通讯》以第一作者发表论文《我国乙型肝炎病毒核心抗原基因突变的发现》。

11 月 5 日，“消除慢性肝炎免疫耐受状态”结项，项目获得上海市卫生局医学科研处颁发的研究证书。

因杰出的肝炎研究，被美国传记研究所选入第四版杰出领导者的国际名单。

12 月，博士研究生熊思东毕业。

1993 年

3 月 20 日，被中华医学会肝病学会《肝脏病杂志》编辑部聘为编委。

3 月，被提名为高校精英获奖者。

4 月 22 日，闻玉梅、熊思东取得发明专利《一种新型免疫原性复合物制剂及制备方法》，专利号为 CN93112409.3。

5 月 20 日，受聘为上海市卫生局卫生系列高级专业技术职务任职资格评审委员会公卫学科组成员，任期三年。

5 月，医学分子病毒学卫生部重点实验室迁入上海医科大学治道楼。

7 月，受聘为中国人民解放军第二军医大学微生物学兼职教授，任期三年。

9 月 21 日，被中华医学会聘为《中华微生物学和免疫学杂志》第三届编辑委员会副总编。

9 月，在 *Journal of Virology* 与法国 Christian Trepo 教授合作发表论文 Hepatitis B Virus Genotype A Rarely Circulates as an HBe-Minus Mutant: Possible Contribution of a Single Nucleotide in the Precore Region。

10 月 12—16 日，主持国际学术会议 China-EC Biotechnology Viral Hepatitis B and C（中国 - 欧洲生物技术：乙肝和丙肝病毒会议）。

10 月 16 日，接待法国里昂实验室主任 Christian Trepo 访问卫生部分子病毒学重点实验室。

10 月 23—28 日，参加 The Third Asia-Pacific Congress of Medical Virology。

10 月 27 日，被中华医学会选为中华医学会医学病毒学学会第三届委员会委员。

10 月，作为第一完成人完成的项目“乙型肝炎耐受动物模型的确立及消除免疫耐受状态的应用研究”获上海市科学技术进步奖一等奖。

11 月，在 *Journal of Internal Medicine* 独立发表论文 Hepatitis B Virus Precore and Core Gene Mutation in Chronic Hepatitis B and Hepatocellular Carcinoma Patients。

12 月 15 日，被国家自然科学基金委员会聘为国家自然科学基金委员会生命科学部专家咨询组成员。

博士研究生袁正宏毕业。

1994年

2月，在*Journal of General Virolog*以第一作者发表论文Solid Matrix-antibody-antigen Complex can Clear Viraemia and Antigenaemia in Persistent Duck Hepatitis B Virus Infection。

2月，在《中国科学基金》独立发表论文《对科学研究创新性的浅见》。

3月10日，被微生物学免疫学进展暨生物制品快讯编辑部聘为《微生物学免疫学进展》特约编委。

3月，受聘为潍坊医学院兼职教授。

3月，当选中华医学会上海分会第三十二届上海市医学会医学病毒学会委员会主任委员。

4月，被上海市人民政府授予1993年度"上海市劳动模范"称号。

4月，主持的项目"乙肝肝炎免疫耐受动物模型的确立及消除免疫耐受状态的应用研究"获国家科学技术进步奖三等奖。

6月16日，被国家自然科学基金委员会聘为国家自然科学基金委员会第五届学科评审组成员。

6月，在《中华实验和临床病毒学杂志》以第一作者发表论文《乙型肝炎病毒核心基因变异的研究》。

6月，因在任职上海医科大学第二届学术委员会委员期间贡献突出，被授予学术委员会名誉委员称号。

6月，被上海医科大学聘为上海医科大学第五届学位评定委员会委员，任期三年。

7月，被卫生部病毒性心脏病重点实验室聘为卫生部病毒性心脏病重点实验室学术委员会委员，聘期五年。

8月31日，举行"庆祝林飞卿教授九十寿辰"活动。在《中华微生物学和免疫学杂志》独立发表论文《为促进我国抗感染免疫的研究而奋斗——庆贺著名微生物学免疫学家林飞卿教授九十寿辰（1904—）》。

8 月，与张维、何球藻主编的《微生物学与免疫学多选题及题解》正式出版。

8 月，在 *Chinese Journal of Biochemistry and Biophysics* 发表论文 Specific Inhibition of HBsAg Expression by Complementary Oligodeoxyribonucleotides Conjugated to Poly（L–lysine）。

9 月 16—18 日，在黄山参加世界华人肝病学术研讨会，并应邀在大会上做主题演讲《消除对乙型肝炎病毒免疫耐受性的研究概况》。

9 月，被上海市卫生局聘为上海市医学领先专业专家评审委员会委员，任期三年。

10 月 23—28 日，参加第三届亚太医学病毒学大会（The Third Asia–Pacific Congress of Medical Virology）。

10 月，在 *Chinese Medical Journal* 以第一作者发表论文 Enhanced Immunogenicity in Mice with Hepatitis B Vaccine Complexed to Human Hepatitis B Immunoglobulin。

11 月 3 日，被中国科学院上海植物生理研究所聘为研究员职务任职资格评审委员会委员，任期四年。

12 月，在《中华医学杂志》独立发表论文《微生物学与免疫学》。

1995 年

1 月 5 日，与陆德源共同主编的《现代微生物学》在上海医科大学校优秀教材评选中获得优秀教材奖。

4 月，被国务院授予“全国先进工作者”称号。

6 月，在《国外医学（微生物学分册）》独立发表论文《DNA 免疫及其在微生物学中的应用》。

6 月，在 *THE LANCET* 以第一作者发表论文 Hepatitis B Vaccine and Anti–HBs Complex as Approach for Vaccine Therapy。

10 月，在《国外医学（微生物学分册）》独立发表论文《国外肝炎病毒研究的新进展》。

12 月，在《中华医学杂志》独立发表论文《微生物学和免疫学》。

12 月，主持的项目“乙型肝炎免疫耐受动物模型的确立及消除免疫耐受状态的应用研究”获国家科学技术进步奖三等奖。

在 *Cell Research* 以第一作者发表论文 Molecular variation in the hepatitis B virus genome detected in China。

1996 年

在意大利召开的国际肝炎病毒大会上主持乙肝病毒中心会议。

1 月，在 *Chinese Medical Journal* 独立发表论文 Hepatitis B Virus Variants and their Significance in Pathogenesis, Prevention and Treatment。

3 月 5—7 日，参加第三届上海国际肝癌与肝炎专题讨论会。

4 月 2—5 日，在“863”计划十周年工作会议上被评为生物技术领域先进工作者。

5 月，在《中华微生物学和免疫学杂志》独立发表论文《治疗性疫苗的研究进展》。

6 月 6 日，被聘为国家自然科学基金委员会第六届学科评审组成员，任期两年。

7 月 23 日，被上海市科学技术协会聘为第五届上海市科技精英专家评审组专家。

8 月，在《中华传染病杂志》独立发表论文《乙型肝炎治疗性疫苗的研究与应用》。

10 月，在桂林召开的中国微生物学会第七届全国代表大会上被选为中国微生物学会理事长，并以理事长身份作工作报告《承前启后，接好跨世纪的“接力棒”》。

10 月，参加在杭州召开的中国病毒性肝炎防治学术研讨会，并作学术报告《乙型肝炎病毒（HBV）核心基因结构的变异及分析》。

11 月 19 日，被中华医学会聘为《中华肝脏病杂志》第一届编辑委员会编委。

11 月，在《医学研究通讯》以第一作者发表论文《消除对乙型肝炎病毒免疫耐受性的研究》。

在 *Current Developments in Animal Virology* 以第一作者发表论文 Therapeutic Vaccine Studies of Viral Hepatitis B in Animal Models。

1997 年

被欧共体聘为欧共体－发展中国家项目申请评估专家。

治疗性疫苗被列为国家“863”计划生物领域重大项目之一。

在香港参加国际消化道会议。

1 月 16 日，被汕头大学医学院聘为客座教授。

1 月，获国家教委、国家人事部全国留学回国人员称号。

2 月 26 日，闻玉梅、何丽芳、瞿涤取得发明专利《抗原－抗体－重组 DNA 复合型疫苗》，专利号为 CN97106291.9。

2 月，在《中华传染病杂志》独立发表论文《乙型肝炎病毒感染的免疫学分类：建议与应用》。

3 月 31 日，作为第一完成人完成的项目“乙型肝炎病毒结构基因的变异、机理及意义”获国家教育委员会科技进步奖一等奖。

5 月 20 日，被国务院学位委员会聘为国务院学位委员会第四届学科评议组（基础医学评议组）成员。

5 月，在《中华传染病杂志》独立发表论文《以控制病毒性肝炎为目标加强综合性多学科研究》。

7 月 23 日，被上海市科学技术协会聘为第五届上海市科技精英专家评审组专家。

11 月，被上海市职称改制工作领导小组聘为上海市卫生系列高级专业技术职称任职资格评审委员会公卫学科组成员，任期三年。

12 月，在《病毒学报》以第一作者发表论文《乙型肝炎病毒（HBV）核心基因的变异及分析》。

12 月，在 *Journal of Gastroenterology and Hepatology* 独立发表论文 Pathogenesis of chronic viral hepatitis B: Viral persistence and immune tolerance。

12 月，项目“我国乙型肝炎病毒持续性感染的机理及对策”获国家自然科学奖三等奖。

1998 年

与北京生物制品所合作向"863"计划申请中试生产基金。经专家组验收后，向下游单位签订合同，转让其专利技术并联合研制、开发产品。由于这一治疗性疫苗在国内外无参考产品，因此需要白手起家，摸索建立一套全新的生产工艺。

2 月 23 日，闻玉梅、何丽芳、瞿涤取得两项国际专利，分别是欧洲发明专利 *A Composite Vaccine which Contains Antigen, Antibody and Recombinant DNA and its Preparing Method*，专利号为 EP98903989；美国发明专利 *Composite Vaccine Which Contains Antigen, Antibody and Recombinant DNA and its Preparing Method*，专利号为 US09/171704。

3 月，与丈夫宁寿葆获上海医科大学"比翼双飞　模范佳侣"称号。

10 月 22 日，获何梁何利科技进步奖。

10 月，参加全国抗病毒及免疫学基础理论讲习班。

11 月 3 日，被中国科学院上海植物生理研究所聘为研究员职务任职资格评审委员会委员，任期四年。

11 月 4 日，在石家庄参加中国微生物学会七届二次理事会，时任第七届理事会理事长。

11 月，在 *Journal of Gastroenterology and Hepatology* 以第一作者发表论文 Replicative Efficiency and Pathogenicity of Hepatitis B Virus E-minus Precore Variant。

12 月，被卫生部寄生虫病原与媒介生物学重点实验室聘为第二届学术委员会委员。

12 月，被上海医科大学授予"优秀研究生导师"称号。

被上海市医学会授予国家自然科学核心期刊《上海医学》第三届编辑委员会委员奖牌。

在上海与法国第七大学合作召开学术会议 Medical University—Paris 7 University Workshop on Liver Disease。

1999年

担任欧盟发展司XII司-INCO-DC评估专家委员会委员（1999—2005年）。

1月，被上海市血液中心聘为技术顾问，任期三年。

3月31日，被中华医学会聘为《中华微生物学和免疫学杂志》第四届编辑委员会副总编辑。

3月，被中国科学院上海文献情报中心生命科学编辑部聘为《生命科学》编委。

4月9—13日，以国际顾问委员会成员身份参加在美国亚特兰大召开的第10届国际病毒性肝炎和肝病研讨会，并担任主持丙型肝炎分会的主席之一。

6月28—30日，出席在长春召开的第三届中日国际病毒学会议，担任大会执行主席并主持开幕式。

6月29日，被上海医科大学青年专家协会聘为首届顾问。

7月，在《中华微生物学和免疫学杂志》独立发表论文《微生物基因组研究进展及其意义》。

8月，在《中华传染病杂志》独立发表论文《增加创新性，减少重复性，提高我国病毒性肝炎的研究水平》。

10月，在《中国工程科学》以第一作者发表论文《重组治疗性乙型肝炎疫苗（YIC）的实验研究》。

10月，作为提议人提议的国家重点基础研究发展规划项目“重要传染病防治的基础研究”正式启动。

12月，在 *Journal of Gastroenterology and Hepatology* 以第一作者发表论文 Progress on antigen-antibody complex therapeutic vaccine。

12月，在 *Chinese Medical Sciences Journal* 以第一作者发表论文 Naturally-occurring Hepatitis B Virus Structural Gene Mutations and Their Implications。

12月，被上海医科大学聘为第六届学位委员会委员。

12月，当选中国工程院院士。

获上海市育才奖。

带领团队进行的“乙肝肝炎病毒结构基因致病性的研究”项目获 1999 年度医药卫生科学技术进步奖二等奖。

医学分子病毒学教育部 / 卫生部重点实验室被评为上海市“三八”红旗集体、上海市高校实验室工作先进集体。

博士研究生屠红毕业。

2000 年

被评为“863”计划 15 周年突出贡献先进个人。

2 月，在《上海免疫学杂志》独立发表论文《新型疫苗——预防和控制疾病的新途径》。

3 月，在《科学》独立发表论文《微生物基因组研究》。

3 月，基础医学院分子病毒实验室被上海医科大学妇女工作委员会评为上海医科大学巾帼文明岗。

5 月，以中国微生物学会理事长身份赴美参加美国微生物学会 100 周年庆祝大会，并代表中国微生物学会向美国微生物学会赠送礼品。

6 月 5 日，作为中国工程院院士，在人民大会堂接受党和国家领导同志接见。

6 月 30 日，与赵建龙、袁正宏等取得发明专利《乙肝病毒多态性检测芯片的制作方法及其应用》，专利号为 CN00116875.4。

6 月，被中国国际科技会议中心聘为国际肝炎及肝病学研讨会专家委员会委员。

6 月，被上海医疗器械高等专科学校聘为女教授女干部联谊会名誉会长。

8 月，因在担任中华医学会医学病毒学分会第四届委员会委员期间对学会工作做出的贡献，获中华医学会颁发的工作表彰状。

9 月 24 日，签署《复旦大学与香港大学合作进行国家高科技基础研究计划重要传染病乙型肝炎的防治基础研究合作协议》。

9 月，被上海市教育工作委员会聘为第二届上海市教育名师团成员。

12 月，作为第一完成人完成的项目“乙肝病毒抗原 - 抗体 - 重组质粒 DNA 复合物组建及在治疗乙肝中的应用”获 2000 年教育部科技进步奖一等奖。

2001 年

1 月 3 日，被复旦大学生命科学学院聘请为该院兼职教授、微生物学和微生物工程系名誉系主任，聘期三年。

1 月 8 日，参加“肝炎病毒致病相关基因的研究”项目结题验收会。

1 月 18 日，与袁正宏、邱海军取得发明专利《一种新型 DNA 疫苗载体》，专利号为 CN01105250.3。

2 月 18 日，获国家科技部“863”计划十五周年突出贡献奖、生物技术领域先进个人称号。

2 月，在《微生物学报》独立发表论文《我国微生物界面临的机遇与挑战》。

2 月，在《国外医学（微生物分册）》独立发表论文《微生物结构与功能基因组研究进展》。

3 月 8 日，被中华全国总工会授予“全国文明家庭”称号。

3 月 15 日，与林旭、袁正宏取得发明专利《乙肝病毒全基因组多聚酶嵌合体及其组建方法和应用》，专利号为 CN200810128488.0。

3 月 20 日，被中国共产主义青年团复旦大学委员会聘为新世纪首届“先锋药业杯复旦大学十大医务青年”评选活动的评委会委员。

5 月 25 日，中国高校科学技术奖励委员会为表彰其作为第一完成人在“乙肝病毒抗原 - 抗体 - 重组质粒 DNA 复合物组建及在治疗乙肝中的应用”项目中做出的贡献，授予其“中国高校科学技术奖一等奖”。

6 月 28 日，被上海市教育工作委员会授予“教育系统优秀共产党员”称号。

6 月，主编的《现代医学微生物学》获评第十届全国优秀科技图书奖一等奖。

8 月，在《中国医学科学院学报》独立发表论文《微生物持续性感染与治疗性疫苗》。

9 月，因在梯队建设及青年教师培养工作中表现突出，获 2001 年度“复华教学科研奖励基金”。

10 月，被中国微生物协会聘为中国微生物学会第八届理事会理事、常务理事、名誉理事长。

12 月 27 日，被上海复旦悦达生物技术有限公司聘请为首席科学家，继续从事疫苗研究。

12 月，在 *Clinical Chemistry and Laboratory Medicine* 独立发表论文 Laboratory Diagnosis of Viral Hepatitis in China: The Present and the Future。

在 DNA Vaccines 一书中撰写章节 The introduction of new DNA vaccines into developing countries。

2002 年

乙克药审通过。

1 月 16 日，获 2001 年度“复旦大学陆宗霖奖教金”。

3 月 11 日，与林旭、袁正宏取得两项发明专利，分别是欧洲发明专利 *Methods for Detecting and Adjusting Replication of Hepatitis B Virus and for Preparing Mutated Virus Strains With Altered Replication Efficiency*，专利号为 EP02704555.8；美国发明专利 *Methods for Detecting and Adjusting Replication of Hepatitis B Virus and for Preparing Mutated Virus Strains With Altered Replication Efficiency*，专利号为 US10/471792。

3 月 23 日，被中国科学院上海生命科学研究院聘为第二届学术委员会委员。

3 月 25 日，被国家自然科学基金委员会聘为生命科学部第一届专家咨询委员会委员，任期两年。

3 月，在《上海医学》独立发表论文《疯牛病及其病原体——朊病毒》。

3 月，在《世界科学》独立发表论文《从百年诺贝尔奖看获奖者的素质》。

4 月 20 日，被聘为复旦大学教育部 / 卫生部医学分子病毒学重点实验室学术委员会主任委员（2002—2005 年）。

4 月 20 日，被复旦大学聘为复旦大学病原微生物研究所学术委员会委员（2004—2007 年）。

4 月 25 日，当选首届新世纪巾帼发明家，同期获奖的有宋后燕、屠呦呦等。

4 月，在《中华传染病杂志》独立发表论文《病原微生物结构与功能基因组研究现状》。

5 月 28 日，参加中国科学院第十一次、中国工程院第六次院士大会。

6 月，被四川大学聘为四川省资源微生物学及微生物生物技术重点实验室学术委员会主任委员。

7 月，出版主编的《精编现代医学微生物学》。

9 月 29 日，受聘为第五届教育部科学技术委员会委员。

12 月 19 日，被上海市医学会聘为上海医学科技奖奖励委员会顾问，聘期四年。

2003 年

乙克药审批文发布，与袁正宏作为第一批受试者开始做一期临床。

与学生瞿涤赴广州“非典”一线，在复旦 P3 实验室培养大量活 SARS 病毒，制备灭活滴鼻剂。

医学分子病毒学教育部 / 卫生部重点实验室党支部获“上海市教育系统先进基层党组织”称号。

1 月 27 日，上海市人民政府为奖励其在“乙型肝炎病毒致病相关基因的研究”项目中的贡献，授予其上海市科学技术进步奖二等奖。

3 月，被上海市妇女联合会授予上海市三八红旗手奖章。

4 月 6—10 日，参加在悉尼召开的第十一届国际病毒性肝炎和肝病研讨会，担任组委会成员。

4 月 22 日，接待世界卫生组织专家组成员、病毒学专家 Wolgang Presier 博士到复旦大学教育部、卫生部医学分子病毒学重点实验室考察

"非典"最新科研成果。

4 月，在 *Nature* 发表论文 Unique physiological and pathogenic features of Leptospira Interrogans revealed by whole-genome sequencing。

4 月，在上海成立的防治"非典"专家咨询组中担任顾问，对防治"非典"进行科学指导。

5 月 15 日，与钟南山、管轶等取得发明专利《一种免疫预防滴鼻制剂及其制备方法》，专利号为 CN03116941.4。

5 月，在《上海医学》独立发表论文《新型冠状病毒（SARS）的主要特性及其防治》。

5 月，与钟南山在《科学新闻》合作发表论文《用灭活病毒疫苗保护 SARS 病毒接触者》。

6 月 30 日，获得"上海市优秀共产党员标兵"荣誉称号。

6 月，被评为复旦大学优秀共产党员。

6 月，被中组部授予"全国防治非典型肺炎工作优秀共产党员"称号。

6 月，主编的《现代微生物学》在校优秀教材评选中获得优秀教材奖。

8 月，指导的博士论文《乙型肝炎病毒复制性增强的机理研究》（作者林旭）被评为 2003 年全国优秀博士学位论文。

8 月，因在抗击"非典"的战斗中临危不惧、恪尽职守、无私奉献，被上海市妇女联合会授予上海市三八红旗手。

9 月 26 日，与瞿涤、吴旸等取得发明专利《表皮葡萄球菌色氨酰—tRNA 合成酶及其在筛选药物中的应用》，专利号为 CN03151215.1。

9 月，在 *Current Drug Targets-Infectious Disorders* 以第一作者发表论文 Exploiting New Potential Targets For Anti-Hepatitis B Virus Drugs。

9 月，在《中华肝脏病杂志》独立发表论文《治疗性乙型肝炎疫苗的基础与应用研究》。

9 月，获复旦大学"校长奖"。

9 月，因在研究生培养工作中表现突出，获 2003 年度"复华教学科研奖励基金"。

10 月，因作为第一发明人在"抗原－抗体－重组 DNA 复合物疫苗"

项目中的贡献，获上海市发明创造专利奖三等奖。

11 月，在《复旦报》独立发表论文《以保障人民健康为己任 医学教育的重要任务》。

2004 年

医学分子病毒学教育部 / 卫生部重点实验室获上海市劳动模范集体奖状。

负责中德科学基金项目“中德 SARS 合作项目”（2004—2007 年）。

1 月 5 日，参与完成的“痢疾杆菌全基因组序列测定与分析”获 2003 年中华医学科技奖一等奖。

1 月，在《中西医结合学报》独立发表论文《天然免疫与中西医结合》。

2 月，在《国外医学（微生物分册）》独立发表论文《病毒酶的研究及其进展》。

4 月 7 日，与瞿涤、姚忻取得发明专利《聚乙二醇 – 灭活疫苗粘膜免疫剂》，专利号为 CN200410017527.1。

5 月，在 *Journal of Gastroenterology and Hepatology* 独立发表论文 Structural and Functional Analysis of Full-length Hepatitis B Virus Genomes in Patients: Implications in Pathogenesis。

5 月，指导的博士学位论文《乙型肝炎病毒复制性增强的机理研究》（作者林旭）获上海市研究生优秀成果。

5 月，在 *Journal of Gastroenterology and Hepatology* 独立发表论文 Structural and functional analysis of hepatitis B virus polymerase。

9 月 10 日，参加“琴瑟和鸣——上海教师婚庆典礼”。

9 月 17 日，因在“表皮葡萄球菌基因组结构与功能的研究”项目中做出的贡献，被教育部、国家人类基因组南方研究中心授予“教育部科技成果完成者”证书。

12 月 7—10 日，参加美日医学科学合作项目 40 周年国际会议。

指导的博士研究生李华林毕业。

2005 年

被复旦大学研究生评选为“最受爱戴的十大研究生导师”。

负责上海市科委项目“综合多学科手段研究 HBsAg 持续存在的新机制及对策”（2005—2007 年）。

1 月 21 日，被国家人类基因组南方研究中心聘为专家委员会委员，任期四年（2005—2008 年）。

1 月 27 日，被卫生部寄生虫病原与媒介生物学重点实验室聘为卫生部寄生虫病原与媒介生物学重点实验室第三届学术委员会委员，聘期三年。

5 月 13—16 日，在北京参加中华医学会第十二次全国病毒性肝炎及肝病学术会议，作学术报告《治疗性乙肝疫苗的研究进展》。

5 月，被复旦大学生物医学研究院聘为生物医学研究院高级顾问，聘期三年。

8 月，主编的英语教材 Key Note on Medical Molecular Virology 正式出版。

8 月，被国家科学技术奖励工作办公室聘为 2005 年度国家科学技术奖评审专家。

9 月 8 日，被上海市疾病预防控制中心聘为上海市疾病预防控制中心病原微生物学重点学科顾问组专家，聘期三年。

9 月 23 日，与高谦、顾家峰等取得发明专利《IS256 基因在制备鉴别病原菌性质的分子标志物中的用途》，专利号为 CN200510029991.7。

9 月，因在发挥名师作用、加强素质和能力培养、探索研究生课程改革和创新中的突出工作，被教育部授予国家级教学成果奖二等奖。

10 月 10—13 日，在北京高等病毒学国际研讨会发表主旨演讲。

11 月，因在发挥名师作用、加强素质和能力培养、探索研究生课程改革和创新中的突出工作，被上海市教育委员会、上海市人事局授予上海市教学成果奖一等奖。

2006 年

被亚太医学微生物学会授予特殊贡献奖。

负责国家自然科学基金项目“用持续表达乙肝病毒表面抗原模型研究病毒——细胞作用的新机制”（2006—2009年）。

1月，指导的博士论文《表皮葡萄球菌细胞间黏附素基因功能及表达调控的研究》（作者李华林）获上海市研究生优秀成果。

1月，因在《上海中长期科学和技术发展规划纲要（2006—2020年）》编制工作中做出的重要贡献，被上海市人民政府科学技术委员会授予荣誉证书。

3月，在《微生物与感染》独立发表论文《学科碰撞造就了诺贝尔奖获得者》。

4月3—6日，参加国际医学科学院组织（IAMP）第二届全球大会暨疾病控制优先项目全球发行会。

4月，在中国工程院启动的“基因重组病原微生物的安全性及其管理研究”课题中任组长。

5月18日，与袁正宏、姚忻取得发明专利《乙肝表面抗原－抗体复合物在制备对乙肝疫苗无应答或低应答预防制品中的用途》，专利号为CN200610082284.9。

7月7日，与王勇翔取得发明专利《一种乙肝病毒的逆转录酶基因的序列及应用》，专利号为CN200610101085.8。

8月，在《老年医学与保健》独立发表论文《发挥杂志优势　办好升级版》。

9月26日，与王勇翔、杜兰·H. 厄格尔 Jr等取得发明专利《非核苷类抑制病毒逆转录酶化合物及其衍生物在抗乙肝病毒中的应用》，专利号为CN200610116516.8。

9月，在《微生物与感染》独立发表论文《走近医学真菌》。

10月，参加中华医学会全国第九次感染病学学术会议，作学术报告《微生物感染的新特征：现象与机理》。

11月13—15日，获第七届亚太医学病毒学会议颁发的优秀贡献奖荣誉证书。

12月20日，与王勇翔、马张妹取得发明专利 *Sequence of reverse*

transcriptase gene and method of use，专利号为 US20060614062。

12 月，在《微生物与感染》独立发表论文《禽流感病毒与人禽流感的研究进展》。

2007 年

1 月 7 日，被上海院士风采馆聘为顾问。

1 月 25 日，作为第一完成人完成的项目"表皮葡萄球菌生物膜致病分子机制的研究"获教育部自然科学奖一等奖。

1 月 30 日，被上海市疾病预防控制中心聘为上海市疾病预防控制中心（上海市预防医学研究院）顾问，聘期 1 年（2007—2008 年）。

1 月，被中国科学院微生物研究所微生物资源前期开发国家重点实验室聘为该实验室第四届学术委员会委员（2007—2011 年）。

5 月 9—19 日，出席在波士顿举行的美国 21 世纪生物科学"在全球变化中面对可持续发展"探讨会。

6 月 5 日，与顾建新、谢建辉等取得发明专利《Dectin-1 与热休克蛋白 Hsp60 聚合物及其编码核酸和应用》，专利号为 CN200710041653.4。

6 月 11—12 日，参加在上海市召开的国际医学科学院组织召开的新发、再发传染病防控对策国际研讨会。

6 月，在《微生物与感染》独立发表论文《开拓病毒性肝炎转译型研究的新领域》。

7 月，作为优秀教师和教育专家代表，被组织部以党中央、国务院名义邀请到北戴河休假。

9 月 16—20 日，在意大利参加 The Molecular Biology of Hepatitis B Viruses 国际会议。

12 月 3 日，与郭亚军、戴建新等取得发明专利《多价乙型肝炎融合蛋白靶向性佐剂疫苗及其制备方法和用途》，专利号为 CN200710193859.9。

12 月 9—14 日，出席美国病毒性肝炎药物开发前沿研讨会。

12 月，在《微生物与感染》独立发表论文《病毒性肝炎治疗药物前沿研讨会》。

获2007年度“复旦大学复华奖教金学生心目中的好导师”奖。

2008年

1月25日，与王勇翔、胡有洪取得发明专利《苯丙氨酸衍生物在制备抗乙肝病毒药物中的用途》，专利号为CN200810033156.4。

1月，被复旦大学学生评为“我心目中的好老师”。

3月17—19日，由其组织的中－欧新现再现传染病研讨会在上海市召开。

3月，被教育部聘为教育部医学教育认证专家委员会委员。

4月6—10日，参加美国微生物学会国际会议。

6月13日，在香港2008年沪港国际肝病会议库尼亚·奥库达纪念讲座上做演讲《乙型肝炎病毒在肝细胞癌中的已知和未知作用》。

8月10—20日，出席美国第三届新型疫苗会议。

9月19日，赴墨西哥参加国际医科院联合会（IAMP）执委会与拉丁美洲科学院会议（ALAWAM）。

9月26—27日，出席2008国际药物临床研究与转化医学研讨会。

10月28日，出席上海－里昂病毒性肝炎国际研讨会——病毒性肝炎：从基础研究到应用。

11月9—11日，赴日本参加早稻田大学与复旦大学的复旦日活动并作报告。

12月20日，组织召开国际治疗性疫苗研讨会。

12月，获2008年度“上海医学院院长奖金奖”。

12月，提交中国工程院研究报告《基因重组病原微生物的安全性及其管理的研究》，并由工程院转呈国务院，获得批准。

2009年

1月，在*Reviews in Medical Virology*以第一作者发表论文Biological Features of Hepatitis B Virus Isolates from Patients Based on Full-length Genomic Analysis。

3 月，在《微生物与感染》独立发表论文《开展多学科双向性转化型研究》。

3 月，在 *Expert Opinion on Biological Therapy* 独立发表论文 Antigen - Antibody Immunogenic Complex: Promising Novel Vaccines for Microbial Persistent Infections。

5 月，出版主编的 Recent Works on Microbes and infections in China: Selected from the Journal of Microbes and Infections（China）一书。

5 月，在《生物产业技术》独立发表论文《治疗性疫苗研究现状与前景》。

9 月 16 日，与田晓晨取得发明专利《一种乙肝病毒感染者血清标志物及其用途》，专利号为 CN200910195754.6。

9 月，获“新中国 60 年上海百位杰出女教师”称号。

10 月，被德国 Duisburg-Essen 大学授予荣誉博士学位证书。

12 月 19 日，为响应“钱学森之问”，撰写《制约大师级人物出现的瓶颈》一文交组织部。

12 月，指导的博士学位论文《乙型肝炎病毒表面抗原对细胞蛋白 LEF-1 以及 CyPA 功能的影响及其意义》（作者田晓晨）获“上海市研究优秀成果奖（学位论文）”。

获 2008 年度复旦大学“廖凯原最受欢迎教师奖”。

2010 年

1 月，荣获 2009 年度“上海医学院院长奖（银奖）”。

3 月，在《微生物与感染》独立发表论文《面对 21 世纪第 2 个 10 年——浅谈宏观微生物与感染学》。

9 月，主编的《治疗性疫苗》正式出版。

9 月，被卫生部聘为卫生部疾病预防控制专家委员会免疫规划分委会委员，聘期 3 年。

9 月，在《中国实用内科杂志》独立发表论文《微生物持续性感染——老调需新弹》。

10 月 15—16 日，参加由中国工程院政策研究室、中国工程院医药卫生学部、复旦大学上海医学院分子病毒学教育部 / 卫生部重点实验室和上海院士中心共同主办的乙型肝炎研究的新思路与新途径研讨会，并做大会报告《乙肝病毒表面抗原持续阳性的机理》。

10 月，被北京 302 医院转化肝脏学研究所聘为顾问。

获 2010 年度“复旦大学复华奖教金——全国优秀博士学位论文入围指导教师奖”。

2011 年

1 月，获 2010 年度复旦大学上海医学院院长奖金奖。

1 月，被科技部聘为“973”计划重要传染病基础研究专题专家组组长，任期三年。

2 月 12 日，获“国家科技计划执行突出贡献奖”。

3 月，在《微生物与感染》独立发表论文《继续加强学科间交叉与国际化，努力提升刊物的学术水平》。

4 月 2 日，与赵铠取得发明专利《氢氧化铝类化合物在制备治疗微生物持续性感染药物中的用途》，专利号为 CN201110084448.2。

7 月，被复旦大学委员会授予“复旦大学优秀共产党员”称号。

7 月，被复旦大学聘为复旦大学第六届学术委员会主任，聘期 4 年。

9 月 16 日，院士闻玉梅无锡工作站在市第五人民医院（原市传染病医院）成立。工作站由闻玉梅、张继明、张文宏、张欣欣、陆蒙吉、汪宣怡等一批在感染病研究方面享有盛誉的国内知名专家团队领衔。

9 月 26 日，与德国马尔堡病毒研究所 Hans-Dieter Klenk 教授共同担任主编的英文期刊 *Emerging Microbes and Infections*（《新发现病原体与感染》）同自然出版集团签订合作协议。

9 月，被聘为复旦大学上海医学院第六届学术委员会委员，聘期 4 年。

10 月，当选中国微生物学会第十届理事会顾问，聘期 5 年。

11 月，被中国食品药品检定研究院聘为中国食品药品检定研究院卫生部生物技术产品检定方法及其标准化重点实验室第二届学术委员会委员。

12 月 22 日，受聘为“973”计划“病毒与细胞相互作用导致炎症的基础研究”项目责任专家组组长。

12 月，在《微生物与感染》独立发表论文《乙型肝炎病毒 e 抗原的生物学功能及血清学转换的免疫学基础》。

私人出版与姐姐闻玉平主编的母亲桂质良文集《学者·医师·母亲——纪念桂质良教授逝世 55 周年》。

2012 年

1 月，获 2011 年度复旦大学上海医学院院长奖金奖。

1 月，由其负责的“抗原－抗体复合物免疫治疗乙肝病毒感染的机理研究”项目团队获 2011 年度复旦大学上海医学院优秀团队奖（银奖）。

2 月，作为第一完成人完成的项目“抗原－抗体复合物免疫治疗乙肝病毒感染的机理研究”获教育部自然科学奖一等奖。

3 月，在《微生物与感染》独立发表论文《从一体化健康看学科间的学术交叉》。

3 月，指导的博士学位论文《乙型肝炎病毒 X 蛋白（HBx）对 Notchl 与 Snail 的调控及其功能的研究》（作者徐洁杰）获“上海市研究生优秀成果奖”。

4 月 9 日，与秦伯益、钟南山、胡敦欣、雷霁霖、于德泉、卢世璧、张金哲、甄永苏、姚新生、黎介寿、饶子和、郑守仪、石元春、黄志强、石学敏、范云六、李载平、刘彤华、刘玉清、孙燕、匡廷云、肖培根、程书钧、项坤三、池志强、盛志勇、陈冀胜、李宁、沈倍奋等中国科学院和中国工程院院士发表联名公开信，反对卷烟技术获得 2012 年度国家科学技术奖。

6 月 6 日，与陈力、王蕾等取得发明专利《一种检测和评价抗病毒感染活性的方法》，专利号为 CN201210185329.0。

6 月，担任第 14 届国际病毒性肝炎和肝病大会大会主席。

9 月，被中国人民解放军第二军医大学聘为肝炎与肝癌防治研究所协同创新中心学术委员会委员，任期四年。

11 月 22 日，在复旦大学学术委员会六届三次全体委员会议上提出辞去学术委员会主任职务的要求。

12 月 17 日，由其提议的“我国老龄化社会及老年医学”院士沙龙在中国工程院上海院士合作中心召开，拉开了“长三角地区健康老龄化发展的战略研究”项目的序幕。

2013 年

1 月 16 日，在复旦大学上海医学院正式成立闻玉梅及其丈夫宁寿葆以个人名义捐赠的“一健康基金”。

1 月，在《中华微生物学和免疫学杂志》独立发表论文《对发展乙型肝炎预防性与治疗性疫苗的思考与建议》。

2 月 8 日，与陈力、李蒙取得发明专利《一种检测和评价分子和药物生物学功能的方法及其用途》，专利号为 CN201310051361.4。

3 月 15 日，与王红阳、王宾等取得发明专利《氢氧化铝在制备治疗肝癌药物中的应用》，专利号为 CN201310084217.0。

3 月 22 日，被中国工程科技发展战略研究中心（上海）聘为该中心学术委员会委员。

3 月，主编的《病毒性肝炎和肝病——20 年展望》正式出版。

3 月，在《微生物与感染》独立发表论文《从痘苗病毒天坛株看继承与创新》。

4 月，在 *Emerging Microbes & Infections* 以第一作者发表论文 H7N9 Avian Influenza Virus–search and Research。

5 月 3 日，在乙克 IIIB 期研究汇报中作学术报告《抗原－抗体复合物治疗性疫苗的研究进展》。

5 月，被中国科学院－第二军医大学转化医学研究院聘为学术咨询委员会委员。

5 月，在 *Emerging Microbes Infections* 以第一作者发表论文 Erratum: H7N9 Avian Influenza Virus–search and Research。

7 月 24 日，作为总负责人的首批中国工程院国家战略咨询研究重点项目“长三角地区健康老龄化发展的战略研究”在上海市启动。

8 月 12 日，被上海市疾病预防控制中心聘为“十二五”计划“艾滋病和病毒性肝癌等重大传染病防治”科技重大专项“上海市大城市结核病综合防治模式研究”课题专家咨询委员会委员。

11 月 28 日，被中国疾病预防控制中心聘为卫生部寄生虫病原与媒介生物学重点实验室学术委员会委员。

12 月 6 日，与复旦大学学术委员会委员、复旦大学哲学系教授俞吾金，复旦大学克卿书院院长彭裕文举行《人文医学导论》新课建设讨论会，共同商讨开课规划，集体备课。

2014 年

1 月，与袁正宏出版主编的《微生物与感染研究荟萃》。

3 月 8 日，复旦大学老年医学研究中心在华东医院正式挂牌成立。担任该中心学术委员会主任。

3 月 13 日，与王红阳、王宾等取得发明专利《氢氧化铝在制备治疗肝癌药物中的应用》，专利号为 PCT/CN2014/073411。

3 月，在 *Frontiers of Medicine* 以第一作者发表论文 Vaccine Therapies for Chronic Hepatitis B: Can We Go Further?

3 月，被复旦大学老年医学研究中心、复旦大学附属华东医院聘为复旦大学老年医学研究中心学术委员会主任，聘期 3 年。

4 月 3 日，被聘为第四届卫生部寄生虫病原与媒介生物学重点实验室学术委员会委员，聘期 5 年。

4 月，上海市肝病研究所成立，担任学术委员会主席。

4 月，被聘为《中国感染与化疗杂志》第四届编辑委员会名誉主编。

4 月，在复旦大学克卿书院，与彭裕文、俞吾金教授一起为一年级本科生新生开设《人文与医学导论》课程。

5 月 28—30 日，出席国际临床和转化医学论坛（ISCTM）并发表演讲。

5 月，在《微生物与感染》独立发表论文《病毒持续性感染难治愈的因素及对策》。

6月7日，出席治疗性疫苗国家工程实验室建设启动仪式，出任实验室主任。

6月15日，被人民军医出版社聘为国家第一部医学数字化教材《医学微生物学》主审。

8月，在《微生物与感染》发表论文《埃博拉病毒及其致病机制》。

10月31日，主持召开中国工程院院士咨询项目“长三角地区健康老龄化发展的战略研究”专家咨询会。

12月，发表《长三角地区健康老龄化发展的战略研究报告》。

2015年

2月2日，登上国际著名科技出版集团Elsevier发布的“2014年中国高被引学者榜单”。

9月，在上海市微生物学会第十五届会员代表大会上被选为第十五届上海市微生物学会理事会荣誉理事长（2015—2019年）。

10月10日，与彭裕文等参加慕课《人文与医学》第一次见面课。

10月19日，被国际疫苗学会聘为成员。

10月28日—11月1日，邀请洛克菲勒大学教授Jeffrey V. Ravetch到教育部/卫生部医学分子病毒学重点实验室进行交流访问。

11月25日，在《老年医学与保健》以第一作者发表论文《国内外健康老龄化——“养老”和“医老”》。

12月9日，出席复旦大学第七届学术委员会第一次全体委员会议，会上致辞并介绍第六届学术委员会工作。

2016年

1月28日，在“传递健康　传承希望——2015年医药卫生界生命英雄推选活动”中被评选为“生命英雄——突出贡献奖”。

4月，作为被采集对象的“老科学家学术成长资料采集工程——闻玉梅学术成长资料采集项目”立项。

5月13—14日，发起召开第一届肝脏生物病理学临床实践转化国际研讨会，并担任大会共同主席之一。

6月，被评为复旦大学2016届本（专）科毕业生“我心目中的好老师”。

8月，在*Embo Molecular Medicine*以第一作者发表论文Immunoregulatory Functions of Immune Complexes in Vaccine and Therapy。

8月，获2016年上海市“教书育人楷模”称号。

9月22—25日，出席国际临床和转化医学论坛（ISCTM）并发表演讲。

9月，出席第三届临床微生物学与感染病学国际论坛暨全国微生物与人体健康学术会议，提出的“感染性疾病精准诊疗”理念引发了热烈讨论和认可。

9月，因在担任《上海医学》第五届编辑委员顾问期间所做的贡献，被上海市医学会授予荣誉证书。

10月15日，主讲“人文与医学见面课”。

10月，在《微生物与感染》独立发表论文《精准医学与微生物感染——实施精准感染病学的探讨》。

10月，应邀访问洛克菲勒大学，发表演讲Can We Benefit from Antigen-antibody Complexes。

10月，被中国微生物学会聘为《病毒学报》第六届编辑委员会编委（2016—2021年）。

10月，被中国微生物学会聘为第十一届理事会顾问，聘期五年。

2017年

4月24日，受聘为中国卫生信息学会健康医疗开放大学理事会顾问。

5月22日，其相关事迹被“中国之声·朝闻天下”栏目报道。

8月24日，在《光明日报》独立发表文章《为“健康中国”贡献力量》。

8月，与彭裕文等主编的《医学与人文交响曲》正式出版。

8月，被复旦大学附属华山医院、国家老年疾病临床医学研究中心聘为复旦大学附属华山医院国家老年疾病临床医学研究中心管理委员会委员。

10月12日，出席复旦大学上海医学院人文医学中心揭牌仪式，担任中心名誉主任。

10月17日，出席上海院士中心与国家老年疾病临床医学研究中心共同主办的第84期院士沙龙，并发表演讲，呼吁国家层面对阿尔茨海默病相关疾病制定研究规划和研发指南。

10月，出版著作《健康老龄化发展战略研究》。

11月3—4日，出席首届感染病科学及应用国际研讨会并致开幕词。

11月4日，在2017年复旦管理学论坛暨复旦管理学奖学金颁奖典礼上就健康中国的内涵与责任发表演讲，提出构建“健康中国”的三点建议。

牵头开创的《人文与医学》获评国家精品课程。

2018年

5月11日，应邀为复旦大学基础医学院师生作专题讲座《医学微生物的魅力》。

5月26日，应邀为复旦大学基础医学青少年科创实践工作站的高中生作讲座。

6月，在*Cytokine*发表论文Biomarkers Distinguish HBeAg Seroconverted from Non-converted Individuals in Chronic Hepatitis B Patients Treated with a Therapeutic Vaccine。

8月，被评为上海市教育功臣。

11月8日，获第八届中国免疫学会终身成就奖。

附录二　闻玉梅主要论著目录

论文

[1] 林飞卿，蒋慧惠，闻玉梅. 艾氏腹水癌抗原的初步研究 [J]. 实验生物学报，1963，8（2）：245-251.

[2] 闻玉梅. 有关霍乱、副霍乱的细菌学和免疫学的若干问题 [J]. 中华医学杂志，1964，50（5）：329-331.

[3] 闻玉梅. 皮肤迟缓型变态反应试验 [J]. 上海医学，1978，1（12）：69-71.

[4] 闻玉梅. 美国在肝炎病毒研究方面的部分情况 [J]. 国外医学（微生物学分册），1980（2）：93-96.

[5] 闻玉梅，钱利生，楼惠珍，等. 慢性乙型肝炎患者白细胞产生干扰素的研究 [J]. 中华医学杂志，1980，60（4）：239-241.

[6] YM Wen，JA Copeland，GF Mann，et al. Detection of HBsAg in A Clone Derived From The PLC/PRF/5 Human Hepatoma Cell Line [J]. Archives of Virology，1981，68（3/4）：157-163.

[7] 刘新垣，闻玉梅，娄艳春，等. pppA2′ p5′ A2′ p5′ A 对病毒感染细胞的保护作用 [J]. 科学通报，1981（8）：503-505.

[8] 刘新垣，闻玉梅，娄艳春，等. Protecting Effect of pppA2’p5’A2’p5’A Against Virus Infection [J]. 科学通报（英文版），1981，26（9）：850−853.
[9] 闻玉梅. 病毒性胃肠炎的病因学 [J]. 吉林医学院学报，1981，1（2）：26−32.
[10] 闻玉梅，楼惠珍，钱利生，等. 病毒性肝炎患者白细胞产生干扰素的动态研究 [J]. 中华微生物学和免疫学杂志，1981，1（5）：342−344.
[11] 闻玉梅，周翊钟，夏德全，等. 乙型肝炎病人Dane抗体的初步研究 [J]. 上海医学，1981，4（7）：1−3，21，59.
[12] 闻玉梅，冯崇慧，张维，等. 人肝癌细胞系 PLC/PRF/5 所产生的 HBsAg 的免疫原性研究 [J]. 上海医学，1982，5（9）：514−517，56−57.
[13] 闻玉梅，张维，楼惠珍，等. PlC/PRF/5 肝癌细胞系产生乙型肝炎表面抗原的研究 [J]. 上海第一医学院学报，1982，9（1）：1−6.
[14] YM Wen，K Mitamura，B Merchant，et al. Nuclear Antigen Detected in Hepatoma Cell Lines Containing Integrated Hepatitis B Virus DNA [J]. Infection & Immunity，1983，39（3）：1361−1367.
[15] 闻玉梅. 乙型肝炎病毒脱氧核糖核酸研究进展及其临床意义 [J]. 中华传染病杂志，1983，1（4）：247−250.
[16] 闻玉梅. 中美乙型肝炎与肝癌报告讨论会在沪举行 [J]. 国外医学（微生物学分册），1983（6）：290.
[17] 闻玉梅，谢少文. 抗病毒感染中的细胞杀伤作用（综述）[J]. 国外医学（微生物学分册），1983（6）：241−245.
[18] 闻玉梅.《病毒感染——现代概念与状况》新书介绍 [J]. 国外医学（微生物学分册），1984（1）：49.
[19] 闻玉梅.《人类的细菌性感染：流行病学与控制》新书介绍 [J]. 国外医学（微生物学分册），1984（3）：131.
[20] 闻玉梅. 1984 年病毒性肝炎国际讨论会情况简介 [J]. 国外医学（流

行病学传染病学分册)，1984（4）：145–148.

[21] 闻玉梅. 医学病毒学研究进展——第六届国际病毒学会议介绍 [J]. 国外医学（微生物学分册），1984（6）：270–275.

[22] 闻玉梅，楼惠珍，张旭贤，等. 酶免疫法检测巨细胞病毒抗体 [J]. 中华传染病杂志，1984，2（3）：193–197.

[23] 闻玉梅. 乙型肝炎病毒分子生物学研究新进展——国际乙型肝炎病毒分子生物学会议介绍 [J]. 国外医学（微生物学分册），1985（4）：177–178，52.

[24] 闻玉梅，陈蕙珠，黄耀星，等. 乙型肝炎病毒 DNA 在患者血清及肝组织中存在状态的研究 [J]. 病毒学报，1985，1（4）：313–319.

[25] 闻玉梅，俞翠珠，黄耀星，等. 乙型病毒性肝炎患者 2'–5' 寡腺核苷酸合成酶与乙型肝炎病毒增殖的研究 [J]. 中华传染病杂志，1985，3（2）：106–109.

[26] 闻玉梅，黄耀星，陈蕙珠，等. 98 例乙型肝炎患者肝内病毒 DNA 的研究 [J]. 中华医学杂志，1986，66（9）：521–524.

[27] YM Wen，HJ Liu，HZ Chen，et al. Studies on Intrahepatic Hepatitis B Virus DNA in 98 Viral Hepatitis B Patients [J]. Chinese Medical Journal，1986，99（11）：861–865.

[28] 瞿涤，闻玉梅，林飞卿，等. 七个鸭种携带鸭乙型肝炎病毒的研究 [J]. 中华传染病杂志，1986，4（3）：133–135，44.

[29] SHI S–N，FENG S–F，WEN Y，et al. Serum Interferon in Systemic Lupus Erythematosus [J]. British Journal Of Dermatology，1987，117（2）：155–159.

[30] 胡纯达，闻玉梅. 小鼠巨细胞病毒实验性持续感染模型的建立 [J]. 病毒学杂志，1987（1）：28–34.

[31] 闻玉梅. 美国国立卫生研究院简介 [J]. 国外医学（微生物学分册），1987（3）：133–134.

[32] 闻玉梅. 鸭乙型肝炎病毒研究进展 [J]. 国外医学（流行病学传染病学分册），1988（4）：182–187.

[33] 闻玉梅. 乙型肝炎患者及无症状 HBsAg 携带者血清中核心抗体亲和力的研究 [J]. 中华传染病杂志，1988，6（3）：129–132.

[34] 闻玉梅，何丽芳，楼惠珍，等. 克隆乙型肝炎病毒 DNA 在 HepG2 细胞中的表达 [J]. 中华医学杂志，1989，69（5）：260–263.

[35] 闻玉梅. 病毒感染的发病机理及控制——国际学术讨论会 [J]. 国外医学（微生物学分册），1989（4）：183，2.

[36] Y.M.WEN，S.C.DUAN，C.R.HOWARD A，et al. The affinity of anti-HBc antibodies in acute and chronic hepatitis B infection [J]. Clinical & Experimental Immunology，1990，79（1）：83–86.

[37] YM Wen，YY Xu，W Zhang，et al. A Synthetic Peptide Elicits Antibody Reactive With The Native Duck Hepatitis B Virus Pre-S Protein [J]. Journal of General Virology，1990，71（10）：2467—2469.

[38] 陈子平，闻玉梅，顾健人，等 . 从肝癌组织中发现乙型肝炎病毒核心抗原编码基因突变 [J]. 病毒学报，1990，6（2）：192–195.

[39] 费国忠，姚光弼，闻玉梅. 慢性乙型肝炎患者外周血单个核细胞对 HBsAg 诱生 γ 干扰素的反应 [J]. 中华传染病杂志，1990，8（1）：15–17.

[40] 闻玉梅. 1989 年美国冷泉港乙型肝炎病毒会议 [J]. 国外医学（微生物学分册），1990，13（1）：41–42.

[41] 闻玉梅. 第七届国际病毒性肝炎及肝病会议介绍 [J]. 国外医学（微生物学分册），1990，13（3）：134–135，19.

[42] 闻玉梅，徐永耀，张维，等. 鸭乙型肝炎病毒前 s 抗原决定簇的研究 [J]. 病毒学报，1990，6（2）：145–150.

[43] 闻玉梅. 乙型肝炎病毒核心基因突变株的发现及其意义（综述）[J]. 中华医学杂志，1990，70（11）：664–665.

[44] 何丽芳，闻玉梅，楼惠珍，等. 克隆乙肝病毒 DNA 转染 Raji 细胞系的研究 [J]. 中华微生物学和免疫学杂志，1991，11（2）：77–79.

[45] 毛跃华，钱利生，闻玉梅. 鸭肝细胞培养与干扰素诱生 [J]. 中华微生物学和免疫学杂志，1991，11（1）：62–64.

[46] 闻玉梅. 国际乙型肝炎病毒分子生物学会议介绍 [J]. 国外医学(微生物学分册), 1991 (6): 273-275.

[47] WEN Y-M. Study On The Mechanisms Of Chronicity Of Hepatitis B Infection [J]. Chinese Medical Journal (Engl), 1992, 105 (3): 183-188.

[48] 李纪速, 闻玉梅, 孙涛, 等. 血液透析患者丙型肝炎感染的研究 [J]. 中华医学杂志, 1992, 72 (11): 655-657.

[49] 卫清, 闻玉梅, 何丽芳, 等. 核心抗体阴性乙型肝炎病毒感染者的核心基因分析 [J]. 病毒学报, 1992, 8 (1): 90-92.

[50] 闻玉梅. 比利时、荷兰、法国的生物技术研究简介 [J]. 国外医学(微生物学分册), 1992 (2): 83-84.

[51] 闻玉梅, 陈子平, 何丽芳, 等. 我国乙型肝炎病毒核心抗原基因突变的发现 [J]. 医学研究通讯, 1992, 21 (9): 30-31.

[52] 闻玉梅, 何丽芳, 李雪萍, 等. 用合成肽研究对丙型肝炎病毒抗原决定簇的抗体反应 [J]. 上海医学, 1992, 15 (6): 311-314.

[53] 闻玉梅, 熊思东, 徐永耀, 等. 用固相抗体 - 抗原复合物逆转对鸭乙型肝炎病毒的免疫耐受性 [J]. 病毒学报, 1992, 8 (8): 268-270.

[54] 徐永耀, 闻玉梅, 胡德昌, 等. 慢性乙型肝炎患者外周血淋巴细胞对乙型肝炎病毒前 s 区合成肽的增殖反应 [J]. 中华传染病杂志, 1992, 10 (2): 68-70.

[55] 张维, 闻玉梅, 罗玉芳, 等. 鸭感染乙型肝炎病毒后外周血单个核细胞的感染性 [J]. 病毒学报, 1992, 8 (2): 131-135.

[56] LI J-S, TONG S-P, WEN Y-M, et al. Hepatitis B Virus Genotype A Rarely Circulates as an HBe-Minus Mutant: Possible Contribution of a Single Nucleotide in the Precore Region [J]. Journal Of Virology, 1993, 67 (9): 5402-5410.

[57] WEN Y-M. Hepatitis B Virus Precore And Core Gene Mutations In Chronic Hepatitis B And Hepatocellular Carcinoma Patients [J].

Journal of Internal Medicine，1993，234（5）：441–445.
[58] 闻玉梅. 丙型及戊型肝炎病毒研究近况［J］. 国外医学（微生物学分册），1993，16（2）：89，67.
[59] 闻玉梅. 1993年第八届国际肝炎与肝病会议简介［J］. 国外医学（微生物学分册），1993，16（4）：176–177.
[60] 熊思东，张维，闻玉梅. 乙型肝炎病毒免疫耐受动物模型的建立与验证［J］. 上海医科大学学报，1993，20（5）：321–326.
[61] 袁正宏，何丽芳，闻玉梅，等. 外源导入乙型肝炎病毒增强子Ⅱ片段对乙型肝炎病毒基因表达的影响［J］. 病毒学报，1993，9（8）：274–277.
[62] WEN Y–M，XIONG S–D，ZHANG W. Solid Matrix–Antibody–Antigen Complex Can Clear Viraemia And Antigenaemia In Persistent Duck Hepatitis B Virus Infection［J］. Journal Of General Virology，1994，75（2）：335–339.
[63] 汤华，闻玉梅，何丽芳. 核酶的体外合成及其对鸭乙型肝炎病毒s基因体外转录物的定点切割［J］. 病毒学报，1994，10（4）：307–310.
[64] 闻玉梅. 对科学研究创新性的浅见［J］. 中国科学基金，1994，8（1）：65–67.
[65] 闻玉梅. 第三届国际病毒性疾病会议简介［J］. 国外医学（微生物学分册），1994（2）：84–85.
[66] 闻玉梅. 为促进我国抗感染免疫的研究而奋斗——庆贺著名微生物学免疫学家林飞卿教授九十寿辰（1904—）［J］. 中华微生物学和免疫学杂志，1994（5）：289–291.
[67] 闻玉梅. 微生物学与免疫学［J］. 中华医学杂志，1994，74（12）：776–777.
[68] YM Wen，SQ Guo，W Zhang，et al. Enhanced Immunogenicity in Mice with Hepatitis B Vaccine complexed to Human Hepatitis B Immunoglobulin［J］. Chinese Medical Journal，1994，107（10）：741–744.

[69] 闻玉梅，何丽芳，李平洋．乙型肝炎病毒核心基因变异的研究 [J]．中华实验和临床病毒学杂志，1994，8（2）：109-111.

[70] WEN Y，TU H，HE J. Molecular Variation In The Hepatitis B Virus Genome Detected In China [J]．Cell Research，1995（S）：103-106.

[71] WEN Y-M，WU X-H，HU D-C，et al Hepatitis B Vaccine And Anti-Hbs Complex As Approach For Vaccine Therapy [J]．The Lancet，1995，345（8964）：1575-1576.

[72] 闻玉梅．国外肝炎病毒研究的新进展 [J]．国外医学（微生物学分册），1995（5）：36-38.

[73] 闻玉梅．微生物学和免疫学 [J]．中华医学杂志，1995，75（12）：781.

[74] 闻玉梅．DNA 免疫及其在微生物学中的应用（综述）[J]．国外医学（微生物学分册），1995（3）：1-2，16.

[75] TU H，LI P-Y，WEN Y-M. Anti-Hbe Titre In Patients Infected With Wild-Type And E-Minus Variant Of Hepatitis B Virus [J]．Research in Virology，1996，147（1）：39-43.

[76] WEN Y. Hepatitis B Virus Variants And Their Significance In Pathogenesis，Prevention And Treatment [J]．Chinese Medical Journal，1996，109（1）：39-41.

[77] 邓卫文，闻玉梅，何丽芳，等．鸭乙型肝炎病毒 DNA 体内转染的研究 [J]．中华实验和临床病毒学杂志，1996，10（1）：23-26.

[78] 王文风，闻玉梅，BERGDOLL M S. 反向被动乳胶凝集法检测葡萄球菌中毒性休克综合征毒素 1 [J]．中华传染病杂志，1996，14（2）：109-110.

[79] 闻玉梅．美国华盛顿市病毒性肝炎会议概况 [J]．国外医学（微生物学分册），1996（2）：33，47.

[80] 闻玉梅．治疗性疫苗的研究进展 [J]．中华微生物学和免疫学杂志，1996，16（3）：155-158.

[81] 闻玉梅．乙型肝炎治疗性疫苗的研究与应用 [J]．中华传染病杂志，

1996，14（3）：159-161.

[82] 闻玉梅，熊思东，张维，等．消除对乙型肝炎病毒免疫耐受性的研究［J］．医学研究通讯，1996，25（11）：25-26.

[83] 熊思东，屠红，闻玉梅．乙型肝炎病毒（HBV）C 启动子区核苷酸序列改变：HBV E 阴性突变的另一分子机理［J］．病毒学报，1996，12（3）：274-276.

[84] 邓卫文，谢弘，闻玉梅．克隆鸭乙型肝炎病毒 DNA 双体体内转染的研究［J］．中国病毒学，1997，12（1）：66-70.

[85] 何建文，闻玉梅．聚合酶链反应结合酶切检测乙型肝炎表面抗原变异［J］．中华肝脏病杂志，1997，5（3）：149.

[86] 马张妹，闻玉梅．乙型肝炎病毒重组 e 抗原在大肠杆菌中的高效表达及初步应用［J］．上海医科大学学报，1997，24（1）：11-13.

[87] 瞿涤，闻玉梅，周生华，等．重组质粒 DNA- 抗原 - 抗体复合物诱生乙型肝炎表面抗体的研究［J］．上海医学，1997，20（12）：699-701.

[88] 屠红，闻玉梅，熊思东，等．乙型肝炎病毒核心启动子基因变异及其意义［J］．中华医学杂志，1997，77（8）：571-574.

[89] 闻玉梅．乙型肝炎病毒感染的免疫学分类：建议与应用［J］．中华传染病杂志，1997，15（1）：58.

[90] 闻玉梅．以控制病毒性肝炎为目标加强综合性多学科研究［J］．中华传染病杂志，1997，15（2）：63-64.

[91] 闻玉梅，马张妹．乙型肝炎病毒（Hbv）核心基因的变异及分析［J］．病毒学报，1997，13（4）：319-324.

[92] 周生华，闻玉梅．乙型肝炎病毒表面抗原 - 抗体复合物对抗原的加工递呈与诱生细胞因子的作用［J］．病毒学报，1997，13（3）：269-272.

[93] MCCLUSKIE M J，WEN Y-M，QU D，et al. Immunization Against Hepatitis B Virus by Mucosal Administration of Antigen-Antibody Complexes［J］. Viral Immunology，1998，11（4）：245-252.

[94] WEN Y-M，MA Z-M，TU H，et al. Replicative Efficiency And Pathogenicity Of Hepatitis B Virus E-Minus Precore Variant [J]. Journal of Gastroenterology and Hepatology，1998，13（11-S4）：304-307.

[95] 闻玉梅. 出席乙型肝炎病毒分子生物学会议汇报 [J]. 国外医学（微生物学分册），1998（5）：37.

[96] 周生华，瞿涤，闻玉梅，等. 抗 HBs-HBsAg 复合物诱生体液免疫应答的研究 [J]. 中华微生物学和免疫学杂志，1998，18（4）：331-335.

[97] WEN Y-M，HE L-F，MA Z-M，et al. Naturally-occurring Hepatitis B Virus Structural Gene Mutants and Their Implications [J]. Chinese Medical Sciences Journal，1999，14（S）：32-36.

[98] 闻玉梅. 增加创新性，减少重复性，提高我国病毒性肝炎的研究水平 [J]. 中华传染病杂志，1999，17（3）：149.

[99] 闻玉梅. 第六届国际丙型肝炎病毒分子生物学会议简介 [J]. 国外医学（微生物学分册），1999（4）：40，9.

[100] 闻玉梅. 二十一世纪中国微生物学会面临的机遇与挑战 [J]. 中国微生物学会通讯，1999（3）：14.

[101] 闻玉梅. 病毒性肝炎应用基础研究进展及存在的问题 [J]. 上海医学，1999，22（10）：581-582.

[102] 闻玉梅，何丽芳，瞿涤，等. 重组治疗性乙型肝炎疫苗（YIC）的实验研究 [J]. 中国工程科学，1999，1（1）：38-42，57.

[103] 闻玉梅. 微生物基因组研究进展及其意义（综述）[J]. 中华微生物学和免疫学杂志，1999，19（4）：353-355.

[104] 闻玉梅. 新型疫苗——预防和控制疾病的新途径 [J]. 上海免疫学杂志，2000，20（1）：8-9.

[105] 闻玉梅. 微生物基因组研究 [J]. 科学，2000，52（2）：25-26.

[106] 武力，闻玉梅. 乙型肝炎病毒变异株生物学特性及其临床意义 [J]. 肝脏，2000，5（4）：246-247.

[107] 黄瑞，吴淑燕，闻玉梅. 伤寒杆菌耐药质粒 pRST98 介导细菌毒力的研究 [J]. 中华微生物学和免疫学杂志，2001，21（3）：302-306.

[108] 闻玉梅. 我国微生物界面临的机遇与挑战 [J]. 微生物学报，2001，41（1）：1-2.

[109] 闻玉梅. 第 6 届太平洋周边国家中新现与再现传染病会议介绍 [J]. 国外医学（微生物学分册），2001（1）：39，42.

[110] 闻玉梅. 微生物基因组会议介绍 [J]. 国外医学（微生物学分册），2001（2）：36-37.

[111] 闻玉梅. 微生物持续性感染与治疗性疫苗 [J]. 中国医学科学院学报，2001，23（4）：309-311.

[112] 闻玉梅. 乙型肝炎病毒分子生物学会议 [J]. 国外医学（微生物学分册），2001（5）：33-34.

[113] YM Wen. Laboratory Diagnosis of Viral Hepatitis in China: The Present and the Future [J]. Clinical Chemistry And Laboratory Medicine, 2001，39（12）：1183-1189.

[114] 闻玉梅. 微生物结构与功能基因组研究进展（综述）[J]. 国外医学（微生物学分册），2001（1）：2-5，28.

[115] 武力，闻玉梅. 乙型肝炎病毒变异株功能基因组研究及其临床意义 [J]. 生命科学，2001，13（3）：110-112，99.

[116] 林旭，闻玉梅，万大方，等. 肝癌患者肝组织中 2.2kb 乙型肝炎病毒基因组剪接变异体结构及功能的研究 [J]. 中华实验和临床病毒学杂志，2002，16（1）：11-15.

[117] 闻玉梅. 新现与再现的病毒及朊毒子 [J]. 国外医学（微生物学分册），2002，25（1）：1-4，42.

[118] 闻玉梅. 疯牛病及其病原体——朊病毒 [J]. 上海医学，2002，25（3）：135-137.

[119] 闻玉梅. 病原微生物结构与功能基因组研究现状 [J]. 中华传染病杂志，2002，20（2）：69-70.

[120] CHUA P K, WEN Y-M, SHIH C. Coexistence of Two Distinct Secretion Mutations (P5T and I97L) in Hepatitis B Virus Core Produces a Wild-Type Pattern of Secretion [J]. Journal Of Virology, 2003, 77 (13): 7673-7676.

[121] WEN Y-M, LIN X, MA Z-M. Exploiting New Potential Targets For Anti-Hepatitis B Virus Drugs [J]. Current Drug Targets-Infectious Disorders, 2003, 3 (3): 241-246.

[122] 王志军，袁正宏，闻玉梅. DNA 的电荷转移 [J]. 生命的化学，2003，23 (5): 335-356.

[123] 王志军，袁正宏，闻玉梅. ColE1 型质粒 DNA 载体的复制与调控研究 [J]. 生物化学与生物物理进展，2003，30 (6): 863.

[124] 闻玉梅. 乙型肝炎病毒与宿主细胞间的对话 [J]. 国外医学（微生物学分册），2003，26 (1): 1-3，38.

[125] 闻玉梅. 新型冠状病毒（SARS）的主要特性及其防治 [J]. 上海医学，2003，26 (5): 297-298.

[126] 闻玉梅. 传统与现代基础理论和技术的结合——从严重急性呼吸综合征 - 冠状病毒发现中所获得的启示 [J]. 国外医学（微生物学分册），2003，26 (4): 1.

[127] 闻玉梅. 治疗性乙型肝炎疫苗的基础与应用研究 [J]. 中华肝脏病杂志，2003，11 (9): 519-521.

[128] 闻玉梅. 乙型肝炎病毒分子生物学国际会议 [J]. 国外医学（微生物学分册），2003 (5): 42.

[129] 钟南山，闻玉梅. 用灭活病毒疫苗保护 SARS 病毒接触者 [J]. 科学新闻，2003 (9): 3.

[130] 闻玉梅. 天然免疫与中西医结合 [J]. 中西医结合学报，2004，2 (1): 1-2.

[131] 闻玉梅. 病毒酶的研究及其进展 [J]. 国外医学（微生物学分册），2004，27 (1): 1-3.

[132] 闻玉梅. 第 6 届亚太医学病毒学大会简介 [J]. 国外医学（微生物

学分册），2004（1）：42.

[133] YU - MEI WEN. Structural And Functional Analysis Of Full-Length Hepatitis B Virus Genomes In Patients Implications In Pathogenesis[J]. Journal of Gastroenterology and Hepatology，2004，19（5）：485-489.

[134] 赵超，闻玉梅. 乙型肝炎病毒多聚酶末端蛋白的结构和功能研究［J］. 生命科学，2004，16（5）：267-270，87.

[135] 闻玉梅. 人类如何认识病毒——闻玉梅院士谈人与病毒的斗争［J］. 青年科学，2005（9）：5-7.

[136] 闻玉梅. 美国微生物学会会讯摘要［J］. 国外医学（微生物学分册），2005，28（3）：40.

[137] 闻玉梅. 猪链球菌及致病机制的研究进展（综述）[J]. 国外医学（微生物学分册），2005（4）：6-7，23.

[138] 闻玉梅. 人与病毒的斗争是长期的［J］. 上海教育，2006（2A）：60-61.

[139] 闻玉梅. 学科碰撞造就了诺贝尔奖获得者［J］. 微生物与感染，2006，1（1）：39，44.

[140] 闻玉梅.《微生物与感染》发刊词［J］. 微生物与感染，2006，1（1）：2.

[141] 闻玉梅. 走近医学真菌［J］. 微生物与感染，2006，1（3）：131，93-94.

[142] 闻玉梅. 禽流感病毒与人禽流感的研究进展（综述）[J]. 微生物与感染，2006，1（4）：239-241.

[143] 闻玉梅. 美国微生物学会杂志摘要［J］. 微生物与感染，2007，2（1）：63.

[144] 闻玉梅. 开拓病毒性肝炎“转译型”研究的新领域［J］. 微生物与感染，2007，2（2）：67，72.

[145] 闻玉梅. 以临床—实验室—临床的模式研究治疗慢性乙型肝炎的策略［J］. 复旦学报（医学版），2007（S）：6-11.

[146] 闻玉梅. 病毒性肝炎治疗药物前沿研讨会 [J]. 微生物与感染, 2007, 2 (4): 256.

[147] 田晓晨, 闻玉梅. 病毒与人类健康——2008 年诺贝尔生理学或医学奖简介 [J]. 自然杂志, 2008, 30 (6): 315-318.

[148] 闻玉梅. 应用微生物与肿瘤相关性研究成果为防治肿瘤服务 [J]. 微生物与感染, 2008, 3 (1): 3, 10.

[149] WEN Y-M, WANG Y-X. Biological Features Of Hepatitis B Virus Isolates From Patients Based On Full-Length Genomic Analysis [J]. Reviews In Medical Virology, 2009, 19 (1): 57-64.

[150] 卢洪洲, 孙建军, 闻玉梅. 从甲型 H1N1 流行性感冒防控中领略多学科间交叉、融合的重要性 [J]. 微生物与感染, 2009, 4 (4): 195-197, 258.

[151] Yu-mei Wen. Antigen - Antibody Immunogenic Complex: Promising Novel Vaccines For Microbial Persistent Infections [J]. Expert Opinion On Biological Therapy, 2009, 9 (3): 285-291.

[152] 闻玉梅. 开展多学科双向性转化型研究 [J]. 微生物与感染, 2009, 4 (1): 3, 12.

[153] 闻玉梅. 治疗性疫苗研究现状与前景 [J]. 生物产业技术, 2009 (3): 1.

[154] 田晓晨, 闻玉梅. 剖析乙肝病毒的包膜——乙肝表面抗原的生物学功能及其致病机制 [J]. 自然杂志, 2010, 32 (6): 314-318.

[155] 闻玉梅. 面对 21 世纪 2 个 10 年——浅谈宏观微生物与感染学 [J]. 微生物与感染, 2010, 5 (1): 1.

[156] 闻玉梅. 微生物持续性感染——老调需新弹 [J]. 中国实用内科杂志, 2010, 30 (9): 773-774.

[157] C Li, YM Wen. The Role of Bacterial Biofilm In Persistent Infections And Control Strategies [J]. International Journal Of Oral Science, 2011, 3 (2): 66-73.

[158] Jin Yang, Yumei Wen, Ping Li, et al. Design, Modeling, and

Performance Measurements Of A Broadband Vibration Energy Harvester Using A Magnetoelectric Transducer [J]. Instrumentation Science and Technology，2011，39（3）：312 - 323.

[159] 闻玉梅. 继续加强学科间交叉与国际化，努力提升刊物的学术水平 [J]. 微生物与感染，2011，6（1）：1.

[160] 闻玉梅. 乙型肝炎病毒 e 抗原的生物学功能及血清学转换的免疫学基础 [J]. 微生物与感染，2011，6（4）：193−198.

[161] YX Wang，YM Wen，M Nassal. Carbonyl J Acid Derivatives Block Protein Priming of Hepadnaviral P Protein and DNA−Dependent DNA Synthesis Activity of Hepadnaviral Nucleocapsids [J]. Journal Of Virology，2012，86（18）：10079−10092.

[162] WEN Y−M，KLENK H−D. Welcome from the Editors−in−Chief [J]. Emerging Microbes & Infections，2012（1）：1.

[163] 柳百成，闻玉梅，袁家军，等. 直面“钱学森之问”（Ⅱ）[J]. 科技导报，2012，30（17）：15−18.

[164] 闻玉梅. 从“一体化健康”看学科间的学术交叉 [J]. 微生物与感染，2012，7（1）：1.

[165] 闻玉梅. 目前的教育理念和科研机制制约大师的出现 [J]. 中国人才，2012（6）：39.

[166] 闻玉梅. 生物安全的目的是人民安全 [J]. 军事医学，2012，36（10）：717−718.

[167] YM Wen，HD Klenk. H7N9 Avian Influenza Virus: Search And Research [J]. Emerging Microbes & Infections，2013，2（4）：1−2.

[168] 闻玉梅. 对发展乙型肝炎预防性与治疗性疫苗的思考与建议 [J]. 中华微生物学和免疫学杂志，2013，33（1）：1−2.

[169] 闻玉梅. 不气馁，不放弃，不满足——摘自闻玉梅院士在医学博士生论坛上的讲话 [J]. 中国研究生，2013（2）：24−25.

[170] 闻玉梅. 保障人类健康需要“一体化”[J]. 家庭用药，2013（2）：1.

[171] 闻玉梅. 从痘苗病毒天坛株看继承与创新[J]. 微生物与感染, 2013, 8(1): 1.

[172] LU M, WEN Y. Interaction Of Viruses With Host Immune System and Immunomodulation In Chronic Viral Infections [J]. Virology Sinica, 2014, 29(1): 1-2.

[173] Yumei Wen, Xuanyi Wang, BinWang, et al. Vaccine Therapies For Chronic Hepatitis B: Can We Go Further? [J]. Frontiers of Medicine, 2014, 8(1): 17-23.

[174] 瞿涤, 袁正宏, 闻玉梅. 埃博拉病毒及其致病机制[J]. 微生物与感染, 2014(4): 197-201.

[175] 闻玉梅, 翁心华, 瞿涤, 等. 继往开来, 探索不止, 提升杂志水平, 为健康服务[J]. 微生物与感染, 2014, 9(1): 1.

[176] 闻玉梅. 病毒持续性感染难治愈的因素及对策[J]. 微生物与感染, 2015, 10(2): 67-72.

[177] 闻玉梅. 病毒是敌, 还是友[J]. 科学画报, 2015(5): 52.

[178] 闻玉梅, 赵超, 袁正宏. 国内外健康老龄化——"养老"和"医老"[J]老年医学与保健, 2015, 21(S): 1-3.

[179] YM Wen, L Mu, S Yan. Immunoregulatory Functions Of Immune Complexes In Vaccine And Therapy [J]. Embo Molecular Medicine, 2016, 8(10): 1120-1133.

[180] YM Wen. Health in an Aging World: What Should We Do? [J]. Engineering Sciences, 2016, 2(1): 40-43.

[181] 闻玉梅. 发挥杂志优势办好升级版[J]. 老年医学与保健, 2016, 22(4): 201.

[182] 闻玉梅. 精准医学与微生物感染——实施精准感染病学的探讨[J]. 微生物与感染, 2016, 11(5): 258-261.

[183] 闻玉梅. "医老"可显著缓解老龄化的压力与负担[J]. 科技导报, 2017, 35(18): 1.

[184] 闻玉梅, 汪萱怡. 乙肝表面抗原与慢性乙肝的功能性治愈[J]. 复

旦学报（医学版），2017，44（6）：713–718.

著作

[1] 徐肇玥，闻玉梅，胡善联，等. 病毒性肝炎研究进展［M］. 上海：上海科学技术出版社，1980.

[2] 林飞卿，谢少文，闻玉梅. 传染与免疫［M］. 上海：上海科学技术出版社，1986.

[3] 余传霖，闻玉梅. 医学微生物学和免疫学［M］. 江苏：江苏省南通县印刷总厂，1987.

[4] 陈仁，闻玉梅. 微生物学与免疫学多选题题解［M］. 上海：上海医科大学出版社，1988.

[5] 闻玉梅，汪家禄. 医学分子病毒学［M］. 北京：人民卫生出版社，1990.

[6] 闻玉梅，陆德源. 现代微生物学［M］. 上海：上海医科大学出版社，1991.

[7] Wen Yu-Mei，Xu Zhi-Yi，Melnick Joseph L，et al. Viral Hepatitis in China: Problems and Control Strategies［M］. Basel: Karger，1992.

[8] 张维，闻玉梅，何球藻. 医学微生物学与免疫学多选题及题解［M］. 上海：上海医科大学出版社，1994.

[9] 闻玉梅. 医学分子病毒学及其应用［M］. 上海：上海医科大学出版社，1995.

[10] 闻玉梅. 现代医学微生物学［M］. 上海：上海医科大学出版社，1999.

[11] 闻玉梅. 精编现代医学微生物学［M］. 上海：复旦大学出版社，2002.

[12] Yu-Mei Wen，Philip P Mortimer，Jia-You Zhang. Key Notes on Medical Molecular Virology［M］. Shanghai: Fudan University Press，2005.

[13] Wen Yu-Mei, Lu Shan, Tang Yi-Wei, et al. Recent Works On Microbes And Infections In China: Selected From The Journal Of Microbes And Infections (China) [M]. Singapore: World Scientific Publishing Co, Inc, 2009.

[14] 闻玉梅. 治疗性疫苗 [M]. 北京：科学出版社，2010.

[15] 闻玉梅. 病毒性肝炎和肝病——20 年展望 [M]. 北京：高等教育出版社，2013.

[16] 闻玉梅，袁正宏. 微生物与感染研究荟萃 [M]. 上海：复旦大学出版社，2014.

[17] 闻玉梅，彭裕文. 医学与人文交响曲 [M]. 上海：复旦大学出版社，2017.

[18] 闻玉梅，等. 健康老龄化发展战略研究 [M]. 上海：上海科学技术出版社，2017.

参考文献

[1] 上海第一医学院教师闻玉梅建议医学院应增设医学道德课 [N]. 解放日报，1980-12-10.

[2] 张琛. 一医三位老专家集中精力搞科研写专著——提升三名中年骨干任教研室主任 [N]. 文化报，1981-04-12.

[3] 周解蓉. 上海表彰十位中年医学科学家 [N]. 人民日报，1985-02-27.

[4] 马雪松，张学全. 通讯：一个普通中国人的精神——记乙型肝炎病毒研究专家闻玉梅 [N]. 新华社，1986-03-08.

[5] 湖北省志地方志编纂委员会. 湖北省志人物志稿 [M]. 北京：光明日报出版社，1989.

[6] 王斐斐，谢军. 著名微生物科学家闻玉梅呼吁：尽快提高年轻拔尖人才待遇 [N]. 光明日报，1993-07-13.

[7] 清华大学校史研究室. 清华大学史料选编 · 第 4 卷：解放战争时期的清华大学 1946—1948 [M]. 北京：清华大学出版社，1994.

[8] 中国国家自然科学基金委员会生命科学部，中国科学院上海文献情报中心. 我国生命科学的前沿问题 [M]. 上海：上海科学技术出版社，1994.

[9] 北京图书馆. 民国时期总书目 1911—1949 自然科学 · 医药卫生 [M]. 北京：书目文献出版社，1995.

[10] 全国劳动模范和先进工作者名单（之四）[N]. 人民日报，1995-04-30.

[11] 上海医科大学办公室. 为医学成才营造良好环境——卫生部医学分子病毒实验室抓人才培养有成效[N]. 上海医科大学简报，1997-02-28.

[12] 俞彦采撰；沈彩虹编审. 新传染病——日益猖獗、旧传染病——沉渣泛起、微生物学专家闻玉梅教授建议：本市加强疫苗研究和防疫工作刻不容缓[N]. 上海科技简报，1997-06-20.

[13] 何梁何利基金评选委员会. 何梁何利奖1998[M]. 北京：中国科学技术出版社，1999.

[14]《中国卫生年鉴》编辑委员会. 中国卫生年鉴2000[M]. 北京：人民卫生出版社，2000.

[15] 宋健. 中国科学技术前沿第4卷（中国工程院版）[M]. 北京：高等教育出版社，2001.

[16] 白冰. 中国内地和香港科学家加紧研制非典冠状病毒疫苗[N]. 人民日报海外版，2003-05-28.

[17] 曹继军. 沪粤港三地科学家联合攻关——灭活非典病毒滴鼻剂取得阶段性成果[N]. 光明日报，2003-05-31.

[18] 全国防治非典型肺炎工作优秀共产党员名单（共307名）[N]. 人民日报，2003-06-29.

[19] 中共上海市委关于表彰上海市先进基层党组织和优秀共产党员的决定（2003年6月30日）[N]. 文汇报，2003-07-01.

[20] 李琴. 闻玉梅发出中国医学的声音[N]. 东方早报，2005-05-27.

[21] 凤凰卫视. 世纪大讲堂第10辑[M]. 辽宁：辽宁人民出版社，2006.

[22] 上海市委宣传部. 走近他们——大型人物访谈第一辑[M]. 上海：上海文艺出版社，2006.

[23] 陈立民. 我心目中的好老师[M]. 上海：复旦大学出版社，2007.

[24] 中共上海市科技教育工作委员会. 爱国奉献　创新求实　院士精神研究报告[M]. 上海：上海教育出版社，2007.

[25] 小白. 闻玉梅：学科联合防治艾滋病[N]. 社会科学报，2011-12-08.

[26] 中共中央组织部人才工作局. 百名专家谈人才[M]. 北京：党建读物出版社，2012.

[27] 吴苡婷. 闻玉梅捐资发起“一健康基金”[N]. 上海科技报，2013-01-18.

[28] 徐永初，陈瑾瑜. 追寻圣玛利亚校友足迹[M]. 上海：同济大学出版社，

2014.

[29] 张春海. 追问医学伦理：柳叶刀上的人文关怀 [N]. 中国社会科学报，2014−03−24.

[30] 徐瑞哲，郑子愚. 万名学子同上一堂“中国式慕课”[N]. 解放日报，2015−10−11.

[31] 张永信. 我与第二故乡 [M]. 上海：复旦大学出版社，2015.

[32] 沈湫莎. 14位院士及多位专家研究认为——“医老”是基础，“养老”是保障 [N]. 文汇报，2016−02−25.

[33] 俞顺章. 消灭血吸虫病：早年参加上海市青浦县消灭血吸虫病的体会 [J]. 中华流行病学杂志，2016，37（7）：1044−1046.

[34] 曹继军，颜维琦，徐蔚. 人文医学课程受学生热捧——探索人文与医学交叉培养之路 [N]. 光明日报，2016−07−14.

后记

1986年，我进入上海医科大学工作，办公室在基础部大楼8层。8层主要是微生物教研室，医学史和中医教研室位于楼层的最后两间，每天要经过微生物教研室的办公室和实验室才能走到自己的办公室。那时很年轻，喜欢与微生物教研室的青年老师或同龄的博士生交流，其中就有闻玉梅早期的博士生。有时，我就直接站在实验室门口边看他们做实验边聊天，中午会与他们一起去食堂吃饭，还专门去旁听过他们开设的免疫学课。有时会在电梯里或走廊上遇到退而不休的林飞卿教授，她常回办公室，此次访谈才知道那时她是为了等着看瞿涤的鸭子实验结果而来。记得有一年重阳节，微生物教研室组织敬老联欢会，我恰好路过他们的会议室，看见林飞卿与荣独山（上海医科学大学一级教授）夫妇俩人携手翩翩起舞，一曲交谊舞跳得从容优雅，令我极为震撼，至今记忆犹新。那时，闻玉梅虽然是微生物教研室主任，但她的实验室在另一幢大楼，所以很少在8层见到她。不过，她的名字却如雷贯耳，因为那时她刚替上海医科大学拿到最大的国家项目“863”计划。之后在上海医科大学每次听到闻玉梅的名字总是与项目或奖项联在一起，感觉她就像是上海医科大学的一座标杆，既高又远。

2000年，复旦大学与上海医科大学合并，我就在复旦大学历史学系工作。回想在上海医科大学工作的 15 年，除了自己部门的同事，认识最多的老师与研究生都是微生物教研室的，但却从未有机会与闻玉梅教授说过一句话。

2017 年参加“老科学家学术成长资料采集工程”（以下简称“采集工程”），接到的任务是做闻玉梅的资料采集与访谈，我既惊喜又担忧，惊喜的是自己与微生物教研室还可重续前缘，担忧的是不知闻玉梅老师是否愿意接受采访，因为传闻她是一位非常严厉的科学家。第一次见闻老师时，她表示自己没什么好谈的，只是一个做肝炎的病毒学家，肝炎是一种非常普通的疾病，她认为个人传记不值得做。数月后，闻老师发邮件给我，表示同意接受访谈。后来她的学生赵超告诉我，闻老师考虑我是在做一个国家项目，应当支持，就像她一贯支持自己的学生那样。

一路走来，在外人心目中的闻玉梅永远是一位成功者，著作荣誉等身。在历次访谈中，她很少有情绪化的言语流露出来，也从不提及科研道路中遭遇的挫折和失败。校订访谈录音稿时，她一丝不苟，追求内容准确、语言简洁，就像一位严谨的科学家修订论文。然而，访谈中有两件事对我触动颇深，一件是闻玉梅谈起自己曾想写一部小说，讲百年来中国科学家的历程，书名也想好了，叫《步行者》。起因是她在国外访学期间，海外正风行一部由一位上海女子著写的关于上海的小说，描绘其家庭在“文化大革命”时的遭遇与变故，颇得西方人的同情。但闻玉梅不认同这样的态度，她认为这部小说不能反映中国知识分子的真实心态和科学家研究的生态环境，有误导海外读者之嫌。从自己成长的经历来看，她认为“中国知识分子所走的是一条非常漫长的路，且经常会遇到风风雨雨、沟沟坎坎和十字路口，很难走，经常面临抉择”。因此，她想写一部真正反映中国知识分子心路历程的小说，告诉世界“尽管前进道路很泥泞、充满艰辛，只要目标清楚”，中国知识分子前进的步伐永远不会停止。她将自己的想法告诉国外的同事，他们都很期待。当时提纲都已拟好，还写了一部分内容，但回国后忙于实验就搁置了。另一件是采访当时的复旦大学纪委书记袁正宏，我请他用一句话形容他心目中的闻老师，他未加思索，脱口而出两个字“慈母”，我瞬间被他的真情所感动。

这两件事情使我意识到自己在按部就班地完成这个采集项目时，基本忽略了闻玉梅身上人性的闪光点，也没有真正理解她一生所坚守的信念。如何把握被访谈者精神层面的内容确实很难，两年多来与闻玉梅周围同事、学生无数次的访谈，一年多的文献整理与阅读，完全改变了我原来印象中的闻玉梅的形象，真正理解了她坚持以“步行者”为题而不愿写传的想法。她是一位有着坚定信仰、创新意识、独立思想且勇于担当、充满社会责任感和人文情怀的科学家，她做到了“闻荣誉而不欢，遭忧难而不变者”，是一位真正的知识分子。她的精神境界和学术品格让我敬佩，为此，我专列一章，在口述和文献资料的基础上阐释我理解的“一个步行者的信念与行动”。

当写完书稿的最后一行字时，我感慨自己真的很幸运。闻玉梅、她的父母、她的老师和她的爱人，都是他们生活时代的科学界杰出的代表人物。今天，她的学生正在成长为中国医学科学界的栋梁之材，他们的学术人生绘成了近代以来中国知识分子孜孜以求地为了国家富强和科学进步前赴后继、代代相传、努力奋斗的历史画面，他们是中国科学家的精神面貌的真实写照。这样的一个项目，对于任何一位科学史的研究者而言，都是不可多得的机遇。

闻玉梅院士的采集工作得以展开和完成，首先要感谢采集工程首席专家张藜教授，正是在她的鼓励与指导下，采集小组才得以成立并顺利展开工作。同时，还要感谢采集工程馆藏基地的吕瑞花教授，她给予采集小组很多帮助。

采集小组分别采访了闻玉梅的学生、同事和秘书，并得到了他们的无私帮助。复旦大学党委副书记、复旦大学上海医学院党委书记袁正宏既是闻玉梅早期的博士生，也是闻玉梅乙肝研究的重要合作伙伴，他在百忙之中接受访谈，尽管时间有限，但使采集小组获得了珍贵的第一手资料。复旦大学原党委副书记、复旦大学克卿书院院长彭裕文教授是《人文医学导论》的共同发起人，他回忆了该课程的创设过程并解释了该课程的创设理念，华山医院的陈勤奋教授提供了该课程的各种细节和数据。福建医科大学副校长林旭教授是闻玉梅的博士生，于 2003 年获得全国优秀博士论文，当采集小组去福建访谈时，受到他的热情接待，并在之后通过邮件回答采集小组问题。复旦大学分子病毒实验室的瞿涤和赵超是闻玉梅手把手培养出来的学生，现在已是各自研究领域的佼佼者，他们向采集小组讲述了各自视野中的闻玉梅——一个睿智敏锐的科学家、严师慈母的教育家和勇于担当的社会活动家，闻玉梅的形象因此变得真实而丰满。

高谦教授在美国斯坦福大学获得博士后学位后，于 2003 年回国加入闻玉梅医学分子病毒学实验室工作，他向采集小组提供了当年闻玉梅为解决他的职称问题而向校领导写的信件，并从目前世界医学科学研究角度向采集小组阐释了闻玉梅研究的方法与思路的创新性和前瞻性。李平洋是闻玉梅的秘书，现已退休，在访谈前，她极其认真地作了准备，“科学家闻玉梅，你们肯定了解许多了，我要谈谈非科学家的闻玉梅”。因为在闻玉梅身边工作将近三十年，李平洋熟悉实验室里来来往往的学生和国内外科学家，大多数无法辨认的照片都由李平洋一一辨识，使看似不能完成的任务得以顺利进行。王兰翠是闻玉梅现在的秘书，也是采集小组成员之一，她全面参与了采集工作，负责资料收集、提供实物、材料确认等工作，是闻玉梅采集工作完成的关键性人物。

采集工程馆藏基地的王彦煜老师、高天平老师、李志东老师、陶萍老师在清单填写、音视频标准、实物移交等工作中给予了耐心细致的指导。当项目进展遇到问题时，中国科协的陈丽娟老师会找相关专家帮忙解答。中国科学院大学人文学院的助理研究员张佳静老师在资料长编填写方面给予了认真解答。

对于上述所有支持、理解与帮助采集小组工作的各位老师，我们在此一并表示衷心感谢。

闻玉梅采集工作由复旦大学历史学系高晞总负责；钱奕冰博士为采集总协调，负责前期资料收集、访谈和年表编制以及前期报告的撰写；武士龙硕士负责摄影摄像、采集资料的数字化、各种资料的收集整理、编目和归档等极烦琐的工作，同时撰写论文摘要数万字；朱霓虹博士是后期加入采集小组的，负责文献资料整理，编制长达 52 万字的资料长编；庞境怡博士参与前期资料收集工作；林友乐和万良参与后期协助工作。每位同学在各自的岗位上克服重重困难，在项目执行过程中坚持严谨求实的学术态度。在整个团队通力协作、坚持不懈的努力下，传记按时完成。本书稿第一、第二章由朱霓虹执笔，第三章由武士龙执笔，第四章由钱奕冰与武士龙执笔，第五、第九章由钱奕冰执笔，第七、第八、第十章由高晞和钱奕冰共同执笔，闻玉梅年表由钱奕冰编制，高晞负责全文修订统稿。全书最后由闻玉梅审定。

高　晞

老科学家学术成长资料采集工程丛书

已出版（139种）

《卷舒开合任天真：何泽慧传》
《从红壤到黄土：朱显谟传》
《山水人生：陈梦熊传》
《做一辈子研究生：林为干传》
《剑指苍穹：陈士橹传》

《情系山河：张光斗传》
《金霉素·牛棚·生物固氮：沈善炯传》
《胸怀大气：陶诗言传》
《本然化成：谢毓元传》
《一个共产党员的数学人生：谷超豪传》

《含章可贞：秦含章传》
《精业济群：彭司勋传》
《肝胆相照：吴孟超传》
《新青胜蓝惟所盼：陆婉珍传》
《核动力道路上的垦荒牛：彭士禄传》

《探赜索隐　止于至善：蔡启瑞传》
《碧空丹心：李敏华传》
《仁术宏愿：盛志勇传》
《踏遍青山矿业新：裴荣富传》
《求索军事医学之路：程天民传》

《一心向学：陈清如传》
《许身为国最难忘：陈能宽传》

《此生情怀寄树草：张宏达传》
《梦里麦田是金黄：庄巧生传》
《大音希声：应崇福传》
《寻找地层深处的光：田在艺传》
《举重若重：徐光宪传》

《魂牵心系原子梦：钱三强传》
《往事皆烟：朱尊权传》
《智者乐水：林秉南传》
《远望情怀：许学彦传》
《没有盲区的天空：王越传》

《行有则　知无涯：罗沛霖传》
《为了孩子的明天：张金哲传》
《梦想成真：张树政传》
《情系粱菽：卢良恕传》
《笺草释木六十年：王文采传》

《妙手生花：张涤生传》
《硅芯筑梦：王守武传》
《云卷云舒：黄士松传》
《让核技术接地气：陈子元传》
《论文写在大地上：徐锦堂传》

《钤记：张兴钤传》
《寻找沃土：赵其国传》

《钢锁苍龙　霸贯九州：方秦汉传》
《一丝一世界：郁铭芳传》
《宏才大略　科学人生：严东生传》
《虚怀若谷：黄维垣传》
《乐在图书山水间：常印佛传》
《碧水丹心：刘建康传》

《我的气象生涯：陈学溶百岁自述》
《赤子丹心　中华之光：王大珩传》
《根深方叶茂：唐有祺传》
《大爱化作田间行：余松烈传》
《格致桃李半公卿：沈克琦传》
《躬行出真知：王守觉传》
《草原之子：李博传》
《我的教育人生：申泮文百岁自述》
《阡陌舞者：曾德超传》
《妙手握奇珠：张丽珠传》
《追求卓越：郭慕孙传》
《走向奥维耶多：谢学锦传》
《绚丽多彩的光谱人生：黄本立传》

《此生只为麦穗忙：刘大钧传》
《航空报国　杏坛追梦：范绪箕传》
《聚变情怀终不改：李正武传》
《真善合美：蒋锡夔传》
《治水殆与禹同功：文伏波传》
《用生命谱写蓝色梦想：张炳炎传》
《远古生命的守望者：李星学传》
《探究河口　巡研海岸：陈吉余传》
《胰岛素探秘者：张友尚传》
《一个人与一个系科：于同隐传》
《究脑穷源探细胞：陈宜张传》
《星剑光芒射斗牛：赵伊君传》
《蓝天事业的垦荒人：屠基达传》

《善度事理的世纪师者：袁文伯传》
《“齿”生无悔：王翰章传》
《慢病毒疫苗的开拓者：沈荣显传》
《殚思求火种　深情寄木铎：黄祖洽传》
《合成之美：戴立信传》
《誓言无声铸重器：黄旭华传》
《水运人生：刘济舟传》
《在断了A弦的琴上奏出多复变最强音：陆启铿传》
《化作春泥：吴浩青传》
《低温王国拓荒人：洪朝生传》
《苍穹大业赤子心：梁思礼传》
《仁者医心：陈灏珠传》
《神乎其经：池志强传》
《种质资源总是情：董玉琛传》
《当油气遇见光明：翟光明传》
《微纳世界中国芯：李志坚传》
《至纯至强之光：高伯龙传》

《弄潮儿向涛头立：张乾二传》
《一爆惊世建荣功：王方定传》
《轮轨丹心：沈志云传》
《继承与创新：五二三任务与青蒿素研发》

《材料人生：涂铭旌传》
《寻梦衣被天下：梅自强传》
《海潮逐浪　镜水周回：童秉纲口述人生》

《淡泊致远　求真务实：郑维敏传》
《情系化学　返璞归真：徐晓白传》
《经纬乾坤：叶叔华传》
《山石磊落自成岩：王德滋传》
《但求深精新：陆熙炎传》
《聚焦星空：潘君骅传》

《采数学之美为吾美：周毓麟传》
《神经药理学王国的“夸父”：金国章传》
《情系生物膜：杨福愉传》
《敬事而信：熊远著传》

《逐梦“中国牌”心理学：周先庚传》
《情系花粉育株：胡含传》
《情系生态：孙儒泳传》
《此生惟愿济众生：韩济生传》
《谦以自牧：经福谦传》

《恬淡人生：夏培肃传》
《我的配角人生：钟世镇自述》
《大气人生：王文兴传》
《历尽磨难的闪光人生：傅依备传》
《思地虑粮六十载：朱兆良传》

《世事如棋　真心依旧：王世真传》
《大地情怀：刘更另传》
《一儒：石元春自传》
《玻璃丝通信终成真：赵梓森传》
《碧海青山：董海山传》

《心瓣探微：康振黄传》
《寄情水际砂石间：李庆忠传》
《美玉如斯　沉积人生：刘宝珺传》
《铸核控核两相宜：宋家树传》
《驯火育英才　调土绿神州：徐旭常传》

《追光：薛鸣球传》
《愿天下无甲肝：毛江森传》
《以澄净的心灵与远古对话：吴新智传》
《景行如人：徐如人传》

《通信科教　乐在其中：李乐民传》
《力学笃行：钱令希传》
《与肿瘤相识　与衰老同行：童坦君传》

《没有勋章的功臣：杨承宗传》　　《科学人文总相宜：杨叔子传》